PRINCIPES GÉNÉRAUX

DU

DROIT INTERNATIONAL PUBLIC

De l'utilité de l'Arbitrage

PAR

THOMAS DE SAINT-GEORGES D'ARMSTRONG

TOME PREMIER

PARIS

L. LAROSE ET FORCEL

Libraires-éditeurs

22, RUE SOUFFLOT, 22

1890

PRINCIPES GÉNÉRAUX

DU

DROIT INTERNATIONAL PUBLIC

De l'utilité de l'Arbitrage

PRINCIPES GÉNÉRAUX

DU

DROIT INTERNATIONAL PUBLIC

De l'utilité de l'Arbitrage

PAR

THOMAS DE SAINT-GEORGES D'ARMSTRONG

TOME PREMIER

PARIS

L. LAROSE ET FORCEL

Libraires-éditeurs

22, RUE SOUFFLOT, 22

1890

A SA MAJESTÉ

LE ROI DE PORTUGAL

HOMMAGE TRÈS RESPECTUEUX

DE

THOMAS DE SAINT-GEORGES D'ARMSTRONG

GENTILHOMME DE SA COUR

Commandeur de l'ordre de Notre-Dame-de-la-Conception
de Villa-Viçosa
et de l'ordre de Notre-Seigneur Jésus-Christ,
etc., etc.

APERÇU GÉNÉRAL DE NOTRE OUVRAGE

Le plan de notre livre se résume en peu de mots. Nous y présentons, à un juste point de vue, différentes formes de tribunaux d'arbitrage déjà accréditées parmi les nations, pour l'aplanissement de leurs divergences mutuelles; et nous y joignons l'étude de quelques formes nouvelles, qui nous ont paru utiles pour les cas analogues.

Comme conséquence naturelle de l'existence de ces tribunaux, nous avons jugé convenable de proposer l'élaboration d'un code international qui déterminerait pour les puissances une ligne de conduite invariable, conforme aux principes de droit qu'elles-mêmes ont admis; nous nous sommes attaché à démontrer que ce Code et ce Tribunal sont d'une nécessité immédiate, d'autant que toutes les nations reconnaissent que le droit international est au-dessus de leurs lois internes, et que celles-ci doivent se modifier jusqu'à ce qu'elles ne contrarient aucunement les doctrines de celui-là; d'autant qu'elles reconnaissent encore que leurs constitutions mêmes, qui sont la loi suprême et le principe de toutes législations internes, doivent se modifier de manière à s'accorder en tous points avec les principes du droit international.

Nous avons montré que la médiation et l'arbitrage sont les seuls moyens d'aplanir les conflits internationaux ; mais que l'un et l'autre sont facultatifs aussi longtemps que les puissances ne les consignent point dans un traité d'amitié, de commerce ou de caractère politique. — Comme, dans les questions internationales, la force prime souvent le droit, ainsi qu'on l'a vu dans la divergence anglo-portugaise récemment survenue, nous ne connaissons qu'un moyen d'obvier au triomphe de l'injuste : dans les pays où dominent les intentions bienveillantes et l'amour de la paix, les électeurs devraient s'unir pour former un parti imposant, dit de paix et d'arbitrage ; ils devraient s'engager à n'envoyer à leurs Parlements que des hommes animés d'intentions conciliatrices ; ils contraindraient, de la sorte, les cabinets ministériels à une règle de conduite toujours équitable dans la diplomatie internationale, et leur feraient prévoir leur chute certaine au jour où ils s'écarteraient de cette règle.

La Conférence interparlementaire, dont nous parlons dans cet ouvrage, paraît destinée à la réalisation de ce système, qui lui vaudrait les louanges de tous les peuples et une gloire éternelle.

Certaines personnes ont pensé qu'un Code international, étant dépourvu de sanction coercitive, ne pouvait avoir de réelle valeur. — Cette opinion est dénuée de sens, car la justice et l'équité sont une sanction morale toujours vivante, assez forte pour parvenir aux effets les plus grands. — L'Angleterre a éprouvé ses effets lors de sa dernière altercation avec le Portugal ; car ce dernier État a interrompu toutes relations commerciales avec la nation britannique, paralysant ainsi le travail dans un grand nombre de fabriques anglaises. — La sanction, puissante et redoutable, de l'opinion publique, se retrouve généralement au début des représailles et des guerres, à la suite d'une dénégation de justice, ou d'entente diplomatique par voie d'arbitrage ou de médiation.

Il est incontestable que les tribunaux établis au sein des sociétés internes, jouissant de pouvoirs souverains et indépendants dans leurs attributs de justice, sont toujours très réservés dans l'exercice de leurs prérogatives, et s'attachent scrupuleusement à éviter un conflit de droit international privé, qui serait en complète opposition avec l'ordre public des nations. Lorsque les parties qui se présentent devant eux sont étrangères, ces tribunaux, qui subiraient à peine une sanction morale s'il leur plaisait de prononcer la conformité avec certaines lois de leur nation, réservent néanmoins tout leur droit, quoique les faits dont on appelle à leur autorité se soient accomplis sur le territoire de leurs pays, et quoiqu'ils soient, pour cela, susceptibles d'être soumis à leur juridiction, en vertu du principe : « *Quidquid est in territorio, est etiam de territorio* » (Ce qui est ou se passe sur un territoire, est dans la dépendance de ce territoire).

Tout autre est la conduite internationale des gouvernements, qu'aucune considération, lors d'un conflit, n'empêche de déclarer la guerre ou de lancer un ultimatum, comme l'a fait, il y a deux mois, l'Angleterre vis-à-vis du Portugal.

Nous avons aimé à proposer, dans cet ouvrage, un grand nombre de réformes dont la nécessité se fait vivement sentir. Il était convenable que quelqu'un les indiquât ; nous l'avons fait, et nous souhaitons qu'elles soient bientôt entreprises par les hommes qui ont qualité diplomatique ou politique pour les accréditer auprès des États.

Nous avons choisi la forme d'une introduction pour développer les diverses questions survenues pendant l'année dernière, et qui se relationnent avec les principes du droit international, ainsi que les différents points où s'est concentrée l'attention de la Conférence interparlementaire et du Congrès international de la Paix. L'on ne doit pas s'étonner que cette introduction ait reçu une si grande extension dans le volume; car nous avons l'idée d'écrire prochainement de nouveaux chapitres au sujet de la Loi positive entre nations, en nous basant sur les doctrines des Traités où la plupart des peuples s'accordent, sur les décisions des Congrès et des Conférences internationales, sur les sentences arbitrales politiques et de prises, et sur les principes du droit consuétudinaire, qui, à l'instar des usages établis au sein des sociétés internes, acquièrent force de loi, avec l'aide du temps, dans la communauté internationale.

Nous offrons ce premier tome au lecteur, sans avoir néanmoins la prétention de résoudre le difficile problème de la paix durable et de l'amitié sincère entre les nations, car l'influence des passions humaines paraît y devoir faire une opposition constante. Du moins nous espérons que les guerres deviendront plus rares, grâce aux inventions mortifères dont le génie et la science humaine se glorifient tous les jours davantage, et à l'œuvre humanitaire des électeurs, dont nous avons parlé plus haut.

C'est en vue de l'objet de cette œuvre électorale, c'est-à-dire de l'union et de la concorde entre toutes les nations, que nous proposons, dans le second volume de cet ouvrage qui paraîtra dans quelques mois) la fédération des Etats suivant leurs races, leurs mœurs, et leurs religions. — Dans le même volume, nous proposons nous-même la formation d'un Tribunal arbitral mixte en prévision des grèves ouvrières, attendu que la paix sociale interne est aussi nécessaire que la paix internationale ; nous proposons encore quelques autres institutions d'une importance analogue.

Au moment où nous finissions d'écrire ce volume, nous apprenons que le gouvernement allemand, à la suite de l'échec de la Conférence de Berne, s'occupe de convoquer un congrès international, afin de discuter la question des socialistes, question actuellement des plus graves au sein des Etats d'Europe.

Le conflit anglo-portugais, dont nous nous occupons dans l'appendice de cet ouvrage, paraît suivre une voie de conciliation. Le Gouvernement portugais vient d'adresser, dit-on, aux puissances signataires du traité de Berlin (1885) un « mémorandum » par lequel il les prie de former une conférence, conformément à l'article 12 de ce traité, et aux désirs communs des deux Etats en litige, afin de conseiller une règle de conduite pour les circonstances présentes. Il est indubitable que cette divergence ne pouvait s'aplanir d'une autre manière, en vertu de l'article 37 du même traité, d'après lequel pour toute puissance signataire, son adhésion implique, de plein droit, l'acceptation de toutes ses obligations et la reconnaissance de tous ses avantages. D'ailleurs, on sait que, suivant un principe d'ordre public international adopté dans la conférence de Londres (1871), aucun Etat contractant ne peut légitimement se délier de ses engagements, sans le consentement préalable de tous les autres.

En terminant, qu'on nous permette de consigner ici nos remerciements les plus vifs au Congrès international de la Paix, où nous avons eu l'avantage de siéger comme membre d'honneur, et comme représentant de la Société Néo-Latine Franco-Espagnole et de l'Union Méditerranéenne.

THOMAS DE SAINT-GEORGES D'ARMSTRONG.

Mars 1890.

INTRODUCTION

Les différents articles qui ont paru dans la *Revue Libérale* ont été publiés en vue du Congrès International de la Paix, qui doit réunir prochainement tous ceux dont le zèle louable s'occupe sans cesse de frayer au règne de l'arbitrage une voie sûre et pacifique. Ce Congrès est appelé à sanctionner l'adoption de la doctrine arbitrale, comme unique moyen que le droit et la justice puissent employer à l'aplanissement de tous les différends internationaux ; mais là ne se borne pas sa mission, car on y proposera aussi des mesures de jurisprudence destinées à produire d'excellents résultats parmi les nations. Et il est à souhaiter que, dans une œuvre si considérable de paix et de progrès général, toutes les nations se fassent convenablement représenter, afin que nos décisions soient revêtues d'une assez grande autorité morale pour être promptement accréditées.

Lorsque ce Congrès aura terminé ses travaux, il devra en siéger un autre, de caractère parlementaire, formé de membres des Corps législatifs de la France, de l'Angleterre, des Etats-Unis, et de toutes les nations qui aimeront à s'associer à cette grande entreprise des intérêts de la fraternisation humaine. Les délégués établiront, au nom de leurs Parlements respectifs, les bases d'un traité permanent, conçu d'après les résolutions qui auront été formulées dans notre Congrès actuel, dit Congrès International de la Paix; et ils devront mettre à contribution les meilleures ressources de leur propre influence, pour obtenir des Pouvoirs Législatifs de leurs Gouvernements la sanction du Traité qu'ils auront communément élaboré.

Dans le même ordre de choses, il serait bon que les congressistes profitassent de l'occasion qui les aura assemblés, pour examiner la possibilité de proposer à l'adoption de leurs Parlements respectifs le projet d'arbitrage international permanent, élaboré en 1883, par le Congrès Fédéral de Suisse. On n'a pas oublié que le Gouvernement des Etats-Unis l'avait approuvé; mais que la mort du ministre des affaires étrangères de ce pays, malencontreusement survenue, interrompit les négociations diplomatiques qui avaient été commencées à ce sujet.

Considérations Ce projet, établi sous la forme d'un traité, renferme toutes les dispositions légales propres à éviter les conflits de toute nature qui pourraient naître dans les relations internationales des États, et les interrompre tout comme il arrive dans les relations

privées des citoyens, au sein des sociétés internes.
Avec la différence que ceux-ci peuvent recourir à
des tribunaux judiciaires compétemment établis
pour donner une fin à leurs litiges, tandis que les
nations n'ont à leur discrétion aucune ressource
analogue. C'est pourquoi, en conséquence d'un principe de droit élémentaire et de stricte justice, l'on
doit veiller à pourvoir les nations d'un moyen juridique de terminer leurs différends, sans que, par le
seul fait du non-aboutissement des voies diplomatiques ordinaires, elles en appellent aux armes, et se
disposent à ruiner impitoyablement, avec une mutuelle animosité, leurs populations, leurs richesses
naturelles, et en général tous les fruits recueillis
à la suite des efforts civilisateurs les plus pé-
nibles.

Nous pourrions ici nous laisser entraîner à beaucoup d'autres considérations ; mais nous aimons
mieux citer sans plus tarder les propres termes du
projet d'arbitrage dont nous parlions, car il est au
moins aussi éloquent que notre meilleure argumen-
tation :

Entre les États-Unis de l'Amérique du Nord et la
Confédération Suisse, il a été conclu un traité permanent d'arbitrage comme suit :

Art. 1ᵉʳ. — Les deux États contractants s'engagent à soumettre à un Tribunal arbitral toutes les
difficultés qui pourraient naître entre eux pendant

la durée du présent traité, quels que puissent être la cause, la nature ou l'objet de ces difficultés.

Art. 2. — Le Tribunal arbitral sera composé de trois personnes. Chacun des Etats désignera l'un des arbitres. Il le choisira parmi les personnes qui ne sont ni les ressortissants de l'Etat, ni les habitants de son territoire. Les deux arbitres choisiront eux-mêmes leur sur-arbitre. S'ils ne peuvent s'entendre sur ce choix, le sur-arbitre sera nommé par un Gouvernement neutre. Ce Gouvernement sera lui-même désigné par les deux arbitres, ou, à défaut d'entente, par le sort.

Art. 3. — Le Tribunal arbitral, réuni par les soins du sur-arbitre, fera rédiger un compromis qui fixera l'objet du litige, la composition du Tribunal, et la durée des pouvoirs de ce dernier. Ce compromis sera signé par les représentants des parties et par les arbitres.

Art. 4. — Les arbitres détermineront leur procédure. Ils useront, pour éclairer leur justice, de tous les moyens d'information qu'ils jugeront nécessaires, les parties s'engageant à les mettre à leur disposition. Leur sentence sera communiquée aux parties. Elle sera exécutoire de plein droit, un mois après cette communication.

Art. 5. — Chacun des États contractants s'engage à observer et à exécuter loyalement la sentence arbitrale.

Art. 6. — Le présent traité est fait pour la durée de trente années à partir de l'échange des ratifications. — S'il n'est pas dénoncé avant le commencement de la trentième année, il sera renouvelé pour une nouvelle période de trente ans, et ainsi de suite.

Il est parfaitement hors de doute qu'une telle innovation dans le développement des relations entre les Etats, pourrait, à la longue et au moyen de l'habitude acquise convertir en organisation juridique l'organisation anormale qui régit leurs rapports; après s'être souvent inclinées aux sentences arbitrales, les nations ne sauraient rejeter le bienfait d'un tribunal arbitral permanent. C'est là une tendance naturelle des principes, qui fait aussi que, dans les sociétés internes, les coutumes finissent par obtenir force de loi, et être incorporées dans les codes. Ainsi a-t-il toujours été du droit international consuétudinaire relatif à l'extraterritorialité des hôtels des ambassadeurs ou de leurs souverains en voyage, et des vaisseaux de guerre, lesquels, par une fiction de droit, sont considérés comme des extensions, des parties quasi-intégrantes de leur nation; et l'exception de ces deux cas en enveloppe beaucoup d'autres de moindre importance, qu'il est inutile de mentionner. Ce droit consuétudinaire, quoique privé de la forme d'une loi positive internationale, est, sans contredit, supérieur aux lois internes de toute nation ; car tout code interne doit être en conformité parfaite avec la jurisprudence internationale, dans tous les points où se peuvent confondre les champs de leurs autorités respectives.

La jurisprudence internationale, malgré l'absence d'une codification régulière, peut se dire un droit d'ordre public, complètement inaltérable dans ses principes et irréfragable dans ses conséquences, analogue à certaines lois d'ordre général qui se retrouvent dans l'organisation juridique des Etats, et auxquelles, en aucune façon, les citoyens ne peuvent substituer des transactions particulières qui y aient leur fondement, comme par exemple les lois relatives à la minorité, et d'autres du même genre. — Nous ne pouvons nous empêcher de reconnaître que déjà l'on sent universellement la nécessité de l'influence de ce droit des gens; et les efforts que la puissance de l'opinion publique et le progrès moral du monde apporteront à son organisation juridique, nous laissent espérer que la réforme dont nous traitons s'opérera dans un bref délai. — Le projet d'arbitrage permanent, tel que nous le présentons, est de ceux que toutes les nations peuvent adopter, indépendamment de leur forme gouvernementale; et ce grand avantage qu'il présente fait qu'il est propre à recevoir, par exemple, les adhésions réciproques de l'Empire Russe et d'une République.

Outre les cas prévus dans le projet d'arbitrage permanent, on trouve, dans quelques traités d'amitié, de commerce et de navigation, une clause touchant leur interprétation, leur exécution, et les conséquences de leur violation : lorsque, sur ces questions, les voies diplomatiques ont été infructueusement épuisées, les gouvernements en litige ont à nommer des commissions auxquelles incombe le soin de former un tribunal arbitral. — Voici la manière de procéder dans ces circonstances: chaque gouvernement, d'un commun accord, nommera ses représentants ; et, lorsque l'entente sur ces nominations devient impossible, chacun d'eux, d'un commun accord, désignera un arbitre ou un nombre égal d'arbitres ; ceux-ci, à leur tour, procéderont à l'élection d'un tiers, d'un surarbitre, qui jugera le différend en dernière instance. — Dans tous les cas, la procédure des arbitres sera déterminée par les gouvernements contractants, et, à défaut de leur intervention en ce point, la réglementation en sera commise, de plein droit, aux commissions arbitrales. — Ces dispositions sont consignées dans le traité de commerce et de navigation entre l'Angleterre et l'Italie, du 15 juin 1883, et dans diverses autres conventions d'un caractère analogue.

L'on ne peut s'abstenir de considérer avec regret que le moyen que nous venons de mentionner conduit seulement et partiellement à la conservation de la paix entre les nations, tandis que nous aurions souhaité le voir servir à l'aplanissement et à la termination de toutes les divergences compatibles avec le principe de l'arbitrage.

Convention arbitrale permanente.Les seules conventions arbitrales d'un caractère permanent que nous connaissions sont celles faites par la République de Colombie avec celles de Salvador, de Santo-Domingo, d'Uruguay, de Honduras et quelques autres; et qui ont été formulées dans les termes qui suivent :

Art. 1. — La République de Salvador et les Etats-Unis de Colombie contractent à perpétuité l'obligation de soumettre à l'arbitrage, lorsqu'ils n'auront pu y mettre fin par voie diplomatique, toutes controverses ou difficultés qui s'élèveraient entre les deux nations, nonobstant le zèle que leurs gouvernements respectifs apporteront toujours à les éviter.

Art. 2. — La désignation de l'arbitre, pour les cas où il faille en élire un, sera faite dans une convention spéciale, par laquelle on déterminera clairement aussi la question en litige, et la procédure à observer au cours du connaissement arbitral. Si l'on n'était pas d'accord dans la célébration de cette convention, ou si l'on convenait expressément de s'abstenir de cette formalité, l'arbitre pleinement autorisé à exercer les hautes fonctions arbitrales serait le président des Etats-Unis de l'Amérique du Nord.

Art. 3. — La République de Salvador et les Etats-

Unis de Colombie chercheront à célébrer à la première occasion opportune, avec les autres nations américaines, des conventions analogues à la présente, afin qu'elles adoptent d'une manière définitive la résolution de soumettre à l'arbitrage la solution de tout conflit qui surviendrait entre elles ; et afin qu'au mois de septembre de l'année prochaine elles envoient des représentants à Panama, pour former un congrès international où pourront être adoptés certains principes comme principes fondamentaux du droit public américain. Il est entendu que les gouvernements de la République de Salvador et des Etats-Unis de Colombie se feront représenter à ce congrès.

Cette politique internationale, généreuse et fraternelle, due aux inspirations hautement humanitaires de la République de Colombie, a déjà produit de féconds résultats, attestés par les conventions postérieurement célébrées. Nous savons que le Congrès convoqué pour le 30 septembre 1881 n'eut pas lieu ; mais sa non-réalisation, à certains points de vue regrettable, est due à des motifs extérieurs dont la discussion est étrangère à notre programme actuel.

La pacification constante par l'arbitrage est pour les nations une source d'innombrables bienfaits. Malheureusement ce système n'est dûment apprécié qu'à la suite d'une guerre, alors qu'il est trop tard pour réparer le sang versé, ainsi que pour empêcher les ravages matériels, les progrès du deuil et de la ruine. — Peut-être, pour que l'arbitrage triomphe universellement, faudra-t-il encore que le monde soit le théâtre d'une lutte effroyable, où se déploieraient les avantages infernaux de toutes les inventions nouvelles dans la science des armes, et où se manifesterait l'odieuse puissance de la dynamite, de la mélinite, de telle poudre encore inflammable au plus léger frôlement de l'ennemi.

Pourquoi tous les gouvernements ne profitent-ils pas de la paix actuelle pour assurer, par l'adoption de l'arbitrage, le bien-être et le progrès de leurs peuples ?

Congrès Les Etats-Unis sont plus habiles et plus prompts à aider l'avancemen' moral et matériel de leur nation. Ils ont compris que la paix est le premier moteur, la première force déterminante du progrès ; aussi, pour la garantir inéluctablement, leur Parlement a-t-il déterminé le Gouvernement de l'Union à la convocation d'un congrès, qui doit se réunir à Washington au mois d'octobre prochain. A ce congrès seront représentées toutes les républiques du nord, du centre et du sud de l'Amérique, ainsi que l'empire du Brésil.

Son principal objet est d'établir une même forme d'arbitrage pour tous ces Etats. Il formulera aussi les bases d'un tarif général de douanes, pour l'importation et l'exportation des articles ; il réglera certaines dispositions sanitaires au sujet de la quarantaine des navires, et examinera les conditions d'adoption d'un système unique de poids et mesures, ainsi que d'un type légal de monnaie d'argent, pour les transactions commerciales entre les diverses républiques. Finalement il sanctionnera des résolutions touchant la protection des patentes d'invention et des marques de commerce, et l'extradition des criminels.

Tels sont, sans nul doute, d'excellents moyens pour resserrer les liens de paix et d'amitié entre les peuples, et pour les conduire directement à l'arbitrage. — Une politique exclusive de persuasion et d'exposé de principes serait impuissante à donner d'aussi bons résultats. Doctrines, raisons, pour plus importantes qu'elles soient, ce sont des armes le plus souvent trop faibles contre des préjugés séculaires : tandis, au contraire, que le souci de ses intérêts vitaux, peut déterminer une nation aux conversions les plus inattendues. C'est une loi inhérente à la condition humaine, et dont le concours, convenablement exploité, deviendrait très utile à l'acceptation de nos doctrines.

Un autre congrès a eu lieu récemment par l'initiative de la République orientale de l'Uruguay pour la réforme du droit international privé. Nous ne parlerons pas des questions qui s'y sont traitées, car elles n'ont pas leur place dans notre étude. Nous nous bornons à regretter que les États américains, réunis à cette occasion dans la personne de leurs représentants, n'aient pas pris en considération le principe de l'arbitrage, dont ils ne pouvaient contester l'heureuse et haute influence. Autant nous regrettons cette abstention, autant nous applaudissons à la sagesse du congrès de juristes réuni à Lisbonne, il y a quelques semaines, au sein duquel on a discuté les moyens de raréfier et d'abolir le sacrifice de la vie humaine, par la création d'un tribunal international.

Nos opinions. Il n'est pas douteux qu'en étudiant l'arbitrage sous toutes ses formes et dans toutes ses applications, on se trouve facilement en face d'un principe et de ses conséquences logiques. Ce principe est tout aussi applicable dans les matières civiles que dans les matières commerciales, et chaque fois qu'un différend survient entre particuliers. — Pourtant, il y a une différence. Dans les sociétés internes, les parties, au lieu d'en appeler aux tribunaux compétents, défèrent leurs divergences à des arbitres, qui connaissent alors et jugent conformément au compromis, et les parties litigeantes ont l'obligation morale de s'incliner devant le verdict, quel qu'il soit, à moins qu'il y ait cas de fraude, d'erreur ou d'injustice. — C'est le compromis préalable qui détermine si, cette procédure terminée, on pourra en appeler aux tribunaux sous une certaine amende, et si, dans l'éventualité d'une appellation à la justice ordinaire, le premier verdict devra être pris en considération par les tribunaux judiciaires. Mais les arbitrages internationaux sont purement accidentels; les arbitres sont des délégués investis de droits souverains par les hautes parties litigeantes; leur compétence émane d'un compromis où se trouvent définies la cause et la raison du différend et où est indiquée la procédure qu'ils devront observer. Ils peuvent juger suivant les principes généraux d'équité et de justice, et suivant les circonstances qui accompagnent le cas, excepté lorsque le compromis détermine que la sentence devra être prononcée « ad-jus », car alors ils sont obligés de se conformer au commun accord des parties.

C'est chose certaine, que le droit consuétudinaire adopté comme règle de conduite dans chaque Etat pour les associations civiles et commerciales, se retrouve dans les principes d'arbitrage international, et dans les traités de droit privé entre les nations; — c'est le même droit s'imposant, avec ses prérogatives et ses charges, à des personnalités morales de haute catégorie. Le droit est toujours un, toujours le même, quels que soient les chefs sous lesquels il a été divisé, et les faces nombreuses sous lesquelles on l'a plus commodément envisagé. — Droit, morale, justice, voilà la triple expression d'une seule idée fondamentale. Et si les lois, même celles d'un sens similaire, sont si diverses, c'est parce qu'elles ne sont que des formes, créées par les législateurs. Ceux-ci n'ont qu'une base pour leurs codes, la loi naturelle, laquelle est invariable et immuable, tant pour les individus que pour les nations. Et là où n'existe point la sanction de la force, on trouve souvent un grand appui dans la sanction morale, dont les bons résultats peuvent égaler ceux de la coaction.

Dans les sociétés internes, l'arbitrage entre particuliers est un surcroît que le législateur, par esprit d'équité, a toujours toléré, pour ne pas transiger radicalement avec le droit parfait des volontés des parties qui sont sous la juridiction souveraine de la société constituée. Pour les nations, au contraire, l'arbitrage devient nécessaire et indispensable, car il n'est sur la terre aucun tribunal dont elles aient à reconnaître et respecter la supériorité juridique. Aussi, les voies diplomatiques étant épuisées dans un différend sans avoir abouti, le seul moyen de stricte justice, pour mettre fin à la question, est de la soumettre au connaissement et à la sentence d'un juge ou d'un tribunal mixte, impartial et désintéressé. — Et, comme, en vertu d'un principe de droit universellement reconnu, personne ne peut être juge et partie dans ses propres intérêts, moyennant préjudice pour les droits parfaits d'une autre personnalité, il résulte que, lorsque l'arbitrage n'est pas agréé, les nations sont réduites à se mesurer brutalement par les armes, conduite abominable, qui ne donne pas toujours le triomphe à celui qui le mérite, et qui, dans tous les cas, ne décide jamais universellement l'opinion en faveur de la partie victorieuse.

Nous ne pouvons prétendre que l'arbitrage provoque et réalise l'abolition complète des guerres, mais seulement qu'il les rende exceptionnelles, aussi exceptionnelles que les infractions subies par la loi au sein des sociétés internes. Nous désirons qu'il soit toujours introduit avec succès dans les questions de limites, de violation de frontières, en propos délibéré, par des individus au service d'un Etat limitrophe, d'injustices exercées envers des nationaux ou envers d'autres, de violation de l'étiquette ou des règles diplomatiques; et dans toutes autres questions d'une importance analogue. Pourtant, nous sommes les premiers à déclarer que l'arbitrage ne peut être introduit dans les cas d'injure ou de menace aux droits souverains et à l'indépendance d'une nation. La défense armée est pour cette nation un droit parfaitement légitime et incontestable, qu'aucune circonstance, de quelque nature qu'elle fût, ne pourrait contrarier. De la même manière, l'arbitrage doit rester étranger à toute question, qui constituerait ou non l'objet d'un compromis, touchant l'autonomie ou l'existence d'un autre Etat. — Son intervention serait à ce point contraire à la morale et à la justice, que la sentence arbitrale serait « ipso facto » nulle et de nul effet. Tout aussi contraires à la morale seraient les traités dangereux à l'existence d'un peuple, ou à la liberté humaine, par l'approbation du trafic des esclaves ou de la piraterie. Nous avons exprimé nos observations sur ce point, parce qu'il est explicitement compris dans le Programme général du prochain Congrès international de la Paix, car à aucun autre titre nous ne pouvions examiner ici un principe de ce genre.

Une autre proposition du programme se rapporte au cas où les juges-arbitres appelés à connaître d'un différend ou procès international absolument nouveau et sans précédent, ne trouveraient aucune loi déterminante, aucun principe fixe qui leur dictât une règle de conduite. Comment agiraient-ils dans cette question « sub-judice » ? La solution de l'embarras nous paraît assez simple : à défaut de lois formulées, les arbitres devraient recourir aux principes généraux de droit, et en faire l'application convenable.

Ce cas est déjà prévu dans la législation interne de tous les Etats, où il est toujours stipulé que les tribunaux judiciaires ne pourront en aucune circonstance se refuser à donner une sentence, en faisant valoir l'obscurité ou l'imperfection de la loi ; ils devront appliquer des lois d'un esprit analogue, ou, à leur défaut, les principes généraux du droit. — Il me semble qu'il devrait en être de même pour les procédures arbitrales. — En l'absence d'un Code International qui détermine les lois directement applicables, les arbitres ont à prendre en considération les lois positives dont l'esprit se retrouve dans telles ou telles sentences arbitrales, dans tels ou tels jugements de tribunaux de prises, dans telles ou telles doctrines consignées en de nombreux traités par les autres nations. L'autorité de ces lois positives doit alors être corroborée et complétée par les principes généraux de droit universel, et les principes de droit consuétudinaire; par les doctrines accréditées dans les nations auxquelles appartiennent les plus éminents jurisconsultes, ainsi que par toutes notes ou communications qui auraient avantageusement servi à la termination de quelques divergences. — Toutefois, pour suppléer, autant que faire se peut, à l'existence d'un code international, il est hautement utile que les nations en litige déterminent préalablement les principes de droit d'après lesquels les juges-arbitres devront prononcer. Ainsi, l'on évite que ces juges formulent des interprétations ou des opinions discordantes, dans les cas où ils n'ont pour base de leur jugement que les principes généraux, le droit positif, ou certaines lois du même esprit que la solution de quelques cas exceptionnels. — Cette précaution n'est pas nécessaire pour des circonstances où les arbitres ont plutôt le rôle de compositeurs, avec la mission de régler promptement un accord des plus simples;

ici le compromis ne les oblige guère à fonder leur sentence sur les principes supérieurs dont nous avons parlé; il leur suffit d'interroger leur conscience, et de prononcer suivant ses lumières, en parfait accord avec la justice et l'équité les plus élémentaires.

Les annales diplomatiques ne nous offrent qu'un seul exemple de jugement arbitral dont les règles aient été déterminées à l'avance: c'est celui de l'Al ma. A l'occasion de ce conflit, le traité de Washington, en 1871, fixa les trois règles à observer par les arbitres envers les divers navires qui avaient violé la neutralité, en s'échappant des des ports de l'Angleterre. — La négligence qui pouvait avoir eu lieu coûta bien cher à cet Etat. Et pourtant, l'Angleterre, lors de la formulation des trois règles, déclara qu'elle avait consenti à ce que les Etats-Unis participassent à l'établissement du compromis qui devait servir de base au jugement arbitral, pour lui témoigner de son désir d'entretenir et de conserver les bonnes relations qu'elle avait avec leur gouvernement, manifestant en même temps que son propre gouvernement avait observé la neutralité le plus diligemment possible, et que les arbitres devaient reconnaître que l'Angleterre s'était bornée à l'attitude déterminée par les trois règles.

Quoi qu'il en soit de ce cas et de la négligence qui l'a pu provoquer, nous devons remarquer nouvellement ici que toute nation est obligée à conformer sa législation intérieure avec les principes du droit international, qui, comme nous avons souvent dit, est bien au-dessus des lois locales ; toutes les fois que la constitution interne ne prévoit pas suffisamment les cas qui sont susceptibles de se produire dans les relations de son peuple avec un autre, il convient au gouvernement de la réformer aussitôt.

Ainsi, l'Angleterre, dans sa déclaration dont nous parlions, ne pouvait laisser d'affirmer qu'elle s'était conformée aux trois règles ; et dans le traité de 1871, qui constituait le compromis préalable au jugement, il fut stipulé que ce même traité serait communiqué à tous les gouvernements, pour servir de précédent dans leur conduite future. Nous ne savons pas, néanmoins, jusqu'à quel point les autres États neutraux observeront ces règles dans les prochaines guerres maritimes, attendu que le compromis n'est obligatoire que pour les parties contractantes, comme l'était seulement pour les républiques Argentine et de l'Uruguay la convention de 1876, et comme sont en général tous les traités spéciaux.

Mais si nous croyons que les lois internes, sur des principes généraux de neutralité reconnus par toutes les nations, doivent être en harmonie avec la jurisprudence internationale, nous ne faisons pas abstraction du droit particulier que les États se sont réservé, et dont nous parlons dans notre étude des principes généraux de la neutralité. Toutefois lorsqu'un État neutral est régi par les mêmes lois qu'un autre qui devient belligérant, il est tenu d'observer strictement ces lois.

Pour éviter la confusion et la contradiction où peuvent souvent induire les règles spéciales du traité de Washington de 1871, relatives à la neutralité, il est de haute convenance, en l'absence d'un code international, qu'un congrès se réunisse pour élaborer des lois précises et déterminantes, comme il en a été dans le congrès tenu à Paris en 1856, pour les principes de la loi maritime. — De la même manière que ces derniers principes, avant d'être consacrés de la sorte, donnaient fréquemment naissance à des complications diplomatiques, ainsi les règles de neutralité du traité de Washington se trouvent elles-mêmes exposées à la contestation. — Et que l'on ne considère pas cette remarque comme une vaine assertion de notre part: nous nous contenterons de rappeler qu'en 1872, le prince de Bismarck, en recevant de Lord Granville la communication des règles formulées dans l'article 6 du traité de Washington, répondit à ce ministre « qu'il fallait que, pour être acceptés, les principes de neutralité posés à l'égard de l'armement et de l'équipement des navires fussent étendus à la livraison des armes et autres munitions de guerre. » — Lord Granville qualifie cette exigence de prétention impossible à satisfaire, en vertu des difficultés qu'elle occasionnerait par la nécessité d'un contrôle.

Le programme qui doit être parcouru par le prochain congrès international de la Paix a inséré la proposition de savoir si la formation et l'organisation d'un ou plusieurs Etats fédératifs, la constitution d'une haute cour Internationale, l'usage et la célébration progressive de traités permanents entre nations, ne seraient pas des moyens efficaces pour déterminer le passage de l'état de trêve armée à l'état de paix absolue.

Il n'est pas douteux qu'on pourrait parvenir à cette fin en désarmant tous les États au moyen de traités mutuels et réciproques, qui assureraient l'aplanissement de tous les différends par l'intervention de l'arbitrage. Mais, pour donner à ce système l'influence et la force morale qui lui sont nécessaires, il importe que les nations admettent, dans leurs constitutions respectives, le principe de l'arbitrage, comme un précepte fondamental de droit public. Le principe élevé dont nous parlons a une place tout aussi bien désignée dans les traités d'amitié, de commerce et de navigation, que le principe de la nation la plus favorisée, car celui-là est propre à conserver les bonnes relations sans lesquelles on ne saurait jouir des grands intérêts et des avantages garantis par celui-ci.

Déjà l'on a agi quelque peu dans ce sens, car nous ne pouvons nous empêcher de reconnaitre une adhésion tacite à l'arbitrage permanent, dans les traités de commerce dont le premier article déclare qu'il y y aura paix perpétuelle entre les hautes parties contractantes. — Quelle autre signification peut avoir un tel article? L'on ne peut dire que ce soit une simple formule entre les puissances cosignataires; elle n'aurait nulle raison d'être et serait supprimée, si elle n'avait pratiquement pour objet la conservation de la paix. — Nous croyons, quant à nous, que le principe vraiment apte à être érigé en règle fixe, et à signifier hautement la paix perpétuelle au sein des traités, est celui qui a été consigné dans le traité du 9 juillet 1868, entre les Républiques Argentine et de Bolivie, dont nous aimons à mentionner quelques points.

Art. 1. — Les hautes parties contractantes déclarent qu'il y aura paix inaltérable et amitié perpétuelle entre les deux pays et entre les citoyens des mêmes États, sans exception de lieux ni de personnes.

Art. 2. — Les relations d'amitié, de commerce et de navigation entre les deux Républiques reconnaissent pour base une réciprocité parfaite et la libre concurrence des industries des citoyens des dites Républiques dans l'un et l'autre et dans chacun de leurs territoires.

Par l'article 21, il est stipulé que le traité est pour une période de douze ans; et, comme il est d'usage diplomatique que les dénonciations soient

faites un an avant l'expiration, ce traité ira se renou-
velant tacitement année par année, à moins que l'on
notifie, avant ce délai, l'intention de le faire cesser
dans ses effets légaux. Les hautes parties contractantes font exception, toutefois, pour les articles 1
et 2, qui, étant formulés dans le sens de la perpétuité, doivent toujours rester en vigueur.

Cette manifestation recommande clairement l'arbitrage pour la terminaison de toutes les divergences,
d'autant mieux que, dans l'article 20 du traité il est
dit : « Que les questions pour des points de limites,
qui seront survenues, et n'auront pas pu être réso-
lues à l'amiable entre les parties contractantes, seront soumises à l'arbitrage d'une nation amie. »

Tel est l'état, ou telles sont les circonstances par
lesquelles la concorde et la fraternelle harmonie entre
les nations, au point de vue de la paix perpétuelle,
sont introduites dans les traités, que généralement
on n'y donne à ces intérêts ni l'importance ni la signification qui leur reviennent, attendu qu'on laisse
entendre qu'aux bonnes relations d'aujourd'hui peut
succéder demain même une déclaration de guerre,
en dépit des plus récentes déclarations. La République Argentine, comme nous avons montré, est la
seule nation qui ait donné à la paix perpétuelle une
interprétation convenable et féconde. Nous devons
dire, en outre, que les républiques de Venézuéla et
de l'Équateur offrent des exemples dignes d'être sui-

vis, en proclamant l'arbitrage comme précepte constitutionnel.

Il n'est pas une seule région du Nouveau Monde où les Etats aient besoin de se maintenir dans la trêve armée, car entre eux, ils ne se redoutent aucunement, et ne sont jamais préoccupés du prétendu droit de conquête. On ne peut raisonnablement attribuer cette enviable sécurité à l'immense étendue de leurs territoires, ou à la valeur inférieure du terrain sur les continents d'Amérique. On aurait tort de penser ainsi, car le sol commence à y devenir productif et augmenter de valeur, surtout dans la République Argentine. — La source de cette tendance générale vers la pacification est l'esprit même de fraternité qui règne entre les peuples d'Amérique, ceux-ci étant unis par la puissance de la tradition historique, ayant déployé des efforts communs et versé presque ensemble des flots de sang généreux pour l'indépendance collective de leur continent, et s'étant constitués souverainement par l'*uti possidetis* de 1810, qui correspondait au début de leur ère indépendante.

Tant que l'Europe aura ses armées permanentes, dont la présence constitue des menaces réciproques, elle ne pourra contribuer à la liberté et à la paix des sociétés; car la perpétuité de l'équipement militaire est une cause de ruine pour les Puissances, qu'elle oblige à accabler leurs citoyens d'impôts exagérés et de lourdes charges. sans retirer aucun avantage de si grands sacrifices. Au cœur des armées se cachent toujours des projets d'extension et de conquête ; et pourtant, de nombreuses et fortes leçons ont dû donner aux gouvernements le temps d'apprendre qu'on perd plus qu'on ne gagne dans la possession de territoires obtenus par la force ; sans compter les préoccupations, les ennuis de toutes sortes qu'engendre la volonté de régner sur des masses où le souvenir de l'autonomie et le sentiment patriotique ne peuvent être étouffés par la force des armes. Les traditions mêmes de la valeur militaire succombent aujourd'hui sous les raffinements de la science, et nous sommes parvenus à l'époque où l'on pourra dire d'un grand capitaine que son habileté, son infaillible stratégie l'ont immortalisé, mais non plus son héroïsme au sein d'une affreuse mêlée, ni l'abnégation volontaire de ses jours pour le salut d'un chef précieux. Car que sont la bravoure, l'indomptable vaillance, que sont l'abnégation et le sacrifice, en face des canons aveugles et des fusils lointains ? Plus de noblesse éclatante dans les manifestations de l'énergie humaine ; car la vraie noblesse est celle du sentiment, du dévouement pour une cause étrangère à soi-même ; et plus cette cause s'éloigne de la sphère où nos liens naturels avec ce qui nous entoure sont plus intimes et plus influents, plus le sacrifice a de valeur morale vis-à-vis de l'humanité. C'est par le cœur que l'homme ennoblit sa maison : et cette réflexion si juste, que nous aimons à redire après M. de Laprade, nous fait pressentir la vulgarité où tombe graduellement et où finira par s'engloutir la carrière militaire, à mesure que la science enrichit les armées de ses inventions astucieuses, réduisant les peuples à s'attaquer de loin, sans se voir, et peut-être obtenant ce résultat insensé, que l'une des armées quittera ses positions initiales seulement pour recueillir le territoire et les débris humains de son ennemie terrassée.

Aussi, puisque les choses militaires ont suivi une telle voie, l'on ne doit plus aux grands de l'armée des louanges supérieures ni de meilleures récompenses qu'à ceux qui ont bien mérité dans l'ordre civil, qui, par exemple, participent aux travaux et aux dévouements des œuvres de sauvetage, de la Croix-Rouge, et en général de toutes œuvres hautement humanitaires qui nécessitent le sacrifice des intérêts personnels au salut des semblables. Il est également juste qu'on reconnaisse la grande valeur, tant morale que sociale, des sociétés de paix et d'arbitrage. Elles luttent constamment et sans trêve en faveur de la fraternisation humaine, et ont à s'opposer aux tendances des esprits faibles, qui ne voient dans le monde, à leur entour, que les faits présents et immédiats, sans contempler les époques futures, sans tenir compte de ce que, avec l'avancement des idées la prospérité et le progrès continuel, les sociétés doivent subir, dans leur propre sein, des réformes radicales. Ces réformes sont appelées et imposées par l'épanouissement définitif de telle ou telle idée sublime, dont la réalisation réclamait une longue préparation. — C'est ainsi qu'il en a été de l'affranchissement universel et de la fin de la servitude : cette grande œuvre, malgré la protection et la garantie des puissances, n'a pourtant pas encore complètement triomphé dans l'intérieur du continent africain; on prépare, dans l'intérêt de son achèvement, deux congrès dont l'un se tiendra prochainement à Bruxelles, et l'autre à Lausanne.

Le même cas s'est donné pour la question des otages. L'on sait que la coutume, de très vieille mémoire, était que les souverains fissent mutuellement échange de personnages notables choisis parmi leurs vassaux, comme garants de leurs traités. On voudra bien nous permettre, ici, de faire connaître qu'en 1360, lors du traité de Bretigny entre le roi d'Angleterre Edouard III et le roi de France Jean II, le souverain français constitua otage de l'Angleterre le seigneur Pierre II, sire de Préaux, qui était notre ancêtre du côté de notre aïeul paternel. Il appartenait à l'une des plus illustres et des plus anciennes familles de France, que de célèbres alliances avaient apparentée avec la souche royale (1).

____

1) Voy. M. de Saint-Allais, *Nobiliaire universel de France*, tome XVIIIe, 2e partie, pag. 131-142. Voy. aussi Burk's Landed Gentry, au sujet de la famille d'Armstrong.

Or, Pierre II étant mort en captivité fiduciale quelques mois après son départ, son fils Jean IV, sire de Préaux, dut, par un fâcheux principe de solidarité, aller en Angleterre substituer sa garantie à celle du défunt. Et si cet évènement, qui résulte d'une coutume arbitraire, suscite en nous malgré son ancienneté, un sentiment de dégoût pour les imperfections formelles de l'époque où il s'est accompli, que de haines ne peut engendrer dans le sentiment des peuples l'atroce barbarie des guerres qui remplit lugubrement les cimetières de veuves éplorées, de mères inconsolables, d'orphelins sans appui, et d'amis tentés de mépriser et de haïr les exigences de l'héroïsme, lorsqu'il se rend inconciliable avec l'existence ?

Pour nous, nous attachons un plus haut prix aux médailles que S. M. le roi de Portugal accorde à son armée pour un nombre limité d'années de service, qu'à celles qui sont dites éminemment glorieuses, et que l'on distribue sur les champs de bataille en récompense de beaucoup de sang versé, de beaucoup de ruine et d'une grande désolation exercées au sein d'un pays qui jouissait tranquillement des fruits de la paix. — Les médailles dont nous parlons ont été instituées dans l'armée portugaise pour reconnaître les bons services rendus au pays et à la Société, ainsi que la bonne conduite et la participation à l'éclat d'une parfaite discipline. Une médaille de bronze est accordée pour un zèle de cinq ans, une d'argent pour quinze ans, et une d'or à ceux qui l'ont méritée par vingt-cinq années d'une conduite constamment excellente.

Toutes les nations auraient grand avantage à imiter l'exemple du Portugal, qui sans être neutralisé comme la Belgique, la Suisse ou le Luxembourg, s'attache à éviter les questions diplomatiques avec les autres Etats. Elles gagneraient beaucoup à s'inspirer des paroles remarquables que fit entendre Sa Majesté Très Fidèle à l'ouverture du Parlement, en 1874, et que nous mentionnons postérieurement, dans notre étude de l'arbitrage.

Le Portugal, dont les institutions hautement humanitaires lui méritent les éloges et la considération de tous ceux qui veillent à l'établissement de la paix universelle, a été plus loin encore dans sa voie digne et salutaire. L'on sait que la peine de mort a été exclue de son code civil et que le dernier châtiment qui puisse être infligé n'est autre que celui des travaux forcés à perpétuité. Dans ses traités d'extradition avec les autres Etats, le Portugal a expressément stipulé que les Tribunaux appelés à juger le coupable qui leur aura été livré, ne pourront en aucun cas le condamner à la peine capitale. Bien plus, quoique cette peine suprême n'ait pu, pour des raisons supérieures, être rayée du milieu les sanctions applicables par les Conseils de guerre à quelque membre que ce soit de l'armée portugaise, le Souverain use toujours, avec un sentiment magnanime, de son privilège royal, et n'hésite pas à commuer en travaux forcés la peine capitale infligée aux soldats pour des chefs accusatoires de discipline militaire. — Ces sublimes pensées ne manqueraient pas d'accélérer les progrès de l'arbitrage, si seulement elles servaient d'exemple efficace aux autres Cours de l'Europe.

Cour suprême internationale.

S'il est vrai qu'il n'existe pas de Cour Suprême internationale, légalement établie pour régler et aplanir les différends survenus entre les États, nous croyons néanmoins reconnaître son rôle, tacitement exercé, dans le concert des grandes puissances, qui ont accoutumé de se réunir en Congrès, en vue d'apporter une solution définitive aux questions européennes. Leurs décisions, d'ailleurs, n'ont jamais été mises en doute ni contrariées par les autres nations qui n'avaient pas eu part dans leurs assemblées. Au contraire, ces décisions prises et formulées constituent, en l'absence d'un véritable code, la loi positive des peuples ; tout comme il arrive pour les Traités, lorsque la majorité s'accorde sur les principes de droit invoqués, et pour d'autres dispositions, telles que celles des tribunaux arbitraux ou des tribunaux de prises. Il importe de considérer que le concert des grandes puissances, n'ayant ni une juridiction déterminée, ni une procédure spéciale dont résulte une règle fixe de conduite, institue par lui-même sa manière d'agir et la voie qu'il suivra. C'est pourquoi ce concert de puissances, dans de fréquentes occasions, ne se bornant pas à s'ériger en tribunal international d'Appellation, siège encore en qualité de Corps législatif : chose contraire aux principes de l'organisation interne des États, mais que nous devons invariablement tolérer et approuver, vu l'absence d'une organisation juridique entre les nations. Nous avons vu que les grandes puissances se sont constituées sous une forme législative pour la neutralisation de la Belgique, de la Suisse et du Luxembourg, et pour celle du Canal en Egypte, et ont imposé à ces gouvernements des obligations, en même temps qu'elles leur ont reconnu certains droits respectifs, en vertu de leur contact et de leurs relations mutuelles ; nous n'avons pas oublié, non plus, le Congrès de Berlin, de 1878, qui a sanctionné, sous certaines conditions, l'élévation de la Serbie et de la Roumanie au rang d'États souverains et indépendants. Certes, ce sont là des interventions très accidentelles et irrégulières ; mais la tradition les admet depuis le Congrès de Vienne, de 1815, qui régla quelques différends relatifs, entre autres questions, aux octrois du Rhin et à la succession du duché de Bouillon, se revêtissant ainsi de l'autorité législative.

Il serait de haute convenance, que la Cour suprême eût la faculté d'aplanir toutes les divergences internationales, et que sa précieuse influence s'étendit à tous les cas sans exception. Ainsi, dans la guerre de 1870 entre les empires français et allemand, elle aurait pu éviter beaucoup de maux et d'événements funestes, d'autant mieux que les parties belligérantes étaient au nombre des grandes puissances du concert européen ; elle aurait au moins sauvé le territoire d'Alsace et de Lorraine, car elle jouissait de très bons précédents à ce sujet. En effet, sans reparler du Congrès de Vienne déjà mentionné, l'on se rappelle que le roi de Hollande fit appel à l'intervention de la Cour suprême, lorsque la Belgique se fut révoltée contre lui, au mois d'août de 1830 ; et que, le 4 novembre de la même année, fut réunie à Londres, une conférence, à laquelle participaient l'Angleterre, la France, la Russie, la Prusse et l'Autriche. Cette conférence proposa aussitôt un armistice entre les Belges et les Hollandais, déclara le 20 décembre le royaume des Pays-Bas dissous, et annonça qu'elle chercherait les arrangements les plus propres à combiner l'indépendance de la Belgique avec l'équilibre européen. Qu'on nous permette de citer encore deux précédents très notoires. En 1856, après la guerre de Crimée, l'Autriche et la Prusse, en leur qualité de grandes puissances, purent prendre part au Congrès assemblé à Paris sous la présidence du comte Walewski ; elles devinrent cosignataires du célèbre et important traité, qui procla-

mait libre la navigation du Danube, neutralisait
la mer Noire, arrêtait les bases d'un droit maritime
uniforme, et qui, entre autres déclarations remarquables, reconnaissait que le pavillon neutre couvre
la marchandise ennemie, excepté la contrebande de
guerre. De la même manière se termina la question
d'Orient, en 1878, par un Congrès réuni à Berlin,
auquel participèrent la France, l'Angleterre, l'Allemagne et l'Autriche, sous la présidence du prince de
Bismarck, et qui fut suivi d'un traité connu, suivant
un vieil usage diplomatique, par le nom de la ville
où il fut signé; les quatre puissances dont nous
venons de parler, quoiqu'elles n'eussent pris aucune
part active au conflit entre les Russes et les Turcs,
contribuèrent par leur intervention au maintien de
l'équilibre et à la sauvegarde de la Turquie, contre
la conquête et la domination du grand empire.

Il est évident que les grandes puissances, constituées en une sorte de Cour suprême internationale,
exercent les hautes fonctions d'une suprématie juri-
dictionnelle, et ont, de fait, une grande puissance
dans les intérêts intra et extra-européens; car elles
reconnaissent l'indépendance souveraine de la Turquie (1856), et l'admettent dans la communauté et le
concert des États européens, aussi bien qu'elles
garantissent la souveraineté de la Grèce (Traité de
Londres, de 1832), ou qu'elles s'entendent pour l'affranchissement de la Belgique (1830). — Rappelons

aussi le Congrès qui se tint à Berlin entre le mois de novembre de 1884 et le mois de février de 1885, sous la présidence du « chancelier de fer ». Comme on sait, il s'occupa des questions coloniales et commerciales du continent africain. Il y fut stipulé qu'à l'avenir toute puissance qui voudrait acquérir en Afrique un territoire nouveau devrait notifier sa prise de possession à toutes les puissances représentées dans la conférence, et, ensuite, maintenir sur les territoires occupés ou protégés une juridiction suffisante pour faire observer la paix. — L'existence de l'État libre du Congo était reconnue ; la navigation et le commerce y étaient déclarés libres, sauf revision dans vingt ans ; ils étaient aussi déclarés libres dans les vallées de l'Ogooué et du Niger, tandis que la vallée du fleuve Congo subissait désormais l'état de neutralisation. — A ce congrès mémorable n'étaient pas seulement représentées les puissances du premier ordre, mais aussi la Belgique, le Danemark, l'Espagne, la Hollande, le Portugal et la Suède, et cette exception fut faite, selon toute justice, en considération du caractère commercial et colonisateur de ces États. La Turquie put également y envoyer un plénipotentiaire, en vertu de ses intérêts analogues. La coopération des États-Unis eux-mêmes fut agréée après sollicitation, à cause de leur rang primordial entre les nations maritimes, et de la part qu'ils pouvaient prendre dans les intérêts généraux de la navi-

gation et du commerce des marines marchandes.
C'était la première fois que les États-Unis participaient à une conférence internationale en Europe, et cela s'explique par la simple pensée que leur politique est absolument étrangère aux questions mutuelles de l'ancien continent.

Les précédents que nous avons successivement invoqués, et, d'autre part, la considération de la forme et de la constitution imparfaite de ce tribunal suprême auquel l'acquiescement et l'adhésion délibérée des nations a donné une pleine autorité, nous mènent à déduire la nécessité d'un tribunal suprême d'appellation pour résoudre les divergences internationales, et nous mènent aussi à espérer que ce tribunal s'organisera suivant nos vœux avec le temps. Nous croyons plutôt à cette institution, forte de nombreux précédents et de son urgence notoire, qu'à la réunion des États d'Europe en une vaste confédération, du genre des États-Unis ou de la République argentine. Ces deux nations elles-mêmes ont déjà compris quelles complications et quels embarras sont le plus souvent inséparables d'un tel système gouvernemental. — La réalisation de ce système serait très difficile, presque impossible, selon toute apparence; et l'on s'exposerait à une longue attente, si on l'adoptait comme moyen de pourvoir à l'organisation d'une cour suprême qui aplanisse les conflits internationaux. Kant, penseur si profond, prétendrait donner à cette organisation une forme démocratique, et imposer le gouvernement républicain à des États dont les traditions historiques, les mœurs, les lois elles-mêmes sont attachées par de profondes racines à la forme monarchique et aux principes d'une antique aristocratie. — La confédération ainsi entendue aurait à se constituer avec les trois pouvoirs centraux, pour la direction des choses ayant relation avec les droits parfaits des États confédérés, et pour la gérence de tout ce qui entrerait dans les attributions du gouvernement général. Les États confédérés conserveraient d'ailleurs leur autonomie et souveraine indépendance, dans les questions et actes dont la suprématie n'aurait pas été déléguée par elles-mêmes aux pouvoirs centraux, dans les stipulations du pacte fédéral. Le pouvoir législatif aurait mission de formuler et de sanctionner des lois pour la généralité des confédérés; et ceux-ci pourraient exercer à leur tour l'autorité législative dans leurs juridictions locales, pourvu qu'elle ne contrariât en aucun point les dispositions légales du pouvoir supérieur.

Il serait à regretter qu'une telle confédération fût indispensable pour la conservation de la paix internationale, car les lois établies par le Législatif central auraient le grand inconvénient de n'engendrer qu'une responsabilité très minime pour les députés nommés par chaque État suivant sa population. Car,

c'est chose connue, que plus le nombre des membres
d'un Parlement est considérable, moins est grande
sa responsabilité à l'égard des lois formulées dans
son sein : telle est l'expérience que nous offrent les
manifestations de l'existence pratique par laquelle
se sont signalés toujours les Corps législatifs des sociétés internes. Le même inconvénient se ferait sentir dans la création de la haute cour fédérale de
justice et d'appellation, qui aurait mission d'appliquer les lois dictées par le Pouvoir législatif et qui
suppléerait au défaut d'un Tribunal d'arbitrage,
comme le Législatif tiendrait lieu du Code international ; en effet, les juges fédéraux élus pour siéger à
ce tribunal ne laisseraient pas de former un corps
nombreux, c'est-à-dire peu ou point responsable de
ses délibérations et de ses diverses sanctions.

Le rôle du Pouvoir exécutif serait de promulguer
les décrets de toute nature et de gouverner la Confédération suivant la constitution et les lois élaborées
par le Législatif central. Ici nous rencontrons une
nouvelle difficulté, touchant l'élection du Chef du
Pouvoir exécutif, du Chef réel de toute la Confédération. Mille intrigues, mille manœuvres de toute
sorte seraient jouées à cette occasion, surtout si le
choix était fait par une Convention électorale, comme
dans la République Argentine et aux États-Unis ;
cela se pourrait faire, attendu que la Constitution
générale de ce système est élaborée d'une manière

analogue, chaque Etat ayant son organisation respective et ses trois Pouvoirs, ayant en d'autres termes, la forme légale d'une nation, si l'on excepte
les compétences souveraines déférées au Pouvoir
central.

D'autre part, d'interminables discordes pourraient
naître au sein d'une immense Confédération, où se
seraient unies des Puissances dont l'indépendance
ni les droits souverains n'étaient, d'ailleurs, aucunement menacés. Comment cimenter une durable
union entre plusieurs peuples différents par le sentiment, par l'idiome, par l'idée religieuse, par les
mœurs, par la voie de leurs progrès. N'est-ce pas
comme une utopie? et ne conçoit-on pas quelle confusion naîtrait de l'assemblage de tant d'éléments
hétérogènes? Les affaires publiques des Pouvoirs
centraux devraient être traitées en divers idiomes;
la Confédération aurait à déclarer qu'elle ne donne
de crédit à aucune doctrine religieuse, et à s'efforcer
de trouver en tous points des combinaisons dont la
caducité ne serait douteuse pour personne. Nous
n'ignorons pas les luttes occasionnées au sein de la
Confédération helvétique par la diversité des croyan-
ces; et nous savons que l'antique antagonisme, dans
ces régions, entre les cantons catholiques et les protestants, ne s'est pas encore évanoui sous les poussières de l'oubli.

Il est possible que nous nous trompions, et que

dans la suite des années, lorsque nous ne vivrons plus en ce monde, les générations postérieures assistent à la réalisation du sublime rêve d'Henri IV et de son ministre Sully, de Kant et de l'abbé Saint-Pierre. Les changements les plus inattendus, dont nous-mêmes avons parfois été témoins, et qui ont produit des résultats tout nouveaux, tant dans les choses de l'ordre matériel que dans les évolutions de la vie morale des peuples, nous défendent de nier catégoriquement l'imminente introduction d'une grande réforme au sein des sociétés futures, telle que la création d'une langue universelle qui n'exclurait pas l'existence des idiomes et dialectes particuliers à chaque nation, ou qu'un changement pour la forme monarchique des gouvernements parlementaires, ou que la formation de la vaste union confédérative dont nous parlions.

Notre projet. A notre point de vue, la constitution d'un tribunal suprême de justice internationale et d'appellation suffirait pour aplanir et résoudre les différends entre peuples, sans qu'il soit nécessaire à ceux-ci de subir les liens d'une confédération. On aurait de cette sorte une cour suprême de justice analogue à celle des États-Unis, qui a ses tribunaux de première instance, avec le nombre désigné des circuits judiciaux, et avec un cadre fixe de magistrats, auxquels leur responsabilité excellemment définie impose une règle de conduite non moins excellente. Cette cour juge en dernière instance les différends spéciaux qui s'élèvent entre deux ou plusieurs Etats de l'Union, entre l'un d'eux et les voisins de différents Etats, ou bien encore entre un Etat ou ses voisins, et un Etat ou un citoyen étranger. Elle exerce la juridiction maritime sur les eaux qui la baignent, dans les limites marines de son pouvoir ; elle interprète les traités, juge et prononce dans les causes qui peuvent faire naître des réclamations au sujet des intérêts immédiats qui s'y traiteraient.

Ainsi arriva-t-il lorsqu'en 1886, le navire belge Noordland, qui stationnait dans le port de New-Jersey (Etat de New-York), eût été le théâtre d'une rixe armée entre deux marins de la même nationalité, dans laquelle un des adversaires avait trouvé la mort. Les autorités locales intervinrent et le malfaiteur fut mis en prison. En vain le consul de Belgique protesta, se fondant sur ce que le crime avait été commis à bord d'un navire belge, et prétendant que l'accusé devait, vu ce cas, être jugé selon les lois et par les tribunaux de la Belgique. Les autorités de New-York répondirent à ces réclamations que l'évènement s'était accompli dans les limites de leur juridiction fluviale ; que, par conséquent, le connaissement et la sentence revenaient de droit, suivant les termes de la Constitution, aux tribunaux fédéraux de la République. Ceux-ci condamnèrent effectivement l'individu en question, sans que leur sanction fût suivie d'aucune autre réclamation diplomatique. Il est évident que les pouvoirs jouissent d'une juridiction fluviale qui s'étend dans le rayonnement de trois lieues marines. Cette raison même suffirait pour qu'on pût refuser satisfaction aux demandes du consul belge ; outre que le cas s'était donné à bord d'un navire marchand : or les vaisseaux de guerre sont les seuls auxquels ait été reconnu le privilège de l'extraterritorialité, en vertu d'une fiction de droit qui fait considérer ces vaisseaux comme une extension du territoire dont ils portent le pavillon, et qui donne un caractère d'extraterritorialité analogue aux habitations particulières des ministres diplomatiques. Pour que le droit pût être accordé à la Belgique de juger le délinquant dont nous avons parlé, il aurait fallu qu'il existât, entre son gouvernement et celui des Etats-Unis, un traité ou une convention préalable, stipulant et réglant les cas particuliers d'extraditions pour crimes commis à bord de navires marchands, ou bien que le meurtre eût été commis au delà de trois lieues maritimes, c'est-à-dire en dehors de la juridiction des tribunaux de l'Union. Telle est, à ce sujet, la doctrine de la jurisprudence internationale.

Cela dit, nous revenons à la certitude qu'on pourrait fort bien organiser une cour suprême de justice internationale pour régler les différends qui s'élèvent entre les Etats. Nous y revenons avec une confiance d'autant mieux justifiée que nous avons contemplé le rôle immense du Concert des Grandes Puissances, sous la forme d'un tribunal supérieur, appuyé sur l'adhésion des Etats secondaires. Pour donner plus de garantie encore aux décisions internationales et à la sanction des sentences arbitrales, on pourrait adopter la forme juridique qui est en vigueur dans l'organisation judiciaire des Etats internes; on soumettrait les jugements arbitraux à deux instances, qui pourraient être établies comme il suit. Le tribunal inférieur, ou de première instance, serait formé d'un nombre impair de juges, dont le minimum serait de cinq et le maximum serait de sept. Chaque partie élirait deux des juges-arbitres, et les quatre ainsi constitués désigneraient d'un commun accord le cinquième, qui serait leur président. S'il advenait que, le nombre des juges-électeurs étant le même d'une part et de l'autre, ils ne pussent s'entendre sur l'élection du cinquième, celui-ci serait élu par un tirage au sort, qu'on exécuterait sur un ensemble de noms proposés en nombre égal par chacune des parties; ou encore les parties pourraient désigner une tierce Puissance, et lui confier l'élection du juge-président.

Toutes les fois qu'une des Parties contesterait la valeur de la sentence, en se fondant sur une application erronée ou une mauvaise interprétation des principes du droit, ou bien sur l'analyse même des

faits ou de leurs circonstances, elle aurait recours à la
Haute-Cour de justice et d'appellation, dont le verdict serait définitivement considéré comme sanction
de chose jugée et comme exécutoire. C'est là un procédé absolument identique de celui qui est employé
par les particuliers dans les jugements ordinaires de
caractère privé. Et nous ne voyons aucun motif qui
s'oppose à ce qu'une telle manière de procéder s'in-
troduise aussi dans la vie des nations, lesquelles, au
point de vue actuel, appartiennent simplement à une
catégorie plus élevée de personnalités morales, c'est-
à-dire d'entités pensantes, raisonnables et responsables, auxquelles sont invariablement imposées les
idées fondamentales de droit et de devoir. Je sais
bien que les personnalités de l'ordre humain, c'est-à-
dire les citoyens, ont introduit l'arbitrage dans la
réglementation interne de leurs fréquentes questions,
tant des questions civiles que des questions commerciales. Rien d'étonnant dans ce fait, qui témoigne
uniquement de leur renonciation tacite aux tribunaux établis par la loi. Mais l'existence de ce système
dont l'application se rencontre, d'ailleurs, très souvent dans l'aplanissement des questions internationales, ne saurait nous empêcher de voir qu'il est
devenu insuffisant, qu'il n'a pas un caractère d'apti-
tude universelle, et que les nations, dans l'intérêt de
leurs rapports mutuels, ont actuellement besoin d'une
organisation juridique et constante.

Il y aurait donc, disions-nous tout à l'heure, une haute Cour d'appellation, qui serait formée d'un minimum de cinq et d'un maximum de sept juges arbitres. — Cette Cour aurait un caractère permanent, pour confirmer les sentences arbitrales, et pour assurer l'exécution des lois internationales qui auraient été élaborées dans le Congrès dont nous parlerons plus loin; aussi les parties ne pourraient-elles aucunement intervenir dans l'élection des juges de cette Cour, tandis qu'elles peuvent élire elles-mêmes les membres du tribunal de première instance. Toutefois, elles auront toujours le droit d'exiger l'exclusion de tel ou tel juge qui leur serait suspect; les juges exclus seraient remplacés aussitôt par des juges suppléants, établis *ad hoc*. Il va sans dire que, pour répondre aux besoins d'une procédure ainsi établie, l'organisation juridique serait pourvue d'assesseurs ou conseillers, jurisconsultes en droit international, auxquels on adjoindrait, si la convenance en était reconnue, des juges-lettrés et des personnalités diplomatiques.

Nous avons laissé l'élection spontanée ou la désignation des juges de première instance, comme une sorte de tradition accréditée dans la formation des tribunaux d'arbitrage; et nous nous sommes complètement séparé de l'organisation juridique qui est commune aux sociétés internes des États : celles-ci ont, de leur nature même, une autre procédure, sans

que la série des conflits cesse d'être la même ; attendu
que, entre nations comme entre citoyens, les discordes et divergences sont une conséquence infaillible, pour ainsi parler, de leurs relations si fréquentes et si complexes.

Tribunal de Ge-
nève.

On pourrait également faire consister l'érection
de cette haute Cour d'appellation qui nous occupe,
dans la formation d'un Tribunal d'appel analogue à
celui qui siégea à Genève en 1872. Celui-là était constitué par les hautes parties litigeantes et un certain
nombre de puissances dont l'impartialité était garantie par l'extranéité de leurs intérêts vis-à-vis de ceux
où elles étaient invitées à intervenir. C'est un précédent remarquable ; ses excellents résultats engagèrent bientôt tous les Parlements européens à former des motions qui signifiaient leur enthousiaste
désir de voir leurs gouvernements respectifs s'occuper de créer un Tribunal du même genre, afin de
pouvoir donner toujours une solution pacifique aux
divergences qui pourraient naître, respectivement
parlant, entre chacun d'eux et un autre.

Tribunaux inter-
nes d'arbitrage.

Nous avons encore songé à une autre forme de tribunaux d'arbitrage, qui pourraient siéger dans l'intérieur des États d'une manière complètement différente, et qui, malgré leur apparente originalité,
répondraient parfaitement aux vues qui auraient
déterminé leur institution. On pourrait se borner à
des arbitrages sans appellation, lesquels mêmes sont

comme un luxe et un surcroît dans l'existence des sociétés internes, mais font défaut et sont nécessaires à l'organisation parfaite d'une nation. Pour éviter les difficultés que les puissances seraient capables d'opposer à la délégation, ou abdication provisoire d'une partie de leurs droits souverains, et aussi pour éviter les hésitations et inquiétudes diverses qui toujours accompagneraient les élections des juges arbitres, les parties litigeantes pourraient chacune soumettre le différend à son respectif tribunal de suprême instance, qui jugerait en due forme la question pendante. Alors seulement, si de la collation des deux jugements il ne résultait aucune entente ni solution satisfactoire, les parties en appelleraient à la Haute Cour étudiée plus haut, ou bien au Tribunal Suprême d'une tierce nation, dont la sentence serait sans appel. La tierce nation pourra être désignée par les parties, ou par le sort, ou par une autre nation qui aurait elle-même été préférée par les parties pour déterminer ce choix.

À première vue, on pourrait croire qu'un tel système ne peut jamais remplir les conditions qu'exige l'arbitrage entre nations, en pensant que chaque tribunal ne manquerait pas de prononcer une sentence favorable à son pays respectif. Nous répondons à cela que, outre que cet inconvénient est prévu par la constitution d'un tiers tribunal, appelé à juger en dernière instance selon les deux formes que nous avons proposées, il nous est difficile d'admettre que, dans l'ordre normal des choses, le pouvoir judiciaire émanant de la loi mette sa souveraineté et sa force au service de l'injustice, et qu'il donne à l'esprit de caste la victoire sur le sentiment de l'équité, au lieu de manifester fièrement son indépendance par un verdict impartial.

La forme que nous proposons est tout à fait mixte, et de pratique constante parmi les nations, de même que les élections des souverains comme juges-arbitres; avec cette seule différence, que les nations litigeantes constituent leurs propres tribunaux; sans que par ce fait ou en vertu de cette manière de procéder on prétende qu'elles soient simultanément juges et parties, car elles sont convenablement contrôlées pour ce qui concerne les décisions judiciales.

Et, bien que, en vertu d'un principe reconnu dans la pratique internationale et dans celle des sociétés internes, les juges-arbitres aient mission de siéger conjointement et non séparément, ainsi que de dicter la sentence arbitrale en commun et sans appellation, néanmoins nous croyons qu'il n'y aurait aucun inconvénient à ce que ces juges, même en minorité, signassent un désistement, qu'ils accompagneraient des raisons fondamentales et des motifs en considération desquels ils croient pouvoir et devoir renoncer à la prononciation d'une sentence. C'est là une manière d'agir qui est familière aux commissions parlementaires. Souvent nous voyons que celles-ci, dans leurs rapports au pouvoir législatif, formulent une renonciation catégorique au jugement de la question qui leur avait été déférée.

Il n'y a rien qui puisse surprendre les esprits ni paraître étrange, dans la forme d'arbitrage que nous venons d'indiquer, car elle s'appuie sur un précédent, qui, nous devons l'avouer, est le seul de son genre qu'on puisse rencontrer dans les annales de la diplomatie universelle. Lorsque les autorités du Nicaragua eurent confisqué les armes du navire français « le Phare » qui appartenait à la marine marchande et se trouvait en arrêt dans un port de cette république, celle-ci soumit la question à ses propres tribunaux, lesquels déclarèrent de bonne prise les choses confisquées, et prononcèrent sur cet événement un verdict de chose jugée ou exécutoire, en prévention de toute appellation judiciaire de la part des personnalités intéressées. — Il en résulta une correspondance diplomatique, dans laquelle le gouvernement français se fondait, pour la dénégation de justice, sur le traité de commerce qui existait entre la France et le Nicaragua. Sans nous attarder à une appréciation peu opportune de ces événements et de leurs circonstances, nous rappellerons encore que la République de Nicaragua, pour ne pas compromettre la dignité de ses droits souverains et indépendants, préféra accepter, dans ces circonstances pressantes, la délation de cette affaire à la Cour de cassation de France, qui dicta une sentence arbitrale définitive au cours de l'année 1881. Du moment donc qu'un pays peut, sans exciter la surprise, devenir juge et partie dans une question où il est si vivement intéressé, l'on ne saurait s'étonner du projet que nous exposions tout à l'heure, d'autant qu'il a, sur le fait que nous venons de mentionner, l'avantage de comporter une deuxième instance.

D'autre part, dans le code de procédures de la République argentine, les Tribunaux judiciaires jouissent du droit de concilier les parties litigeantes, par la proposition d'un accord convenable; en outre, la loi autorise les magistrats qui en font partie à accepter le rôle de juges-arbitres, et établir une composition à l'amiable entre les parties, en se fondant sur les incitations de leur conscience, dans une voie conforme aux principes de justice et d'équité. — L'on sait encore que, dans cette République, la Justice de Paix a parmi ses attributions celle de chercher à concilier les parties litigeantes, avant d'en appeler à la justice ordinaire. D'après ces considérations, il n'y aurait aucun inconvénient à ce que les Tribunaux propres d'une nation intervinssent dans les questions où cette nation serait une des parties. Ce serait une procédure analogue à celle des Tribunaux consulaires qui existent en Orient, et des Tribunaux mixtes de l'Egypte; analogue aussi à celle des Tribunaux spécialement constitués pour juger dans certains cas les délits commis par quelque membre de l'armée dans les enceintes de la juridiction militaire.

Conséquemment, rien n'empêche que les tribunaux internes soient organisés de manière à exercer les fonctions arbitrales entre les nations. Ce système serait universel pour la communauté des rapports internationaux, exception faite de l'Orient, où, si l'on fait abstraction de l'Egypte où règnent les tribunaux mixtes, il existe une procédure spéciale de juridiction consulaire, accordée par des capitulations particulières aux diverses nations de l'Europe. — Avec notre système, on aurait le grand avantage de voir les causes de litige passer par trois instances, ce qui garantirait le prononcement d'une sentence plus parfaitement conforme avec les principes fondamentaux de la justice et de l'équité; outre que, la forme de ces tribunaux étant commune à l'universalité des peuples, chaque nation pourrait l'accueillir de ses suffrages et l'adopter sans aucune difficulté.

En résumé, l'arbitrage, on le sait, est un système qui résulte de ce que, les voies diplomatiques étant infructueusement épuisées, les parties litigeantes se résolvent à soumettre au jugement d'une tierce personnalité, soit simple soit collective, l'objet du différend qui les divise : cela étant pour suppléer à l'existence d'un tribunal juridique. — Nous avons toute raison de croire que cette tierce personnalité pour-

rait fort bien être constituée par le tribunal suprême
de dernière instance, respectivement organisé au
sein de chaque nation, et jouissant, par son institution même, d'une indépendance absolue vis-à-vis
des autres pouvoirs publics de l'Etat. — Quelle influence peuvent avoir les diverses passions et particulièrement le sentiment patriotique sur les décisions
de ces magistrats, qui se savent attentivement surveillés par le tribunal d'appellation?

Quoi qu'il en soit, le désidératum des peuples concorde avec l'idée fondamentale de nos projets, et
réclame la prompte détermination d'un système
juridique permanent pour le jugement des différends
internationaux, vu l'insuffisance et l'exclusivisme
des jugements légaux « ad hoc » comme ceux qui résultent d'une exception agréée par les parties en
litige dans les sociétés internes des Etats.

Le Congrès.   Une assemblée internationale où seront représentées toutes les nations du monde, devra élaborer un
code destiné à déterminer une règle générale
de conduite pour tous les peuples.

Ce code consignera non seulement les effets et les
dispositions qui pourront être déduites de la loi
positive, mais encore les développements d'une loi
fondamentale qui fixe l'organisation juridique des
tribunaux destinés à connaître des questions internationales. L'initiative de ce congrès revient de droit
au concert des grandes puissances, où sont comprises

la Russie, l'Italie, la France, l'Autriche, l'Angleterre et l'Allemagne ; car ces puissances, comme nous l'avons fait observer, ont de longue date exercé dans les questions européennes les fonctions d'un tribunal suprême. Il est hors de doute que, moyennant leur haute bienveillance, l'organisation internationale qui nous occupe pourra se réaliser sans aucun inconvénient ni aucune difficulté.

Tout dépend des grandes puissances ; et il suffirait qu'une ou deux d'entre elles prissent l'initiative de l'institution dont nous parlons, pour que toutes les autres se convainquissent de l'impérieuse nécessité de créer un tribunal, et, conséquemment, un code. Un tribunal et un code sont deux éléments fondamentaux, indispensables à la communité internationale. Et si cette institution ne se réalisait point, du moins le concert des grandes puissances devrait s'attacher attentivement à éviter autant qu'il est possible, soit par la médiation, soit par un arbitrage éventuel, les conflits qui surviendraient entre elles et les États secondaires. Ceux-ci alors seraient déterminés, par l'imminence même d'une si haute et si puissante sanction, à observer toujours une tactique diplomatique qui écarte la possibilité des guerres ainsi que la fréquence des conflits.

En proposant leur médiation dans chaque divergence européenne, les grandes puissances ne feraient autre chose qu'affecter une manière de procéder qui a été proclamée légalement au Congrès de Paris, de 1856, et se conformer à une disposition strictement équitable.

Dans ce même ordre d'idées, deux puissances qui seraient en litige, et qui appartiendraient l'une et l'autre au grand concert européen, arriveraient facilement à s'entendre en recourant à la médiation. Cependant, il serait assez difficile, étant limité et réduit aux deux moyens d'aplanissement dont nous venons de parler, de rencontrer une règle de conduite pour les cas où la guerre aurait embrassé la majorité, peut-être même la totalité des grandes puissances.

Quoi qu'il en soit des surprises que l'avenir est toujours en droit de nous réserver, nous pouvons néanmoins affirmer que l'universalité des relations entre les peuples est actuellement en voie progressive d'acquérir la garantie et la stabilité que nous lui avons souhaitées depuis longtemps. Le grand mouvement vers la paix, qu'il n'est pas difficile de constater en Italie et dans quelques autres États, est destiné à provoquer tôt ou tard une révolution radicale au sein des peuples, dont le double thème sera le désarmement général et l'établissement de l'arbitrage sous une forme éminemment juridique.

L'idée humanitaire, qui en est la source, augmente chaque jour son prestige ; car nous ne sommes plus au temps où l'on ne pouvait prononcer les mots d'arbitrage et d'arbitre sans exciter la risée des auditoires, sans faire naître des murmures moqueurs, et même des réparties douteusement spirituelles au sein des assemblées parlementaires.

Les vieilles nations ont emporté avec elles dans les poussières de la tombe une foule de préjugés funestes au progrès de l'humanité. Malgré les sectes athéistes ou polythéistes, on a eu conscience de l'existence d'un Dieu, et d'un Dieu unique; sans craindre de faire injure à la mémoire des inquisiteurs, on a aussi proclamé la rotondité de notre globe, de même que finalement l'on a pu, sans choquer le bon sens, croire à l'existence des antipodes; pourquoi donc douterait-on du triomphe de l'arbitrage et de la suppression des armées, en dépit des cœurs intéressés qui exploitent le haut crédit des honneurs militaires, ou des caractères trop vifs qui mettent dans les conflits le principal espoir de leurs talents?

Nous devons avoir beaucoup de confiance dans les constants efforts des Sociétés qui luttent pour l'arbitrage et la paix, et particulièrement dans l'œuvre du Congrès international qui est près de s'ouvrir à Paris, ainsi que dans celle de la Conférence parlementaire dont il convient que le premier Congrès soit suivi; et nous avons toutes raisons pour croire que les résultats qui en naîtront seront le point de départ d'une organisation parfaite pour la communauté des nations.

La codification de la jurisprudence internationale est une œuvre de convenance immédiate ; les plus chers intérêts des peuples se ressentent de son absence. En effet, ils se trouvent exposés à subir le contre-coup des interprétations exagérées ou fausses qui peuvent naître des décisions des Congrès et des conférences, des sentences arbitrales, des jugements de prises, des doctrines consignées dans les traités, des accords internationaux par voie diplomatique, ou enfin des opinions émises par les jurisconsultes les plus autorisés. Car, vu l'absence d'une réglementation de la forme juridique, ces précédents sont considérés comme lois positives, et remplissent ce rôle élevé tant qu'il ne se présente pas un cas exceptionnel pour lequel l'on ne puisse déduire une règle applicable d'aucune des sources de jugement que nous avons énumérées. — Pour éviter les doutes et les interprétations erronées, il importe donc de réunir dans les termes d'un Code tout ce qui est actuellement reconnu comme loi positive parmi les nations. Chaque État aura, de cette sorte, une infaillible connaissance de ses facultés et de ses obligations, de tous ses droits et de tous ses devoirs en général, et tous seront soumis à une règle uniforme de conduite, à l'instar de l'organisation civile établie au sein des sociétés internes.

Mais ce n'est pas tout. Le code international devrait contenir en tous points des expressions nettement arrêtées et des règles convenablement définies. Si , même au sein des sociétés civiles, nonobstant la précision des lois, les citoyens font naître à tout instant des questions judiciaires au sujet de l'application des lois particulières à des points implicitement prévus par le Code, on peut bien s'attendre à ce que la même chose arrive pour les États, qui ont si souvent occasion de se prévaloir uniquement des principes du droit consuétudinaire. — Les éléments constitutifs du Code ont besoin d'être régularisés, fécondés et développés par un pouvoir exécutif, avec l'autorisation du Pouvoir législatif. Ils auraient avantage à être développés par le Législatif lui-même, comme en Angleterre; attendu que ceux qui ont formulé les lois sont plus aptes que nuls autres à en reproduire l'esprit dans leurs conséquences, et à leur donner toute la clarté nécessaire.

Nous pouvons déduire de tout ce qui précède la nécessité absolue d'un code pour les nations, lequel a une aussi forte raison d'être que ceux des sociétés internes. Ici, comme là, nous ne devons considérer que les exigences d'une situation identique, la situation d'un ensemble de personnalités qui ont entre soi des relations très multiples et auxquelles l'intérêt même de leur sécurité commande de faire abnégation d'une partie de leurs prérogatives souveraines au bénéfice d'une juridiction commune. — Nous savons bien que les nations, considérées comme personnalités, sont d'une catégorie plus élevée que les personnalités individuelles des sociétés civiles, et que leur souveraineté s'étend à des intérêts généraux en même temps qu'à des questions transcendantales.— Mais cela n'empêche pas que partout où il y a sociabilité, il n'y ait aussi des droits et des obligations mutuelles, dont le conflit, en quelque sorte inévitable, peut engendrer la confusion et la ruine, lorsque des mesures préventives et revêtues d'un caractère fixe n'ont pas été prises pour assurer l'aplanissement et la raréfaction des discordes.

L'enthousiasme que le projet d'arbitrage permanent est capable de faire naître dans les esprits qui l'ont bien conçu, ne nous aveugle pas au point que nous prétendions trouver, dans l'existence des dispositions et des effets légaux dont nous avons parlé, un sûr moyen d'arriver graduellement et promptement à la perfection dans ce qui concerne les intérêts généraux de la communauté internationale. Ce serait trop de présomption, étant données les passions humaines, et les passions de castes, suivant le terme philosophique, qui, en pratique, sont aussi indépendantes de nos règlementations que le monde métaphysique l'a toujours été vis-à-vis des hypothèses innombrables par lesquelles on a tenté de dissiper ses voiles. — Dans tous les cas, il est déjà très heureux que nous ayons à notre disposition un moyen de prévenir les atrocités des guerres ; moyen juridique, qui n'aurait pas été nécessaire si l'on avait songé à la faiblesse ordinaire des sources de tous les conflits armés. Deux masses sans nombre, brûlées par le soleil ou transies par les neiges, décimées par la faim et les longues marches, s'en vont foulant aux pieds l'espoir du laboureur, et meurtrissant le sol sous le poids de leurs engins monstrueux : elles s'entre-choquent effroyablement, font pleuvoir avec rage les balles et les coups, tandis que leurs détonations aveugles, ouvrent carrière aux larmes des familles en deuil. Le carnage augmente ; au lieu d'épis dorés, le sol offre aux regards le spectacle navrant d'une boue sanglante et noire à demi couverte par les cadavres mutilés et les blessés qui gémissent. Et pourquoi tout cela ? Parce que deux gouvernements ont refusé de s'entendre sur un léger différend, auquel l'opiniâtreté de leurs représentants, refusant de revenir sur une déclaration initiale, a insoucieusement et disons-le, coupablement, donné les propositions d'une incompatibilité radicale.— On paraît oublier, dans ces circonstances, que la force et le droit sont deux principes doués d'une extension distincte, et que, suivant que c'est celui-ci ou que c'est celui-là qui domine, un État témoigne de sa civilisation, ou bien se montre digne d'avoir vécu dans les âges où la raison du plus fort était invariablement la meilleure. Les peuples ont à se conduire suivant les règles de la justice et les principes de l'équité : c'est une réflexion qui suffit pour conclure à l'inconvenance des guerres, car, sur le champ de bataille, la victoire ne peut que par suite d'une coïncidence particulière, donner ses lauriers au camp dont la cause est plus juste. D'ailleurs, une autre conséquence fatale de cette attitude odieuse est de devenir la source intarissable des revendications et des désirs de revanche, dont les lentes rumeurs peuvent donner naissance à de grandes guerres internationales.

L'existence d'un code fournirait des solutions pacifiques pour la plupart des questions, sauf les infractions ou violations qui pourraient être commises, comme il arrive dans la vie juridique intérieure des peuples, à l'égard des codes civil, commercial et pénal. Nous avons pour ce projet un remarquable précédent, la formulation définitive de la loi maritime par le congrès de Paris, de 1856 ; depuis qu'elle a été ainsi élaborée et sanctionnée, cette loi a servi à aplanir une quantité de conflits que précédemment son absence laissait produire des résultats funestes. Nous devons surtout porter notre attention vers les voies excellentes et les résultats pratiques de l'Union Postale Universelle conclue à Berne en 1874, ainsi que de ses règlements annexes : c'est essentiellement un vrai code régularisateur, dont l'esprit et les dispositions légales régissent harmonieusement l'ensemble des États, sans que, toutefois, ceux-ci se soient encore liés pour la reconnaissance d'une organisation juridique universelle. C'est pourquoi nous ne comprendrions à aucun titre qu'on ne s'appliquât pas de suite à l'élaboration d'un code international, dont l'existence répond aux plus grands intérêts de la vie des peuples, et nous semble être une condition formelle de leur prospérité et de leur grandeur. Si, aux termes de l'Union de Berne (art. 1er), on a pu, en vue d'un meilleur système d'administration, considérer de fait les pays adhérents comme constituant un vaste et unique territoire relativement à l'échange des correspondances, on pourrait bien aussi considérer les États souverains comme appartenant à une vaste société, à la tête de laquelle serait établi un tribunal, qui connaîtrait, jugerait et prononcerait selon l'esprit et selon les termes du code que nous souhaitons. D'une part, cette organisation n'ôterait rien aux États de leurs droits souverains, de leur indépendance et de leur liberté, tandis que, d'autre part, ils auraient l'avantage d'avoir une règle fixe et déterminée pour l'élaboration de leurs lois internes, en conformité avec le code international.

L'Union Postale a, dans un même esprit, laissé toute liberté aux actions souveraines de chaque nation contractante, dans tous les points où elles ne seraient ni en contrariété ni en opposition ouverte avec ses propres stipulations. Il est dit, effectivement, par l'art. 14, que les différentes administrations peuvent, en outre, formuler entre elles les résolutions et stipuler les arrangements qui seront nécessaires, touchant les questions étrangères à la généralité des intérêts de l'Union, toutes les fois que ces résolutions ou ces arrangements ne seront point en désaccord avec la convention. Nous mentionnons encore l'article suivant, dont les termes n'ont pas besoin de commentaire (art. 15) : « La présente convention n'altère aucunement les législations postales de chaque pays, pour les points qui ne sont pas prévus dans ses stipulations. Elle ne restreint pas le droit qu'ont les parties contractantes de maintenir et de célébrer des traités, ainsi que de maintenir et d'établir des unions plus étroites, ayant pour objet l'amélioration des relations postales. »

En vue des garanties contenues dans les articles que nous avons cités, est-il besoin de nouveaux arguments pour démontrer que, à l'instar de l'Union Postale célébrée à Paris, en 1878, conformément à l'article 18 du Traité de l'Union générale de Berne (1874), les peuples auraient aussi tous avantages à recueillir d'une organisation identique pour la communauté internationale ? Qu'ils gagneraient beaucoup à l'élaboration, à la sanction et à l'adoption d'un code qui ne contrarierait nullement leurs lois internes, mais qui les harmoniserait avec lui, en vertu d'une doctrine universellement accréditée par les États civilisés, à savoir : que la jurisprudence internationale est au-dessus de toutes lois internes, dans tous les points où ces deux autorités se rencontrent?

Par la codification que nous proposons, les peuples seraient étroitement unis pour l'intérêt général de la communauté qu'ils auraient formée; ils proposeraient des réformes et recevraient, pour certaines questions, des solutions nullement incompatibles avec leurs droits souverains. Un congrès de plénipotentiaires, ou bien une simple conférence se réunirait, suivant l'importance des cas, chaque fois qu'ainsi le voudraient ou le permettraient deux tiers au moins des gouvernements. Mais, de toutes manières, on ne laisserait pas s'écouler plus de cinq années entre la clôture d'un congrès et la réunion d'un autre.

Dans la convention de l'Union dont nous parlions tout à l'heure, il existe des dispositions réglementaires qu'il convient de prendre en considération pour la manière de procéder du Congrès qui élaborera le Code, et pour les réformes périodiques que celui-ci devra subir. Ainsi, nous croyons convenable que chaque pays soit représenté par un ou par plusieurs ministres plénipotentiaires et extraordinaires, et aussi que le même plénipotentiaire puisse facultativement être agréé par le Congrès comme représentant de deux puissances. Il serait, toutefois, entendu qu'un tel délégué disposerait d'un suffrage unique, malgré sa double représentation. De même, pour conserver dans un même rang d'égalité les attributs souverains de toutes les nations, indépendamment de leur extension territoriale, il serait établi que chacune d'elles n'aurait qu'un vote dans les délibérations, nonobstant le nombre de ses envoyés : et la pluralité de ceux-ci ne cesserait pas d'avoir son importance, car une partie des délégations peut être formée de diplomates habiles, profondément versés dans l'étude et le traitement des questions transcendantes, et l'autre partie peut comprendre des jurisconsultes éminents, toujours prêts à aider efficacement de leurs lumières les cas relatifs à la jurisprudence internationale.

Une fois le code en vigueur, il ne s'agira plus que de modifier ou de réformer ses dispositions légales, chaque fois que l'expérience en aura démontré la nécessité absolue. S'il s'agit d'articles simples et d'un caractère réglementaire, on se bornera à requérir la présence de deux tiers seulement des délégués. — Au contraire, on ne pourra examiner qu'à l'unanimité les points fondamentaux du Code. — On rapportera à la simple majorité relative les questions de régime et d'ordre concernant le Congrès lui-même.

Pour juger un différend survenu entre deux ou plusieurs États, un tribunal devra être constitué par le Congrès; ce tribunal se conformera au sens du Code, dans l'application de la loi internationale. S'il arrive que le tribunal ait à juger un cas non prévu par cette loi, il invoquera les dispositions de quelque loi analogue du Code, ou à leur défaut, les principes généraux du droit qui sont une ressource impérieuse dans les cas « sub-judice ». Néanmoins, en aucune circonstance les juges internationaux ne pourront se refuser à prononcer un verdict, lors même qu'ils feraient valoir des excuses telles que la non prévision du cas, ou bien encore l'obscurité ou l'insuffisance de la Loi.

Les sanctions des hautes parties contractantes qui n'auront pas été déférées au jugement du Tribunal international et qui ne sont pas une émanation des dispositions légales du Code, devront être revêtues d'un caractère purement moral, comme serait, par exemple, l'interruption de toutes relations diplomatiques et commerciales, et comme a été le blocus pacifique appliqué en 1886 à la Grèce, lorsque celle-ci eut refusé de se désarmer, nonobstant les « desiderata » des grandes puissances: celles-ci, en effet, avaient à cœur d'empêcher la lutte entre le royaume hellénique et la Turquie, et leur attitude était suffisamment expliquée par ce dessein. Toutefois, on devra déférer aux avis du Congrès les cas de plus grande importance, qui nécessiteraient la coopération de la force armée, et on devra s'en tenir aux résultats de ses délibérations, celles-ci devant être faites en présence de deux tiers, au moins, des délégués plénipotentiaires.

L'élection des juges internationaux se fera aussi avec le concours de deux tiers des délégués. Ils seront inamovibles, tant que leur conduite n'aura été flétrie d'aucune faute. Ils pourront être jugés par un Tribunal désigné dans le Congrès, après l'information sommaire et le jugement politique qui aura été prononcé aux deux tiers des suffrages.

Les dépenses et frais érogatoires du Congrès, les pensions des juges appelés à entrer dans la formation des Tribunaux, et leurs allocations rémunératoires relatives et proportionnelles à leurs mérites, au-delà de quinze années de service, seront à la charge de toutes les parties contractantes; toutes les dépenses seront réparties par un système d'égalité absolue, excepté celles qui concernent la représentation des Ministres plénipotentiaires accrédités au Congrès; les nations devront s'occuper toujours des honoraires de leurs délégués respectifs. Quant aux frais de jugements internationaux, chaque partie devra y subvenir provisoirement; et, à l'issue de l'affaire, la partie vaincue aura à sa charge tous les coûts et dépens, aussi bien que les indemnités qui auront pu être fixées suivant les circonstances. Hâtons-nous d'ajouter que, sous aucune raison ni aucun prétexte, l'indemnité ne pourra consister dans une cession de territoire, sauf le cas où la nation condamnée par le Tribunal consentirait spontanément et de son gré souverain à faire cette cession.

Tels sont les points principaux de la réglementation; elle sera établie, pour tous ses autres détails, par les soins du Congrès.

La Convention de l'Union postale universelle, dont nous parlions plus haut, a une suprématie reconnue sur toutes dispositions de quelques traités, conventions ou autres ententes que ce soit, célébrés antérieurement, qui ne seraient pas conciliables avec ses propres stipulations (art. 23). — Nous y devons voir un témoignage de ce principe irrécusable, que la loi et le droit général, — alors même qu'ils ne sont pas codifiés, sont au-dessus des lois qui régissent la vie interne des peuples, et des contrats par lesquels ces peuples ont pu garantir leurs mutuelles alliances.

A part les cas de conflit entre l'autorité des lois nationales et des lois internationales, cas où il est avéré que le triomphe est un droit de ces dernières, tous les traités qui ne contrarient aucunement les principes internationaux sont pour les parties respectivement contractantes des lois positives qui s'incorporent et, qu'on nous permette cette expression, acquièrent droit de cité au sein des législations internes. — C'est en considération de cet ordre de choses, que les auteurs de la constitution de la République Argentine, en 1860, ont formulé (art. 31), la déclaration suivante : « Cette Constitution, les lois de la nation qui en seront la conséquence et que dictera le Congrès, ainsi que tous traités célébrés avec les puissances étrangères, forment la loi suprême de la nation et les autorités de chaque province sont obligées à s'y conformer, nonobstant les dispositions contraires qui pourraient se rencontrer dans les lois ou les constitutions provinciales ; exception est faite pour la province de Buenos-Ayres, pour tout ce qui fait l'objet des traités ratifiés depuis le pacte du 11 novembre 1859. »

Rappelons encore une heureuse stipulation de la convention postale. Elle a tenu, avec une louable prévoyance, à éviter dès le début toutes difficultés ou tous désaccords susceptibles de surgir entre les parties contractantes, au sujet de l'interprétation de ses propres articles. Aussi a-t-elle arrêté l'institution d'un arbitrage mixte, personnifié par deux juges, qui seraient chacun un administrateur appartenant à chacun des deux pays en litige. Si ces deux juges n'arrivaient pas à s'entendre pour prononcer une sentence, un troisième serait élu par les parties, et la question se trouverait ainsi terminée. (Art. 17.)

C'est là un excellent système d'arbitrage ; le seul qui ait été proclamé comme doctrine européenne dans la prévision des désaccords ; précédent remarquable et très avantageux, que nous désirerions voir étendre à tous les traités et à toutes les conventions d'un caractère international.

En l'absence d'un code il serait de la plus haute convenance de réformer le droit international qui,

Réformes.

tel qu'il est actuellement reconnu, s'applique avec une influence considérable, comme les lois positives, sans pouvoir jouir de cette dénomination, attendu qu'il n'en a pas reçu les formes règlementaires. Déjà dans nos précédentes études nous avons parlé des réformes dont l'utilité se fait sentir ; nous en avons pris considération particulièrement dans notre étude sur les principes généraux de la neutralité : aussi croyons-nous inutile de revenir sur ce point. Il y a pourtant quelques autres réformes dignes de notre attention, ne fût-ce que celle des dispositions relatives à la guerre. Car, quelle inspiration connaît-on plus humanitaire, plus philanthropique et plus élevée, que celle de chercher à alléger le sort infortuné du soldat sur le champ de bataille ? Depuis que l'art de la guerre, s'enrichissant de mille inventions meurtrières, s'est donné pour objet l'inutilisation des combattants adversaires, le besoin d'une réforme est devenu plus impérieux que jamais. Il importe, et ce n'est pas chose facile, de s'opposer d'ores et déjà aux ravages de la dynamite, de la mélinite et de toutes les substances pulvériformes qui ont pour but la plus prompte et plus atroce destruction de nos semblables. Nous devons applaudir aux excellents résultats de la conférence ouverte à Saint-Pétersbourg en novembre de 1868, où les nations s'engagèrent à renoncer, dans leurs expéditions, tant pour leurs armées territoriales que pour leurs forces navales, à l'usage de quelque projectile que ce soit pesant plus de quatre cents grammes, que celui-ci, d'ailleurs, soit de nature explosive, fulminante ou inflammable. Or il est possible d'opérer d'incalculables ravages au moyen de projectiles pesant moins de quatre cents grammes ; c'est pourquoi la Convention de Saint-Pétersbourg doit être revisée, et complétée par des mesures qui assurent d'une meilleure manière les intérêts vitaux des soldats. L'on sait quels services a rendu et est courageusement prête à rendre l'admirable institution de la Croix-Rouge internationale, qui a été diplomatiquement reconnue, en 1874, par la Convention de Genève. Dans son caractère d'auxiliaire du corps médical militaire, cette association joue un rôle éminemment philanthropique et précieux sur les champs de bataille. Et pourtant, tel est l'essor et telle est la puissance que les progrès de la science ont donnés aux engins destructeurs, que nous doutons que les services de la Croix-Rouge soient désormais suffisants au milieu des luttes et des déchirements effroyables auxquels doivent s'attendre nos générations et celles qui les suivront.

Beaucoup de réformes sont donc nécessaires, et l'on a négligé de les entreprendre jusqu'ici parce qu'aucune voix autorisée ne les a encore recommandées à l'attention des États. — Le Congrès universel de la paix, qui va s'ouvrir, a préconisé dans son programme cette œuvre humanitaire, parmi beaucoup d'autres propositions qui ne sont pas moins dignes d'une étude sérieuse.

La première réforme qui y est proposée consiste à établir que désormais une nation qui acquiert un territoire par conquête ou y établit son protectorat doit d'abord consulter les habitants de ce territoire qui y ont qualité de citoyens. Elle connaîtra par un plébiscite s'ils s'accordent au sujet de la nouvelle domination, et si leur volonté souveraine consent ou non à l'établissement d'un nouvel ordre de choses. Ce dernier point se réfère à l'éventualité de la prise de possession déjà consommée par les armes, conduite inadmissible, au cas injuste de laquelle les puissances devraient signifier diplomatiquement leur refus de reconnaître la nouvelle incorporation territoriale, en se fondant sur l'illégalité et l'absolutisme coupable d'un tel procédé. La conférence de Berlin de 1885 a stipulé (art. 34) que désormais, une puissance qui aura pris possession, sur le continent Africain, de nouveaux territoires situés en dehors de leurs possessions actuelles, ou qui n'a aucune colonie sur ce continent et en aura acquis quelqu'une, et que, dans les mêmes conditions, une puissance qui établirait son protectorat nouvellement dans quelque région de l'Afrique, devra accompagner son acte d'une notification adressée aux puissances cosignataires du traité de Berlin, afin de laisser connaître s'il y a lieu à des réclamations de la part de quel-

qu'une d'entre elles, en vertu do droits de propriété
plus anciens. — Ainsi s'est conduite l'Italie, récemment, en prenant possession de Massouah.

Et ce précédent justifie notre proposition touchant
les plébiscites. Dans l'un et l'autre cas il serait possible d'alléguer que les facultés ou attributions des
puissances par égard au droit international ne sauraient atteindre aux actes et aux dispositions internes
des États, attendu que ceux-ci ont le droit souverain
de disposer de leurs territoires selon leur bon plaisir,
et d'y faire régner les formes de Gouvernement et les
institutions qu'ils préfèrent. Les autres puissances
ont seulement le droit exclusif de s'assurer de l'organe
qui a, dans la Nation, caractère pour traiter avec elles
et veiller au maintien de toutes les relations extérieures. Elles peuvent aussi observer l'harmonisation des
lois internes avec les principes internationaux, pour
toutes les choses où les unes et les autres sont en
contact. En d'autres termes, le rapport entre les nations occupantes et les autres a un caractère double:
d'une part, les premières, pour éviter des conflits diplomatiques et autres, doivent notifier à toutes les
puissances leur prise de possession d'un nouveau territoire; mais les puissances étrangères ont, d'autre
part, le droit parfait de prendre toutes mesures pour
empêcher un « *uti possidetis* » que le seul fait du
triomphe des armes est impuissant à légitimer.

Nous demandons l'introduction de la consultation

par plébiscite dans les cas de conquête, en vertu d'un principe de stricte justice. Car, de même qu'un souverain devenu prisonnier dans la guerre n'aurait pas le droit de traiter avec l'ennemi, étant privé de sa liberté, et sous l'empire de la coaction, ainsi, une nation dominée par la force ne pourrait aucunement faire connaître sa volonté souveraine, tant que l'armée d'invasion ne se serait pas retirée.

Après la guerre entre le Chili d'une part, et le Pérou et la Bolivie d'autre part, le gouvernement chilien, dont l'armée victorieuse avait conquis sur le territoire péruvien les places d'Arica et de Tacna, convint avec le gouvernement du Pérou qu'il continuerait, pendant l'espace de dix années, à compter de la signature du traité, à exercer sa juridiction et sa souveraineté sur les territoires conquis; que, à l'expiration de la dernière année, les habitants de ces territoires feraient savoir, par un plébiscite, s'ils voulaient appartenir définitivement à la nation chilienne, ou rentrer de nouveau dans les limites de l'Etat péruvien; et que, dans le premier cas, le Chili indemniserait le Pérou avec la somme de cinquante millions.

Nous avons mentionné ce précédent, sans laisser, pour cela, de le considérer comme contraire aux principes de la justice et de l'équité. En effet, en dix années, un gouvernement habile a le temps de se faire chérir, d'exploiter l'opinion d'un peuple soumis, et d'introduire dans son existence des éléments nouveaux qui assurent le triomphe de la nation conquérante. La somme promise au Pérou par le Chili, dans le cas de conservation du territoire, prouve d'ailleurs suffisamment l'illégitimité de la conquête.

D'après ce qui précède, nous pouvons établir les conclusions suivantes :

1° Que, suivant une doctrine de droit proclamée dans la Conférence de Berlin (1885), une nation qui prend possession du territoire d'une autre doit veiller, que ce soit par conquête ou occupation d'autre forme que ce territoire devienne sa propriété, à obtenir la reconnaissance des puissances étrangères ;

2° Qu'avant de procéder à cette formalité, la nation occupante devra avoir obtenu, par voie de plébiscite, l'expression de la volonté souveraine des citoyens qui vivent dans le territoire occupé, afin de s'assurer s'ils confirment l'occupation ou s'ils protestent contre elle;

3° Qu'il est inadmissible que le belligérant aux mains duquel est tombée une partie du territoire ennemi se borne à prendre des dispositions en vertu desquelles les citoyens soumis puissent faire connaître leur volonté après un certain espace de temps; car, comme nous disions, les raisons appréciables qui pouvaient, au début, déterminer les vaincus annexés à revendiquer leur nationalité primitive, courent le risque de tomber devant une tactique de prévenances dont le caractère est peut-être passager et caduque;

4° Que, en vertu du même principe d'après lequel un souverain, prisonnier de guerre, ne peut point traiter avec l'ennemi, de même, lorsqu'une nation est opprimée par la conquête et subit la présence de l'ennemi vainqueur au sein de son territoire, on ne peut pas exiger d'elle la cession de tout ou partie de ce territoire, sans avoir, au préalable, et par plébiscite, eu connaissance de sa volonté souveraine.

Puisque nous parlons de réformes, il importe d'ajouter que, pendant la guerre, tout édifice public destiné à la gérence des affaires communes doit être respecté au cours des bombardements. On pourrait, pour désigner clairement et uniformément ces édifices au respect de l'ennemi, faire flotter à leur sommet la bannière de la Croix-Rouge. Il va sans dire que nous venons de considérer les cas où un bombardement serait dirigé contre une place forte ou fortifiée pour la circonstance. Lorsque l'endroit assiégé n'a pas ce caractère, il est impossible d'admettre le bombardement, même restreint : ce serait admettre en principe la destruction capricieuse et inhumaine, destruction d'autant moins excusable qu'il existe un autre moyen de réduction : la famine, que fait naître en peu de temps une habile interception des convois de vivres. — C'est là, du moins, un droit fondamental et inaltérable, reconnu par les nations pour tous les cas de siège.

Dans un même ordre d'idées humanitaires, on doit considérer que les habitants d'un pays qui est en guerre avec leur patrie, ne sauraient être ennemis qu'en qualité de combattants, et que, par conséquent, on leur doit le respect, lorsqu'ils n'ont pas pris cette qualité. Aussi doit-on établir que les citoyens d'une nation belligérante habitant, au moment de la guerre, sur le territoire de la partie adversaire, ne peuvent être contrariés dans leur liberté ou leurs autres droits ordinaires par les autorités de celles-ci, que dans le cas où ils ne se seraient point dûment conformés à une attitude pacifique et à la plus stricte neutralité. Les gouvernements ont toujours à leur disposition des moyens suffisants pour surveiller la conduite et contrôler l'existence de cette partie étrangère à la population de leurs États, sans avoir besoin de recourir à l'expulsion pour s'assurer de leur non-coopération aux événements militaires.

Nous savons bien que les traités de paix, amitié, commerce et navigation contiennent généralement une clause spéciale indiquant la règle de conduite à observer vis-à-vis des habitants dont la patrie est justement en guerre avec le pays où ils résident. Les hautes parties contractantes s'obligent, par cette clause, à leur accorder six mois s'ils habitent près des frontières maritimes ou terrestres et un an s'ils vivent dans l'intérieur du pays, pour que, dans ce laps de temps, ils opèrent la liquidation de leurs affaires, disposent à leur gré de leurs propriétés immobilières ou autres et sortent du territoire, moyennant un sauf-conduit qui leur permette de s'éloigner par terre ou par mer, de s'embarquer au port qu'ils préfèrent ou de sortir par le point de la frontière terrestre qui leur convient le mieux. — Nous savons aussi qu'il existe actuellement une nouvelle doctrine à ce sujet, d'après laquelle les sujets ou citoyens du pays étranger belligérant qui sont établis et exercent une industrie commerciale ou des fonctions particulières ont le privilège de rester dans le pays où ils sont et d'y continuer leur industrie ou leur emploi, pourvu qu'ils observent, vis-à-vis des événements, une complète abstention et témoignent d'une conduite irréprochable.

Ainsi en est-il lorsqu'il existe des traités. Mais, point de traités, point de clause. Quelle doit être alors l'attitude des parties belligérantes? Il nous semble que ce doit être la tolérance et la continuation de l'hospitalité; car, nous le répétons, un gouvernement dispose toujours d'assez bons moyens de surveillance à l'égard des nationaux du pays adversaire pour n'avoir nul besoin de les exposer aux dommages et aux pertes que causeraient infaillible- ment les mesures d'expulsion. — Jusqu'ici, aucune doctrine déterminante n'a encore été adoptée. En

1854, lors de la guerre de Crimée, les sujets russes habitant sur les divers territoires des pays alliés contre leur patrie n'y furent point violentés; mais le contraire avait eu lieu, tant en Allemagne qu'en France, durant la guerre de 1870. Depuis cette époque, afin d'éviter de tels ennuis, beaucoup d'Allemands établis en France et ayant dans ce pays des liens d'industrie, de commerce ou de parenté se sont domiciliés. — Ils ont ainsi acquis le droit de jouir de tous les privilèges civils attribués aux Français eux-mêmes, abstraction faite des privilèges qui se rapportent aux affaires politiques ou administratives. — En conséquence, ils ne peuvent pas être expulsés, ni en temps de guerre, ni en temps ordinaire, pour des motifs étrangers à leur conduite personnelle, attendu qu'en se domiciliant ils se sont rangés sous l'autorité des tribunaux judiciaires français. — Les mesures extraordinaires d'expulsion ne sont d'ailleurs qu'une arme superflue et un surcroît de garantie pour les gouvernements auxquels les constitutions donnent toujours le droit de sévir par un arrêt individuel de la même nature contre tout étranger qui faillirait, dans les temps de paix ou ceux de guerre, à ses stricts devoirs d'abstention.

D'autre part, les gouvernements devraient prendre toujours les mesures nécessaires pour protéger jusqu'aux frontières la vie, la personne et les biens de ceux d'entre lesdits étrangers auxquels il serait de-

venu impossible de prolonger leur présence au milieu d'un peuple exalté, injurieux et violent à leur
égard.

Le principe de la domiciliation, dont nous parlions plus haut, nous conduit à dire quelques mots
de la question de la nationalité, au sujet de laquelle
s'élèvent fréquemment des difficultés entre les États.

Presque toutes les constitutions proclament sujets
ou citoyens ceux qui naissent sur le territoire de leur
nation, et ceux aussi qui naissent à l'étranger, mais
dont le père appartient à cette nation.

De là résultent de fréquentes questions qui, par
leur caractère, nous paraissent se rapporter aux
principes du droit international privé; car chaque
État, en vertu de sa souveraineté, peut formuler les
lois qui lui conviennent, sans qu'aucun autre ne
puisse intervenir ni faire de remontrances. La meilleure forme que chaque pays puisse donner à la partie de sa législation qui traite de la nationalité, celle,
en d'autres termes, qui sauvegarde mieux ses droits
respectifs, est celle que nous trouvons dans le traité
de reconnaissance de paix et d'amitié, du 21 septembre 1863, entre la République Argentine et l'Espagne. Voici les termes de l'article 7 de ce traité :
« Afin de finir et de consolider l'union qui doit exis-
ter entre leurs deux peuples, les hautes parties contractantes stipulent, d'un commun accord, que, pour
déterminer la nationalité des Espagnols et des Ar-

gentins, l'on observera respectivement dans chaque pays les dispositions qui se trouveront consignées dans sa Constitution et ses lois. — Les Espagnols nés sur des territoires appartenant à l'Espagne, qui auront résidé dans la République Argentine et adopté sa nationalité, pourront recouvrer leur nationalité primitive, si cela leur convient; pour cette opération, il sera accordé un délai d'un an aux individus présents, et un délai de deux années aux absents. — Ce délai expiré, on considérera comme définitivement adoptée la nationalité de la République. — La simple inscription au registre matricule des nationaux, dont devront être pourvus les légations et les consulats de l'un et l'autre États, sera une formalité suffisante pour donner connaissance de la nationalité respective. — Les principes et conditions établis par cet article seront également applicables aux citoyens argentins et à leurs fils sur les territoires relevant de la couronne d'Espagne. »

Des déclarations d'un sens analogue furent échangées entre le Gouvernement de Sa Majesté Catholique et celui de la république de San Salvador, en des notes relatives (sans besoin de protocole) au traité de paix et d'amitié célébré par ces deux gouvernements dans la ville de Madrid, le 24 juin 1865. Il y est dit que, pour remédier à toute difficulté que pourrait faire naître l'absence d'une stipulation expresse au sujet de la nationalité des fils d'Espagnols nés sur le territoire de la république de San Salvador, et des fils de Salvadoriens nés en Espagne, les hautes parties contractantes acceptent ce principe, à savoir : que, lorsqu'il s'agira de déterminer la nationalité des fils d'Espagnols ou de Salvadoriens nés dans les pays respectifs, on prendra en considération, dans chacun d'eux, les dispositions consignées dans leurs constitutions politiques ou dans leur loi fondamentale en vigueur.

Le principe le plus équitable que nous croyions pouvoir proposer pour éviter toutes difficultés touchant cette question si controversée, est que tous ceux qui naissent sur le territoire de telle ou telle nation en doivent adopter la nationalité, sans que l'on ait à examiner la situation spéciale de leurs pères, à savoir s'ils se trouvent établis ou domiciliés dans la nation où sont nés leurs fils. — On ferait seulement exception pour ceux qui sont nés, dans les légations, des ministres, des ambassadeurs, des chargés d'affaires, des secrétaires et des attachés, pour ceux aussi qui sont nés sur des navires de guerre en arrêt dans les ports étrangers; nous allons plus loin, on pourrait excepter encore ceux qu'un voyage accidentel et bref a fait venir au monde sous d'autres cieux, ceux enfin qui seraient nés durant une mission scientifique de leurs pères, ainsi que les enfants des marins. Tous ceux-là, en vertu de leur sort inattendu, devraient avoir 'e droit parfait d'adopter la nationalité de leurs pères.

Le cas de la naissance à bord d'un navire de guerre
est un cas rare, et en quelque sorte impossible, attendu que la discipline militaire s'oppose à l'embarquement des femmes du capitaine et des officiers, précisément en prévention des événements de ce genre.
Mais les naissances ne sont pas rares à bord des navires à vapeur ou à voiles qui transportent les passa-
gers en temps ordinaire. Alors, toutes les fois que le
pavillon de l'embarcation n'est pas celui de la nation
à laquelle appartient le père de l'individu né dans
ces circonstances, il nous semble juste que le père ait
la faculté de préférer pour son fils sa propre nationalité. Le défaut de réglementation à ce sujet peut faire
naître de nombreuses questions; aussi, dans l'intérêt de l'harmonie et de la concorde futures, convient-
il qu'on réforme les législations des Etats suivant
l'esprit des considérations qui précèdent.

On a souvent parlé de l'humanisation de la guerre,
œuvre hautement équitable et philanthropique que
l'avancement des idées et les progrès de la civilisation générale imposent désormais à tous les peuples.
Il importe que partout l'on veille à supprimer et
abolir toutes les cruautés qui ne sont pas indispensables à une partie belligérante pour obtenir que
l'adversaire se soumette, ou soit contraint de déposer
les armes en vue d'une entente pacifique.

Cette campagne contre l'atrocité des combats assure à la charité humaine un glorieux triomphe sur

les vestiges de la barbarie. — Déjà, avec une sollicitude remarquable, les Républiques de Vénézuéla et
de Colombie ont respectivement proclamé dans leurs
Constitutions que, dans l'éventualité d'une guerre
civile, la partie contraire au Gouvernement sera reconnue comme belligérante, tant que, dans sa conduite belliqueuse, elle ne se sera point départie des
principes de civilisation et d'humanité. Ce n'est pas
à dire que le Gouvernement étende à de tels ennemis
qui se révoltent audacieusement les droits et les
prérogatives d'une armée belligérante étrangère, ni
qu'il use de respect ou de considération vis-à-vis de
quelque nouveau Gouvernement formé par les auteurs de la discorde ; mais il s'engage et veille uniquement à l'observation des règles humanitaires de
la guerre, et à ce que la lutte ne se transforme pas en
carnage et en déchirements barbares, par le refus
de faire quartier aux prisonniers, ou par des violations qui blesseraient profondément la morale et la
dignité des sentiments humanitaires.

Il est vraiment regrettable que les règles excellentes pour les cas de guerre, élaborées dans la Conférence de Bruxelles de 1874, n'aient pas reçu la
sanction définitive et l'approbation de la part des
différentes puissances qui s'y étaient fait représenter. Le droit consuétudinaire et les traditions en faveur ont heureusement suavisé les effets de la guerre.
Ainsi, comme l'objet poursuivi est toujours, de part

et d'autre, la mise hors de combat et le désarmement des soldats de l'ennemi, il serait cruel d'user
de mesures qui dépassent ces fins, et de mettre à
profit des inventions meurtrières qui étendraient
inutilement à de nombreuses années la souffrance,
la haine et le deuil. — Les balles empoisonnées ou
explosives, et d'autres engins de cette sorte devraient être interdits à tous combattants, car le fusil
ordinaire du soldat et la balle conique suffisent
pour paralyser efficacement les forces ennemies. De
même, il serait contraire à la civilisation moderne
d'empoisonner les eaux et les vivres destinés à l'ennemi, pour le réduire à capituler, lorsque l'on dispose
du moyen de la famine. lequel, du moins, ne répu-
gne nullement ni à la charité ni à la civilisation humaines. Dans le cas d'un bombardement, le général
en chef qui s'apprête à le faire exécuter est strictement en devoir de faire connaître son intention au
chef ennemi, et de lui accorder un délai en faveur
duquel les habitants étrangers au combat pourront
sortir de la place. — Tel est le sens de la doctrine
consuétudinaire admise par les nations civilisées. —
Nous ne faisons exception pour aucune circonstance,
et nous n'admettons jamais qu'un chef d'armée
puisse, dans le simple intérêt de ses opérations stra-
tégiques, ordonner l'assaut contre une place forte ou
une ville fortifiée qui n'aurait pas été officiellement
prévenue de son intention. Une semblable conduite,

exposant aux extrêmes dangers les habitants pacifi- ques et innocents, serait inconciliable avec ce prin- cipe rationnel, que, par le fait d'une guerre entre deux nations, les sujets ou citoyens respectifs de chacune d'elles, qui sont réciproquement ennemis dans la qualité de combattants, ne sauraient l'être dans l'essentialité de leur caractère intrinsèque, c'est-à-dire dans la qualité primordiale de membres du genre humain. — En résumé, le système qui con- siste à bloquer une place et la réduire par la famine, est le seul que nous puissions approuver. Encore est- il certain que ce système lui-même peut devenir une source de privations et de souffrances pour les habi- bants qui conservent une attitude pacifique; mais ces souffrances sont les moindres de celles auxquelles on est toujours exposé en temps de siège; et il est rare, d'ailleurs, que le blocus se prolonge assez long- temps pour compromettre l'existence des assiégés.

Si l'on doit s'abstenir de bombarder une place forte, en considération de la partie pacifique de la population qui y est renfermée, l'on doit aussi, pour la même raison, éviter de miner les forteresses. C'est là un acte des plus odieux et une des plus fla- grantes violences, que n'excuse pas le prétexte de l'insuffisance des autres moyens.

Il est intéressant de savoir, en l'absence d'un Code ou ensemble de préceptes pour les cas de guerre, si les belligérants peuvent légitimement, et, en partie ou en totalité, faire usage contre l'ennemi des éléments meurtriers francs ou dissimulés, comme bombes de toutes dimensions, torpilles, etc. La déclaration de la Conférence de Saint-Pétersbourg (1868) nous paraît indiquer clairement que ces procédés sont aussi réprouvables que ceux examinés plus haut. C'est pourquoi la même Conférence stipula que tout projectile, destiné à l'armée navale ou à l'armée territoriale, devrait peser moins d 400 grammes, lorsqu'il serait explosible, chargé de substances inflammables ou de principes foudroyants. — En réalité, ces détails, dont les résultats sont si graves, ne sont régis actuellement par aucune règlementation précise, de sorte que chaque nation se comporte à ce sujet suivant son bon plaisir.

Les dispositions internationales qui promettent de grands avantages sont inutiles et de nul effet, lorsque les puissances qui se déclarent neutres vis-à-vis des événements et phases diverses d'une guerre n'exercent pas l'influence nécessaire pour imposer aux parties belligérantes le respect des obligations qu'elles-mêmes se sont imposées par des conférences ou des contrats antérieurs. — La sanction internationale n'est, à notre époque, revêtue que d'un caractère purement moral. S'il en était ainsi au sein des sociétés internes, que deviendraient les lois civiles ? Elles seraient réduites à la valeur et à l'autorité des conseils moraux, c'est-à-dire privées d'efficacité et de garantie. Car, puisque déjà les infractions à la loi sont innombrables malgré les sanctions de la force, nous avons peine à nous faire idée de la confusion et de l'anarchie que ferait naître l'absence de ces sanctions.

Vis-à-vis de la communauté internationale, telle qu'elle est constituée aujourd'hui, la sanction est représentée par la sentence réprobative de l'opinion publique, et par le jugement des autres gouvernements, lequel se réduit à l'improbation de la règle de conduite observée par les belligérants ; la sanction est enfin complétée par les conséquences, généralement terribles, des actes et des divers évènements accomplis durant la guerre. — Le concert des grandes puissances, qui a exercé et exerce une réelle suprématie sur tous les autres États, à l'occasion de quelque question européenne que ce soit, pourrait bien être le principe de la sanction pour les questions survenues avec les puissances secondaires, et même pour les différends qui surgiraient entre deux ou plusieurs des puissances participant à ce concert. — C'est ce que nous croyons avoir suffisamment démontré plus haut. — Nous nous rappelons que le concert des puissances intervint en 1886 en faveur du royaume hellénique, auquel le traité de Berlin (1878) avait accordé certains droits territoriaux aux dépens de la Turquie : cette dernière puissance n'avait satisfait que partiellement à l'intégrité territoriale de la Grèce, se bornant à céder des portions de l'Epire et de la Thessalie. Les grandes puissances intervinrent, disions-nous, et, par le moyen d'un blocus pacifique, obtinrent raison pour les revendications dont elles s'étaient fait l'organe, sans que, toutefois, l'injustice restât étrangère à ces évènements. La France s'était tenue en dehors de cette question, en vertu d'une circulaire de M. de Freycinet, ministre des affaires étrangères, datée du 3 décembre 1885. — Ce ministre proclamait qu'il désirait voir s'établir « une juste pondération entre certaines aspirations légitimes et les garanties que réclame la sécurité de l'empire ottoman »; mais il ajoutait que son gouvernement ne voulait pas « assumer bénévolement une part de responsabilité en dehors de celle qui découle pour lui des actes que la France a signés ».

De même, les droits et garanties accordés par le traité de Berlin aux peuples d'Arménie sont en suspens, nonobstant les réclamations légitimes de cette nation pacifique, qui cherche à obtenir par voies légales la réalisation des promesses dont elle est dépositaire. Il importerait que le concert des grandes puissances concentrât son attention sur ce point; car la justice de cette cause la recommande à la considération et à la protection universelles. C'est pourquoi récemment encore, un grand diplomate, M. Gladstone, l'a soumise aux regards du Parlement impérial britannique, en faisant ressortir

la sympathie et l'intérêt qu'inspire à un observateur
équitable la nation arménienne, digne, à tous les
titres, d'un meilleur sort. Malheureusement, la justice et l'équité n'ont pas toujours dans le monde une
voix assez forte pour couvrir la voix des volontés
arbitraires ; et, lorsque ces deux idées fondamentales
se réduisent aux manifestations de la justice distri-
butive, justice n'est rendue qu'en partie aux prétentions les plus légitimes.

Les nations de second ordre sont exposées à
subir tant d'abus divers de la part des nations plus
fortes, qu'il est impossible de fixer des règles
invariables et déterminantes, sans l'existence et le
secours d'une sanction, comme il en existe pour
toutes les législations civiles. Dans celles-ci, grâce à
cette précaution, le riche et le fort ne jouissent pas
de l'avantage sur le pauvre et le faible, mais la
loi égalise tous les citoyens ou sujets devant elle,
sans distinction de noblesse, comme autrefois, ni
de zèle farouche, comme aux années qui suivent
les grandes révolutions.

A propos de l'abus de la force contre le droit sans
appui, nous ne pouvons nous empêcher de reporter
nos souvenirs vers un événement abusif de ce genre,
dont ceux qui ont souci de l'équité internationale
déploreront toujours la solution. — Pendant la guerre
de Sécession entre le Nord et le Sud de la grande république américaine, un navire appartenant au parti

des fédéraux entra dans le port de Lisbonne, pour s'y mettre à couvert contre les poursuites d'un autre navire, appartenant aux confédérés, lequel pénétra à sa suite dans le même port. D'après la coutume établie, le gouvernement portugais fit notifier aux capitaines de l'un et de l'autre navire qu'ils devaient sortir sans tarder des eaux du Tage et de la juridiction maritime du royaume, mais que le second sortant ne devrait franchir les limites de cette juridiction que vingt-quatre heures après le départ du premier. Le navire des fédéraux sortit effectivement dès qu'il en eut reçu l'intimation; mais son adversaire, au lieu de laisser passer un délai de vingt-quatre heures, sortit presque en même temps, à sa poursuite. A la vue de cette conduite incorrecte, le gouverneur de la forteresse qui commande le port de Lisbonne, fit tirer, suivant l'usage, un coup de canon à blanc, signal d'après lequel le navire des confédérés devait aussitôt interrompre sa course et obéir aux règlements maritimes. Ce navire n'en ayant pas tenu compte, le gouverneur ordonna alors qu'on exécutât une charge à boulets et balles, dont le grand mât du bâtiment souffrit quelques avaries. Quoique le gouverneur eût agi en vertu des droits souverains de sa nation, qui ne pouvait souffrir que les eaux comprises dans les limites de sa juridiction fluviale devinssent le théâtre d'aucun combat ni d'aucune escarmouche navale, les actes répressifs de cet officier donnèrent lieu à des réclamations diplomatiques d'une grande gravité de la part du gouvernement légal de l'Union Américaine. Celui-ci persista injustement à se prétendre offensé, et le Portugal, pour éviter un conflit, se résolut à terminer amiablement la question en offrant la satisfaction exigée. Si cette affaire avait été déférée au jugement d'un arbitre soit unipersonnel, soit collectif, il est indubitable que le gouvernement de Sa Majesté Très Fidèle aurait eu gain de cause, attendu que la conduite de son fonctionnaire s'appuyait sur les prérogatives souveraines dont jouit une nation. Ces prérogatives lui permettent d'étendre sa juridiction maritime à une distance de trois milles ou à une portée de canon des côtes, sans qu'une autre puissance puisse considérer ses droits de navigation comme violés, en aucun cas, par cette juridiction. Car, en principe, toutes les puissances doivent un respect absolu à la législation générale et particulièrement aux droits de neutralité d'un peuple.

Le principe de l'exterritorialité, dont une fiction de droit accorde la jouissance aux navires de guerre, lesquels, par le fait, sont considérés comme une extension du territoire dont le pavillon les couvre, est, si l'on veut, un principe supérieur, digne de l'égard universel : mais il ne saurait excuser, en aucun cas, la désobéissance à la législation maritime de quelque État que ce soit. Nous devons dire, d'ailleurs, que l'influence de ce principe ne repose que sur un sentiment de courtoisie réciproque des nations vis-à-vis d'autres nations amies, comme l'a fort justement déclaré le tribunal siégeant à Genève en 1872. — Sans doute, l'affaire que nous avons rapportée consistait dans la violation d'une loi d'ordre public, et c'est pourquoi il pouvait répugner à l'honneur d'une nation de recourir à l'arbitrage pour la résoudre; de même, il arrive, au sein des sociétés civiles, que la forme et l'idée positive de certaines lois n'admet ni entente arbitrale ni transaction particulière entre les individus en litige. — Mais les droits parfaits du Portugal s'étaient trouvés enfreints d'une manière si manifeste que les États-Unis auraient dû, contrairement à ce qui advint, lui donner satisfaction eux-mêmes pour la conduite illégale de leur navire et pour la faute de lèse-neutralité dont ils étaient responsables vis-à-vis de son gouvernement.

Lorsque les faits accomplis ont, de la sorte, une relation intime avec la législation écrite des nations et les principes généraux de l'équité, les gouvernements doivent faire abstraction de leur amour-propre et s'incliner devant une sentence arbitrale. Ainsi, arriva-t-il, en 1862, lors d'un conflit entre le royaume britannique et l'empire du Brésil, à la suite de l'arrestation de trois officiers anglais du vaisseau *la Forte*, anglais aussi, qui était en arrêt dans la rade de Rio-de-Janeiro. Ces officiers avaient été appréhendés et détenus pour cause d'une altercation survenue entre eux et une sentinelle brésilienne en faction dans ces parages. Le cabinet de Saint-James, qui vit dans cet acte une insulte à la marine britannique, exigea une satisfaction du gouvernement brésilien. Finalement, la question fut, d'un commun accord, soumise à l'arbitrage du roi des Belges, qui condamna les prétentions de l'Angleterre. Le souverain arbitre, dans ses considérations fondamentales, disait qu'il n'avait pas été démontré que l'origine du débat survenu à Rio-de-Janeiro fût imputable aux agents brésiliens, et que, dans la manière dont les lois de l'empire du Brésil avaient été appliquées aux officiers anglais, il était impossible de voir la moindre offense à la marine britannique, d'autant plus qu'au moment de l'arrestation ces officiers portaient des vêtements civils et non les uniformes de leurs grades respectifs. — L'on voit combien l'Angleterre eût été injuste de forcer le Brésil à une réparation, pour un cas où celui-ci n'avait fait qu'exercer les droits souverains dont il jouit, en vertu de sa Constitution, dans les limites de sa juridiction territoriale. Déjà même, il est regrettable qu'on ait été contraint de faire intervenir l'arbitrage dans une divergence qui aurait très avantageusement pu être réglée d'une manière directe et par voie diplomatique entre les parties litigeantes, tout comme celle qui s'était produite entre les États-Unis et le Portugal. — L'empire du Brésil et le royaume de Portugal, lors de leurs conflits respectifs avec l'Angleterre et les États-Unis, auraient pu se limiter à des explications précises, montrant que leurs conduites ressortissaient de certains droits parfaits de juridiction inhérents à l'existence et aux relations des États civilisés. — Ils l'auraient pu si les abus de la force ne prévalaient pas contre les principes de la justice et si les droits de faux aloi que donnent la passion et la force ne triomphaient pas si souvent des principes du droit véritable.

Actuellement, l'attention de l'Europe est tournée vers la question des îles Samoa, qui a donné lieu à la réunion d'une conférence à Berlin. Au moment où nous mentionnons cet évènement, les délégués des nations qui sont intéressés, c'est-à-dire les représentants de l'Angleterre, des États-Unis et de l'Allemagne, cherchent une solution au conflit de Samoa, qui s'est dernièrement compliqué par la déposition du roi Malietoa. La question, au point de vue diplomatique, est surtout intéressante par le grand rôle qui y est attribué à l'Allemagne, et qui constitue, dans la jurisprudence internationale, de remarquables précédents pour la règle de conduite à observer, en des cas analogues, par les représentants officiels et les forces maritimes des gouvernements étrangers vis-à-vis d'un pays soumis à leur législation souveraine.

Les sessions de la conférence présentement réunie à Berlin sont tenues plus secrètes qu'aucunes autres ne l'ont jamais été: aussi tous les commentaires de la presse ne peuvent-ils réellement être considérés que comme des hypothèses et des conjectures d'une autorité relative, hormis la probabilité du rétablissement de Malietoa sur son trône, attendu que la justice réclame que non seulement l'on mette fin, mais encore qu'on inflige une réprobation méritée à l'injuste conduite de l'agent diplomatique et consulaire de l'Allemagne. — Car celui-ci, outrepassant les prérogatives de ses fonctions délicates, a fait tomber sur son gouvernement la responsabilité d'une des plus odieuses interventions que l'on puisse imaginer, consistant dans la violation flagrante et téméraire des droits souverains de Samoa. — C'est pourquoi tous les Etats, et spécialement ceux d'entre eux qui ont le moins d'étendue, de ressources et de puissance, ont un intérêt immédiat à s'unir dans cette occasion, pour s'opposer à la tolérance de ces funestes principes, et pour assurer l'établissement d'un précédent qui confirme l'égalité souveraine de tous les peuples. Déjà depuis le Congrès de Westphalie, où la proclamation en a été faite, on s'est accoutumé à la respecter comme base essentielle de l'indépendance universelle des nations.

Pour que les droits souverains d'un Etat puissent

être considérés comme violés dans le principe et dans le fait, l'intervention de la force armée, soit par terre, soit par mer, soit simultanément, n'est guère nécessaire : il suffit que les menaces, ou l'ascendant illégitime de l'influence morale aient été employés. A ce propos, nous rappellerons qu'avant d'avoir recouru à ses forces navales, le gouvernement allemand avait dérogé à l'attitude qu'il aurait dû conserver, comme il appert du traité du 10 novembre 1884, entre l'empire d'Allemagne et les îles de Samoa. Au sujet de ce traité, le roi Malietoa se plaignit de la pression qui avait été exercée sur lui, et écrivit une lettre à l'empereur, en date du 29 décembre de la même année, portant le détail des faits à sa connaissance, et déclarant que sa signature lui avait été arrachée contre son vouloir et par des voies coercitives. Du moins, nous aimons à pouvoir rendre des louanges à la conduite du grand chancelier, qui a destitué le consul général, docteur Knappe, et qui paraît, dans la conférence actuelle, s'occuper de faire prévaloir un nouveau principe, dont l'excellence est certaine. D'après ce principe, le commandant des forces navales ou territoriales serait responsable des événements amenés par son intervention, et aurait la faculté d'accorder ou de refuser son concours au représentant de sa nation, suivant la manière dont il aurait envisagé les circonstances. Il serait souvent arrêté, dans un zèle excessif, par la considération que la rupture des hostilités, causée par un bombardement ou une occupation, entraîne le deuil d'un peuple, avec de grandes souffrances, la destruction des cultures et l'atteinte aux propriétés.

Cette doctrine, si elle était acceptée, déterminerait un grand avancement dans les progrès moraux et la civilisation, en modérant l'usage des forces militaires de la part de ceux qui en disposent. En effet, ces chefs de troupes, avec l'assurance que donne l'exemption de toute responsabilité personnelle, poussent souvent les effets de leurs mesures coercitives au-delà de ce qui est réellement réclamé par les circonstances, sans avoir égard pour aucune classe de faits atténuants, ni pour aucune situation digne de leur respect.

Certaines choses, agréées autrefois par l'opinion des peuples, ou, pour mieux dire, tolérées à peine dans les âges antiques, ne sont plus de mise aujourd'hui. Ainsi, aux lumières du christianisme, les coutumes se sont adoucies dans ce qui concerne la conduite des armées vis-à-vis de leurs prisonniers de guerre, et, avec les derniers souvenirs de la servitude, se sont évanouies les traditions qui privaient à perpétuité les prisonniers de leur liberté, de leur patrie, de leurs doctrines, de leur famille, de leurs droits les plus intimes sur eux-mêmes et leurs affections, pour les réduire au rôle de véritables esclaves. On se borne aujourd'hui, vis-à-vis d'eux, à prendre des mesures

qui les empêchent de prendre part à la guerre; on
condamne implicitement toute manière cruelle ou
abusive de les traiter. La guerre n'admet plus que
comme une exception le principe du talion, d'après
une idée de vengeance et de représailles qui ne sont
consenties que pour les cas de nécessité extrême. —
Beaucoup d'autres points de ce genre et de cet intérêt
ont mérité l'attention minutieuse de la conférence de
Bruxelles, et tôt ou tard seront résolus à la meilleure
convenance des peuples : c'est pourquoi il est inutile
d'insister là-dessus dans nos projets de réformes. —

On s'occupe aussi, selon toute apparence, de former avec les trois consuls des puissances intéressées
(Angleterre, Allemagne et Etats-Unis), une sorte de
commission de contrôle, pour veiller sur les différends;
et d'établir que tout conflit entre elles soit déféré au
jugement du représentant d'une puissance secondaire.—On doit s'attendre à quelques désaccords entre
les trois puissances actuellement intéressées, car,
si d'une part leur concurrence a justement empêché
que les îles de Samoa fussent soumises au protectorat d'une seule d'entre elles, chacune d'elles a, d'autre part, célébré avec ces îles des traités qui lui réservent les conditions les plus avantageuses.

Il nous serait agréable d'entrer dans beaucoup d'autres considérations intéressantes relativement au
différend survenu dans ces îles; mais, outre que nous
risquerions de trop nous écarter de notre plan, nous

ne pourrions en dire plus ni mieux que ce qu'en a dit un excellent appréciateur, dans un ouvrage que nous aimons à recommander (1).

Les réformes qui, en temps de paix sont le plus propres à resserrer l'union internationale et assurer le bien-être universel des nations, sont surtout, comme nous avons déjà dit ailleurs, celles qui concernent les intérêts vitaux des peuples, qui les lient étroitement, par des contrats amicaux, et par de nouvelles facilités pour leur commerce. L'union postale universelle a été un grand pas fait dans ce sens. L'on pourrait, d'une manière analogue, constituer une union douanière, pour l'égalité réciproque de tous les Etats sans distinction, dans leurs exportations et importations. Nous ne saurions partager l'avis de ceux qui vont jusqu'à demander la suppression complète des douanes. L'époque présente n'est pas encore opportune pour une réforme si radicale; et, au risque de faire naître des confusions funestes, il est nécessaire de préparer le terrain avant de donner carrière à une opération de cette importance. Les grandes idées, pour arriver à une réalisation convenable et même à l'épanouissement qui leur est propre, doivent lutter contre mille obstacles, et se frayer un chemin victorieux à travers des contrariétés de tous genres. Certainement, nous croyons

(1) Arthur de Ganniers : Les Iles Samoa ou des Navigateurs; Conflit entre les États-Unis et l'Allemagne.

qu'avec le temps on en viendra à la suppression
complète des douanes entre les nations; mais pour
cela, il faudra que l'on ait trouvé un moyen de suppléer à quelques-uns de leurs effets, particulièrement
au rôle considérable qu'elles jouent dans les Etats de
second ordre, dont elles sont une des plus grandes
ressources : à défaut de cette ressource, leur existence
serait sérieusement compromise.

L'unification et, ultérieurement, la suppression
même des douanes, telle est actuellement la réforme
qui nous paraît plus efficace pour cimenter l'union
générale des peuples, en établissant, entre leurs intérêts vitaux, de puissants liens de réciprocité. —
A cela s'ajouteraient de nombreux traités de commerce, amitié, paix et navigation touchant le principe
de la nation la plus favorisée; des conventions consulaires d'extradition, de propriété industrielle et
artistique et de patentes, de littérature, d'échange
de documents et div.rses publications entre les gouvernements; de droits de pêche; de permission aux
étrangers de se livrer au cabotage sur les côtes et le
long des cours d'eau des Etats.

Pour faciliter aussi les relations internationales,
il conviendrait de célébrer des conventions relatives
au droit international privé, qui garantiraient l'exécution et le respect des sentences judiciaires, lorsque
celles-ci auraient été prononcées dans un pays autre
que celui où elles doivent avoir leurs effets. — Nous

touchons ici à une question fort difficile, féconde en conflits de toute sorte, par l'absence du lien nécessaire et de la dépendance naturelle entre le pouvoir qui juge et la force qui assure l'exécution de la sentence. — Un éminent homme d'Etat italien, M. Manzini, comprit excellemment l'importance de cette question. En 1881, étant ministre des affaires étrangères, il s'occupa de faire un accord avec les nations étrangères, pour l'élaboration et la prompte adoption d'une loi relative à la condition civile des étrangers, à l'extension et à la garantie de leurs droits, et à leur participation des législations respectives. Il recommandait à l'attention des gouvernements la question de savoir, dans les cas de conflit entre les législations des Etats, quelle loi serait préférée et applicable au sujet des personnes, de la propriété ou des actes des étrangers, et de déterminer si l'avantage devrait être donné à la loi nationale, à la loi du lieu du domicile, ou à la loi du lieu de la propriété intéressée, ou à celle de l'endroit où l'acte aura été commis. — C'est un des points les plus complexes des relations privées entre les nations, où les fréquentes communications et les permutations ou échanges divers de l'ordre juridique exigent une innovation uniforme.

Il est aussi nécessaire que les gouvernements, inspirés par la pensée du progrès moral et matériel, célèbrent des conventions particulières sur l'assistance judiciaire des étrangers indigents, qui sont dans l'impossibilité de défendre leur cause et faire valoir leur bon droit devant les tribunaux du pays où ils résident. Toutes les fois que des étrangers de cette catégorie subissent la législation et la juridiction du pays où ils sont, on doit leur accorder le privilège que nous signalons, en exigeant simplement que leur état d'indigence soit prouvé par la déclaration de personnes caractérisées pour cela. C'est un cas qui, sommairement et convenablement réglé pour toujours, n'a pas besoin de l'autorité d'une convention diplomatique, telle que celles qui ont été signées entre la République Française et l'Empire Austro-Hongrois (14 mai 1879), entre le royaume d'Italie et la Confédération Helvétique (8 février 1884), entre les royaumes d'Espagne et d'Italie (8 juillet 1882).

Il est aussi, entre certains Etats, des traités relatifs aux gages ou garanties à déposer par les étrangers qui font ou soutiennent un procès contre les citoyens des pays où ils vivent. Et nous aimons à rappeler que, par la convention déjà citée du 14 mai 1879 entre l'Autriche-Hongrie et la France, les hautes parties contractantes s'engagent réciproquement à n'exiger aucune garantie de biens propres, sous quelque forme ou quelque nom que la chose se fasse, de la part des étrangers en procès avec les autogènes. Là-dessus les lois de chaque nation pourraient être plus libérales qu'elles ne le sont, et donner une plus ample liberté d'action aux étrangers, pourvu qu'ils puissent par un gage sûr, répondre des frais et tous dépens de justice qui leur écherraient dans le cas d'une condamnation.

Dans la République Argentine, les étrangers jouissent des mêmes droits que les citoyens de la nation. Ils ne sont point obligés à fournir une garantie à l'occasion de leurs procès avec ces derniers. L'assistance en justice leur est facilement octroyée, moyennant une simple déclaration revêtue de la signature de deux personnes qui aient caractère et autorité pour cela, et établissant que l'étranger devenu partie dans tel ou tel procès ne peut, en raison de son indigence, suffire aux dépenses de timbre et toutes autres. Ces excellentes mesures devraient valoir à la République Argentine, de la part des pays d'Europe et des autres, des mesures réciproques vis-à-vis des citoyens argentins vivant à l'étranger : ce ne serait que justice. — En outre, la Constitution de la République Argentine (art. 20) a accordé à tous les étrangers la jouissance de tous les droits civils reconnus aux Argentins eux-mêmes, sans parler des autres prérogatives dont la concession fait l'objet de l'art. 14. — Ainsi, lors même qu'ils ne seraient ni domiciliés, ni naturalisés, les étrangers ne peuvent sous aucun prétexte, être expulsés du territoire de la République. On fait cette juste réserve, que, dans l'état de siège, un étranger est susceptible, dans les mêmes conditions qu'un citoyen indigène, d'être arrêté, ou transporté d'un point à un autre sur le territoire de la nation, s'il n'aime pas mieux sortir des frontières de la République (art. 23). — L'on doit reconnaître qu'aucun État européen, que même aucun État américain (avec de rares exceptions) n'a donné tant de priviléges et de droits à la partie hétérogène de sa population. Aussi, importerait-il, que d'après un excellent principe de réciprocité, les Argentins qui vivent dans les divers pays d'Europe ou d'Amérique fussent considérés comme domiciliés et jouissent de tous les droits civils. Le principe de réciprocité internationale que nous invoquons ici est analogue et frère de celui que l'on trouve dans le droit privé entre nations, d'après lequel les sentences de chose exécutoire et jugée prononcées dans un pays sont appliquées par les soins des pouvoirs judiciaires d'un autre pays, et d'après lequel, également, l'extradition des criminels se fait avec régularité, sans avoir pour fondement aucun traité spécial.

Parmi les réformes générales dont le besoin ou, tout au moins l'utilité ne saurait être mise en doute, il importe de mentionner l'établissement d'un affranchissement uniforme, et de l'universalité d'un même timbre pour la correspondance postale entre les nations, afin que l'on n'ait pas la fâcheuse nécessité de se pourvoir de timbres différents suivant les territoires que l'on traverse. Ce serait une innovation conforme aux principes de l'Union postale. Elle

n'empêcherait nullement que chaque nation établît,
pour l'échange de la correspondance intérieure, un
affranchissement basé sur des formes, et des considérations spéciales, tout en spécifiant, par un accord
international, que pour la correspondance échangée
à l'intérieur des capitales, des autres villes, et jusqu'à une certaine distance des enceintes des villes,
le timbre serait par exemple de cinq centimes, et du
double pour tous autres points intérieurs. Ce système
a déjà prévalu dans l'organisation postale de la Confédération helvétique. Il est sous-entendu qu'on
réglerait proportionnellement les envois de journaux, de tous imprimés, et des colis-postaux de
toute nature. Nous proposerions aussi volontiers une
réforme réductive dans les tarifs des bureaux télégraphiques ; elle consisterait dans les réductions
suivantes, en prenant pour type de monnaie, dans
notre projet, le terme monétaire de la France. — Le
prix de chaque mot passé, pour les dépêches adressées à l'étranger, serait de dix centimes au lieu de
vingt-cinq ; on paierait cinquante centimes pour
toute dépêche adressée à l'intérieur du pays, et qui
contiendrait un nombre de mots inférieur à vingt,
ou vingt mots au maximum ; il ne serait perçu qu'un
centime pour chaque mot dépassant ce nombre. Et
puisque nous effleurons ces questions administratives, qui ont un rapport assez intime avec les budgets
des nations, qu'on nous permette d'ajouter une ré-

flexion dont le principe s'est souvent manifesté dans sa plus grande évidence : c'est que la réduction, constante, progressive des tarifs, dans quelque genre de négoce que ce soit, est essentiellement le secret d'un meilleur revenu. Bien des gens qui se condamnent aux lenteurs des courriers postaux s'adresseraient aux services télégraphiques, si ceux-ci savaient se rendre abordables à toutes les bourses. De telle sorte, que, non seulement le public trouverait dans la réalisation de notre projet un grand avantage pour ses communications urgentes, mais encore l'Etat bénéficierait d'une recette plus ample.

Nous signalerons encore, comme réforme, l'établissement de l'unité monétaire basée sur le franc ; ce serait une simple extension et une garantie universelle de la convention faite dans l'union latine entre la France, l'Italie, la Belgique, la Suisse et la Grèce en l'année 1865. Cette convention fut renouvelée en 1886 pour une période de cinq ans. L'adoption universelle du calendrier grégorien s'impose aussi, dans l'intérêt des relations entre peuples, et surtout pour la simplification présente et future des études historiques.

Il conviendrait que les nations signassent entre elles des conventions diplomatiques touchant la communication réciproque des états civils et des sentences pénales. Elles laisseraient pour entendu que les informations de ces états judiciaires ne pourraient pas compromettre le principe de nationalité propre de chacune d'elles. Nous savons qu'il y a déjà quelques traités en vigueur à ce sujet, entre l'Autriche-Hongrie et la Belgique (30 avril 1871), entre ces deux puissances et l'Italie (25 avril 1873); à ce dernier traité fut ajouté un appendice, le 29 septembre 1883. Nous pouvons en citer deux autres ayant le même objet: le premier est du 25 août 1870, entre la Belgique et la France; le second est du 13 janvier 1875, entre la France et l'Italie.

Il convient encore hautement d'achever une réforme précieuse pour la civilisation, la philanthropie et la morale humaines : celle de l'abolition de l'esclavage, proclamée par le traité général de Vienne, du 8 février 1815, qui fut ensuite corroboré universellement par des traités particuliers entre deux ou plusieurs nations civilisées. Il serait urgent de veiller à la complète disparition de l'odieux trafic des nègres en Afrique, où la chair humaine est toujours l'objet d'un commerce affreux et dégradant. — On n'est malheureusement pas encore parvenu à ce résultat pressant, malgré les peines sévères établies contre les trafiquants, par des traités signés entre l'Angleterre, l'Autriche-Hongrie, la Prusse, la Russie (20 décembre 1851), la France (20 mai 1845), les États-Unis (17 février 1862) et quelques autres États. — L'œuvre inhumaine poursuit ses honteuses spéculations nonobstant les compromis solennels

obtenus des divers chefs ou souverains de l'Afrique,
tels que ceux du sultan de Zanzibar (5 juin 1873,
du nakeel de Maculla (7 avril 1875), du sultan de
Johanna (8 mars 1873), de ce même souverain (10
octobre 1882), du sultan de Muscat (14 avril 1873),
du jemedar de Shuhr (17 novembre 1873), du roi de
Dahomey (12 mai 1877), du sultan de Mohilla (24 oc
tobre 188), du roi d'Abyssinie (3 juin 1884) (1).

Les puissances intéressées à l'abolition de l'escla -
vage en Afrique ont, pour ainsi parler, la haute attribution morale de signifier à tous les chefs, à tous
les roitelets et à tous les gouvernements indigènes
de ce continent, leur ferme résolution de mettre fin
à un tel état de choses, et de se départir d'une tolérance qui contrarie ouvertement les doctrines du
droit international. Elles doivent leur faire entendre
que tous les Etats ont l'obligation irrésistible de conformer leur législation et leurs actes aux principes
élevés qui régissent l'universalité des nations, et que,
s'ils ne l'ont déjà fait, leur devoir est de prendre,
sans plus tarder, des dispositions en vue de cette
conformité.

Et quoique, en temps ordinaire, l'intervention
étrangère au sein d'un territoire indépendant soit à
nos yeux une flagrante et flétrissable violation des
droits parfaits et de la souveraineté d'un Etat, nous
l'admettons ici toutefois, par exception et en consi-

(1) Leone Lévi : Materials for a Code of International Law.

dération de la gravité d'une circonstance qui compromet ensemble la loi naturelle, la justice, la morale et les éléments essentiels de la civilisation. — Lorsque deux ou plusieurs puissances, animées des mêmes vues ambitieuses, s'allient et signent un traité pour concerter leurs efforts dans la destruction d'un État légalement constitué, l'on sait que leur traité, né de l'injustice et établi pour la violation de l'existence d'une société souveraine est, par cela même, considéré comme nul; pourrait-il, d'ailleurs, en être autrement d'une convention qui, loin de jouir d'un appui moral, blesse, dans ses termes autant que dans son objet, la moralité la plus élémentaire? — Nous ne dirons pas autre chose du trafic des noirs. Toutes les puissances civilisées ont rationnellement mission de chercher à l'abolir aussi promptement qu'il se peut. Elles ont à user de ménagements diplomatiques vis-à-vis des gouvernements assez régulièrement constitués sur le continent africain, et à prendre garde de ne recourir à la force des armes qu'après impossibilité éprouvée de parvenir, par une voie plus calme, à leur but humanitaire; mais personne ne doute qu'elles peuvent s'abstenir des mêmes considérations à l'endroit des tribus sauvages et nomades, qui n'ont ni existence propre ni responsabilité nationale, et qui, ne subissant aucune obligation d'un caractère mutuel, ne jouissent pas des droits parfaits liés à la souveraineté des États indépendants.

Nous ne pouvons penser à l'abolition de la servitude africaine sans rappeler que l'on pourrait combiner efficacement le succès de cette réforme avec le résultat du désarmement européen. Les bienfaits de la civilisation se répandraient plus vite en Afrique, si l'on consacrait à la colonisation des immenses territoires de ce continent les efforts des soldats qui forment aujourd'hui les armées permanentes de nos peuples. Ainsi, avec le temps, l'Afrique est appelée à devenir une expresse manifestation de la civilisation moderne. L'on ne peut nier que les efforts constants de l'Europe ne déversent en elle d'aussi grands bienfaits que ceux dont nous jouissons, et même de plus grands que les nôtres; car une loi connue veut que, dans la sphère du monde civilisé, les derniers arrivés soient les mieux partagés. C'est ce que nous ont démontré les races américaines, qui, écloses à l'ombre de la domination tyrannique, se sont, à l'heure marquée par le destin, élevées communément contre le pouvoir de ceux dont le contact les avait civilisés, et, joignant la précieuse liberté à une jeunesse de forces que n'ont plus les générations de la vieille Europe, ont pris en un clin d'œil le premier rang dans l'industrie et le commerce, sinon dans l'art ou les régions abstraites de la pensée.

En vue d'éviter des différends internationaux qui peuvent suivant les circonstances, atteindre une grande gravité, il convient encore que les nations célèbrent entre elles des conventions au sujet des immunités des navires postaux, dans le même sens que la convention signée, le 24 septembre 1856, entre l'Angleterre et la France; dans la convention que nous venons de mentionner, les prérogatives et les honneurs attribués aux vaisseaux de guerre ont été établis et réglés sous de certaines restrictions. — Par ce moyen, l'on pourra éviter toutes fâcheuses discordes, du genre de celle qui survint entre le gouvernement anglais et celui des Etats-Unis. — L'on se rappelle que celui-ci, au moment de la guerre civile, avait fait main basse sur la personne d'un agent diplomatique des Etats du Sud. Cela donna lieu à une correspondance très vive entre les deux gouvernements, dont le résultat fut la mise en liberté de l'agent qui avait été fait prisonnier.

Enfin, les gouvernements éclairés doivent s'occuper sans cesse de donner crédit à toutes les idées de réformes capables d'assurer ou d'aider le développement de l'art, de la science et de l'industrie, à toutes les idées conçues pour la multiplication et le progrès des communications et des relations de toutes sortes, telles que celles qui ont lieu par les voies des lignes ferrées, des lignes télégraphiques, des réseaux téléphoniques et des câbles sous-marins ; à toutes les idées, en un mot, qui visent à supprimer les distances et faire abstraction des frontières politiques. — Mais il va sans dire qu'avant tout chaque nation doit respecter les droits souverains des autres Etats, et s'abstenir de poursuivre, dans quelque ordre de choses que ce soit, une réforme préjudiciable à ces droits. — C'est suivant cette pensée que M. Crispi, président du conseil des ministres d'Italie, disait, au cours d'un banquet que lui offrirent, à Berlin, le 24 mai de cette année, les nombreux membres de la presse allemande : « Nous voulons la paix. Il est pourtant des guerres nécessaires pour l'unité et la liberté de la patrie. Toutes celles qui n'ont pas cet objet sont des crimes de lèse-humanité. »

L'éminent homme d'État est ici en contradiction ouverte avec lui-même; et, d'autre part, il néglige de considérer que l'attitude provocatrice, les alliances qui, en même temps que défensives, sont encore et surtout offensives, les actes qui, dans leur expression même, n'ont rien de blessant, mais cachent un défi moralement grave, sont autant d'éléments de discorde, d'où naissent et grandissent, avec plus ou moins de rapidité, les haines sourdes, commencements des guerres et des déchirements des peuples. Et ces éléments de discorde, préparés par l'astuce, fécondés par l'ambition, sont précisément des crimes de lèse-humanité. Y a-t-il rien qui s'oppose d'une manière plus formelle à l'idée d'unité nationale que certains agissements visiblement introduits dans la conduite diplomatique d'un Etat ou pour le détournement de liens patriotiques d'une province voisine, où pour le commencement de la division au sein d'un peuple tranquille? Et lorsque l'ambition, le désir de vengeance ou l'envie affolée font gronder au-dessus d'une puissance le vent irrésistible des guerres, ira-t-elle, pour assurer l'excuse à sa conduite prochaine, s'abriter derrière les idées apparemment incomprises pour elle de liberté et d'unité, tandis que ses moindres actes tendent à la jouissance d'un plus grand pouvoir, à la domination, à la division et aux atrocités sanglantes qui en sont le chemin?

Nous-mêmes, au cours de ces études que nous avons voulu entreprendre sur les principes internationaux, nous avons soutenu que la guerre est un droit des peuples, légitimé par le caractère impérieux des circonstances, toutes les fois que leur indépendance souveraine, fondement sacré de leur existence, est en cause. La guerre revêt, dans ce cas, un caractère défensif, elle est plus que juste, elle est de droit sacré, et son recours est irréprochable pourvu qu'elle ne franchisse pas les limites de la défense. Mais, nous le répétons, il est impossible d'admettre qu'il y ait des guerres nécessaires à l'unité et à la liberté de la patrie, lorsqu'on considère que, le plus souvent, ces guerres sont provoquées par des prétextes frivoles, qu'elles s'appuient sur des alliances plus offensives encore que défensives, et, finalement qu'elles sont le résultat d'une conduite opposée aux règles d'une diplomatie prudente, dont l'objet, seule

source de l'unité et de la liberté d'un pays, doit être
de resserrer les liens d'amitié et d'étendre les garanties de la paix.

Nous nous permettrons de modifier un peu les paroles de M. Crispi, et d'observer que le crime de lèse-
humanité n'est pas seulement constitué par le fait
même d'une guerre où sont étrangères les idées de
liberté et d'unité nationales, mais surtout par la préparation de la guerre, c'est-à-dire par l'attitude provocatrice d'un gouvernement, les allures insolentes
de sa presse, et tous les détails d'une conduite généralement hostile. L'acte ne vaut et ne peut être jugé
que par ses causes, suivant un principe auquel se
soumet aussi la justice pénale des sociétés internes,
qui ont à tenir compte essentiellement de la préparation des actes, et des provocations de quelque
forme qu'elles soient, qui les ont précédés.

Les provocations, voilà l'élément principal des discordes entre les nations; voilà le seul, à vrai dire, ou
au moins le premier élément qui constitue les crimes
de lèse-humanité. Car les gouvernements ne sont pas
seulement soumis au devoir restrictif d'éviter toute
déclaration de guerre dont le fondement serait d'une
importance douteuse ou dérisoire; il leur incombe
encore de veiller, par tous les moyens dont ils disposent, au maintien des relations amicales avec les
autres États. Cette haute obligation a été nettement
rappelée par le Président de la République Argen-

tine, au mois de mai de cette année, dans son message au Congrès : « Nous considérons, disait-il, la conservation de la paix comme le premier devoir d'un gouvernement. La paix est un bienfait inestimable, qui doit être la constante et suprême aspiration des peuples bien organisés, dont la civilisation a fécondé le progrès. — Moyennant cet appui, la liberté s'affermit davantage, et les évolutions démocratiques ou républicaines s'accomplissent dans de meilleures conditions. Quant à nous, nous aurons soin de conserver toujours la paix, et de maintenir les relations, actuellement excellentes, de notre pays avec les nations étrangères ; nous y parviendrons en mettant toute la franchise et toute la cordialité convenables dans nos rapports, fondés invariablement sur les sentiments de justice et d'estime réciproque. »

De telles paroles se passeront aisément de commentaires ; elles traduisent d'elles-mêmes, en termes élevés, les sentiments fraternels d'une politique internationale, digne et juste, vivement désireuse de consolider la paix générale. Tandis que la guerre est une source certaine de deuil et de ravages, la paix garantit infailliblement la grandeur et la prospérité des États. — Le digne président dont nous avons rappelé le Message n'oublie pas que la République Argentine doit sa prospérité à son sens droit et à son existence tranquille, et que ces qualités, si précieuses pour son progrès et son aisance, l'appelleront à constituer, dans quelques années peut-être, les Etats-Unis de l'Amérique du Sud. Son langage est quelque peu différent des déclarations du ministre italien ; et nous avons raison de craindre que, si chaque gouvernement donne crédit au système de son président, l'on voie bientôt, à l'heure où les rives de la Plata prospèrent, fécondées par le génie industrieux et la sagesse de leurs habitants, celles du Tibre mêler des ondes sanglantes aux blondes eaux de ce fleuve, et subir une affliction préparée par la volonté de ceux qui exerçaient sur elles un pouvoir imprudent.

Collèges d'arbitres.

Les Sociétés d'Arbitrage et de la Paix, auxquelles leur zèle immense et infatigable et leurs travaux hautement méritoires ont valu la considération et la gratitude générales, poursuivent, par tous les moyens dont elles disposent, le projet d'organisation d'un collège d'arbitres. — C'est là un projet excellent, et nous pouvons espérer que son crédit sera facile auprès des nations. — Il s'agirait d'abord d'élire un certain nombre de jurisconsultes de bonne volonté, qui tinssent à honneur de prêter leur concours à une œuvre essentiellement humanitaire et patriotique;. on n'aurait pas de peine à trouver des participants de cette sorte parmi les membres de l'Institut de Droit. Il conviendrait de leur joindre un nombre estimable de diplomates. Car le Collège d'Arbitres, ainsi constitué, garantirait à la fois la base ou le principe, et la forme ou la procédure des jugements arbitraux. — Les jurisconsultes y représenteraient la science pure du droit international, et détermineraient, dans tous les cas soumis à la décision du collège, une doctrine propre et véritable. De leur côté, les diplomates feraient intervenir les lumières de leur expérience pratique, et donneraient de sages conseils sur la meilleure procédure qui doive être adoptée. — Outre ces deux groupes, il y en aurait un troisième, formé d'experts, qui auraient la mission de taxer les dommages et toutes indemnités résultantes de la décision arbitrale. Effectivement, un souverain ou un tribunal mixte de haute justice se borne à l'établissement des principes de droit et des motifs de tous genres qui appellent la condamnation; mais il ne saurait s'occuper des détails de caractère particulier, tels que les sanctions pécuniaires, qui accompagnent généralement la sentence.

Pour prononcer sur une question, le Collège d'Arbitres s'instruirait et s'inspirerait des nombreux précédents que nous avons déjà mentionnés, tels que les livres diplomatiques, désignés par le nom d'une couleur qui varie suivant les Etats, et réunissant toutes les notes officielles échangées entre deux ou plusieurs gouvernements au sujet d'une même affaire; tels que l'esprit des lois positives, les résolutions des congrès et des conférences internationales,

les sentences arbitrales connues et les décisions des
tribunaux de prises ; tels aussi que les doctrines ad-
mises par la plupart des nations et consignées dans
leurs traités, ainsi que les principes établis par les
écrivains les plus autorisés en matière de jurisprudence internationale, et ceux, plus généraux, du
droit consuétudinaire. Comme nous avons dit en autre lieu, à défaut de toutes ces bases, on recourrait
aux incitations de la conscience et de l'équité, sans
pouvoir, sous aucun prétexte, se soustraire au prononcement de la sentence. Chaque fois qu'entre deux
ou plusieurs gouvernements en litige, la voie diplomatique n'aurait conduit à aucun arrangement, le
Collège d'arbitres se mettrait en campagne, prépare-
rait l'opinion publique au moyen de la presse, donne-
rait une parfaite exposition des fondements du litige,
et offrirait aux hautes parties l'aide de ses bons offices. Ce Collège offrirait son intervention par l'organe
des sociétés de Paris et d'arbitrage généralement
existantes au sein de toutes les nations.

Pour que son efficacité fût réelle et appréciable, il
conviendrait auparavant que toutes nos sociétés et
diverses ligues ou associations convinssent entre
elles de se donner à elles-mêmes une organisation
fédérative, d'où résulterait un considérable accrois-
sement de leur influence légale. Chacune conserve-
rait son indépendance pour tous les cas compris
dans la sphère de ses attributions propres, et délègue-

rait à un comité central l'exercice de certaines attributions pour les questions relatives aux intérêts généraux de la communauté des groupes: on assurerait
ainsi l'unité d'action, sans laquelle aucun projet ne
peut être convenablement réalisé. Au comité central
incomberait la mission de former le Collège d'arbitres. et de le constituer, par exemple, suivant la
forme que nous avons indiquée plus haut, et qui
nous paraît la meilleure.

Le Collège d'arbitres, à notre sens, doit être formé
avec des délégués en nombre égal de chaque nation.
Ce nombre pourrait être, par exemple, de quatre,
dont deux jurisconsultes, un diplomate et un com-
missaire-expert, sans caractère officiel, respectivement élus, les uns et les autres, à la majorité des
suffrages des sociétés d'arbitrage et de paix de leurs
pays. — Les dépenses indispensables occasionnées
par cette excellente institution seraient supportées, à
répartition égale, par les gouvernements de tous les
Etats participants, qui pourraient, d'ailleurs, par des
donations ou des subventions spontanées, donner
un plus vif essor à l'œuvre qui nous intéresse. Il n'est
pas nécessaire d'ajouter que toujours, à l'occasion
des jugements et connaissements arbitraux, chaque puissance aura à sa charge personnelle la partie
qui lui correspond des dépenses communes.

Outre le rôle arbitral, principale raison d'être de
son institution, le Collège d'arbitres remplirait quel-

ques autres rôles éminemment utiles au progrès des civilisations pacifiques et de l'union générale. Il hâterait et resserrait la fraternisation des peuples; il pourrait faire office d'un conseil juridique dans toutes les questions où les gouvernements solliciteraient une sage inspiration; il élaborerait aisément un code international, et préconiserait peut-être, avec d'appréciables garanties, la création d'un tribunal permanent d'arbitrage. — Quoi qu'il en soit, on trouverait dans ce corps éclairé une médiation toujours prête à aplanir les différends entre les Etats, et, à défaut d'une sentence arbitrale irrécusable, à exercer une influence morale dont les résultats ne sont point contestés.

Souvent, l'histoire nous le dit, il est arrivé que les nations ont, de plein gré, soumis l'examen de leur désaccord à quelque Faculté de droit renommée pour la valeur de ses membres, telle que la Faculté de Bologne, dont le rôle important survivra longtemps à l'oubli. C'est cette considération et plusieurs autres non moins fortes, qui nous font croire à la prompte réalisation de notre projet. — Aux Etats-Unis d'Amérique, il existe, dans un autre ordre social, une image de cette institution : ce sont des collèges arbitraux établis pour le règlement ou l'aplanissement des différends entre patrons et clients; leur œuvre a produit d'excellents résultats, en garantissant la paix, favorisant l'esprit de fraternisation, et évitant aux parties litigeantes les désagréments et les charges de la justice ordinaire.

Il n'est pas de notre ressort d'examiner la forme la mieux séante aux jugements arbitraux du genre qui nous occupe, ni la procédure à suivre dans de tels cas. Car, aussi bien la forme que la procédure, dépendent du compromis qui aura été célébré par les hautes Puissances contractantes. — La même réserve nous convient touchant la désignation d'une capitale ou d'une autre ville comme résidence permanente du conseil d'arbitres ; toutefois nous pouvons faire observer qu'il serait préférable de faire le choix de la résidence parmi les villes d'un Etat jouissant de la neutralité perpétuelle, comme la Belgique, la Suisse, ou le Luxembourg.

A vrai dire, il n'existe que deux formes de justice arbitrale, l'une mixte, l'autre simple. — Lorsque l'arbitrage est mixte, chaque partie élit un ou plusieurs juges, lesquels, à leur tour, désignent d'un commun accord le tiers ou sur-arbitre ; s'il advient qu'il n'y ait pas d'entente possible pour cette désignation, l'on a recours au tirage au sort, ou aux bons offices d'un Souverain de pays neutre, auquel on commet l'élection du tiers. — Lors des réclamations faites contre le gouvernement chilien, pour les dommages causés durant la guerre Péruviano-Bolivienne, un tribunal mixte fut constitué, chaque partie intéressée ayant élu un juge-arbitre ; et ces juges, d'un commun accord, choisiront l'empereur du Brésil pour sur-arbitre. L'empereur fit ce qu'ont accoutumé de faire, en semblable cas, les souverains : il confia ses hautes fonctions aux lumières et à l'attention d'un diplomate choisi parmi les sujets de son empire.

La seconde forme de justice arbitrale consiste dans le système personnel ou simple. Un seul juge est désigné pour prononcer la sentence : c'est généralement un Souverain, mais ce pourrait tout aussi bien être une personnalité particulière, pourvu qu'il n'y ait personne qui mette en doute le bon état de ses facultés mentales.

Ainsi, dans nos temps, M. Thornton a été élu au haut rôle de juge-arbitre entre les Etats-Unis et le Mexique; le baron Lederer, ministre plénipotentiaire de l'empire austro-hongrois à Washington, entre les Etats-Unis et l'Espagne; M. Bruce, entre les Etats-Unis et la République de Colombie.

Lorsque survient une question de limites, les gouvernements en désaccord désignent, de part et d'autre, des commissaires chargés d'examiner et de résoudre la question; et, s'ils ne parviennent pas à s'entendre, les mêmes gouvernements ont recours au jugement sans appel du Souverain d'une nation qui soit leur amie commune. C'est ainsi que dans l'actualité la République Argentine s'occupe de l'aplanissement des difficultés relatives à ses limites communes avec les territoires du Chili, du Brésil et de la Bolivie. — C'est de même que l'Angleterre et la Russie ont réglé leur différend au sujet des frontières de leurs possessions respectives dans l'Afghanistan.

L'arbitrage le plus célèbre est celui de l'Alabama, à cause des trois règles qui furent posées d'avance, et selon lesquelles les juges-arbitres eurent à prononcer la sentence; et à cause de la constitution de son tribunal, dans laquelle entraient, comme tierce autorité, les représentants des parties intéressées, pour décider de tous les points qui resteraient en suspens aux suffrages des nations neutres élues, c'étaient l'Italie, l'empire du Brésil et la Confédération Helvétique.

En adhérant à la création d'un collège d'arbitres, les gouvernements s'allégeraient d'une grande charge, n'ayant à se préoccuper ni du jugement arbitral, ni des questions politiques avec lesquelles peut se trouver emmêlée la question. Ils jouiraient de toute la garantie que donne une sûre impartialité, le collège arbitral n'étant pas une institution officielle, mais purement officieuse, ayant mission de juger et de prononcer conformément aux principes les plus équitables.

Le collège d'arbitres se servirait bientôt de son crédit, assuré par l'influence d'une bonne règle de conduite, pour déterminer les divers gouvernements à célébrer entre eux des traités permanents d'arbitrage, analogues à celui qui existe entre les Etats-Unis d'Amérique et la République fédérative du Mexique. Par ce traité, dit de Guadeloupe-Hidalgo, du 2 février 1848, les parties contractantes déclarent (art. 21) que, toutes les fois que surgira un différend relatif à l'interprétation même du traité ou aux rapports politiques et commerciaux, elles feront tout ce qui sera en leur pouvoir pour aplanir pacifiquement la mésintelligence, par voie diplomatique. Aux termes du même article, si les négociations échouent, les parties éviteront de recourir aux représailles ou à tous autres actes offensifs; elles rechercheront l'arbitrage de quelque commission mixte ou d'une nation amie.

De l'enseignement du droit International dans les lycées et écoles.

Il n'est pas douteux que l'étude des éléments du droit international doit avoir une part estimable dans l'éducation des intelligences des citoyens;—attendu qu'il est nécessaire aux peuples de connaître la loi internationale, comme aux membres des sociétés internes d'être initiés à la Constitution de leurs pays, — Sans cette connaissance, tant les nations que les citoyens échappent moralement aux obligations, et à la possession des droits qui doivent constituer leur règle de conduite au sein de la vie sociale.

La législation de tous les Etats proclame comme principe que personne ne doit ignorer la loi, afin qu'on ne puisse invoquer cette ignorance pour la violation d'aucun droit ni l'infraction aux lois du pays ; mais si personne ne peut ignorer la loi, personne non plus n'est tenu de connaître l'interprétation convenable et l'application de ses principes : cette mission est confiée à une classe spéciale, celle des avocats, auxquels les citoyens recourent pour la résolution de leurs affaires, même intimes, toutes les fois qu'elles sont dûment déférées à l'action de la justice. — D'une manière analogue, il conviendrait que, dans les questions diplomatiques sujettes aux principes du droit international, lequel ne jouit pas encore d'une forme de loi positive, les sujets ou citoyens d'un État aidassent le gouvernement de leurs lumières, fissent connaître leurs opinions, et prêtassent leur concours dans la sphère des capacités qu'ils ont acquises en approfondissant les éléments du droit international. — Leur concours constitue, en quelque sorte, une haute obligation morale ; attendu qu'entre nations, à défaut de tout tribunal, de tout juge d'appel fixement institué, la diplomatie est la seule voie qui s'offre ; et que si cette voie, par défaut de bon conseil ou par refus d'une des parties, est abandonnée, la guerre seule se présente, fantôme horrible, qui répand l'incendie et la ruine, qui verse à flots le sang et les larmes.

Pour parvenir à la vulgarisation de l'étude de la jurisprudence internationale dans les gymnases, lycées ou collèges, il importe de rédiger un traité très élémentaire, contenant tous ses principes, et faisant entrevoir la discussion succincte de ses points les plus remarquables. — Il est inutile d'incorporer le programme de cette science nouvelle dans les attributions exclusives des facultés de droit; car, pour l'enseigner, il suffit d'être apte à un cours rudimentaire de philosophie générale.

Dans le traité élémentaire dont nous parlions tout à l'heure, on introduirait des notions sur les interventions célèbres de l'arbitrage jusqu'à notre époque, et un aperçu sommaire de l'ensemble des décisions arbitrales prononcées entre les peuples.

L'étude de la jurisprudence internationale deviendrait, dans les Universités, l'objet d'un cours très important, et serait faite à un aussi haut degré que les autres études universitaires dont les rudiments appartiennent à l'enseignement des écoles inférieures.

L'on conçoit qu'il serait très utile de faire pénétrer jusque dans les salles d'enseignement primaire l'idée de l'utilité et de la nécessité de l'arbitrage; qu'il conviendrait de consigner, dans le catéchisme d'instruction civique à leur usage, l'idée des services précieux que peut rendre ce système, aux nations qui sont en désaccord.

C'est dès les premiers ans qu'il faut diriger les acultés de l'homme, à l'âge où son cœur et son esprit veulent, pensent et sentent ce qu'il plaît à un maître habile de leur faire vouloir, penser et sentir.

C'est à ce moment que, loin d'inspirer aux âmes neuves la malveillance dédaigneuse ou envieuse pour l'étranger plus faible ou plus puissant, loin de leur suggérer, sous le couvert d'un patriotisme dont les élans exagérés sont comme des crimes de lèse-progrès, la haine d'un pays étranger dont la seule faute est d'avoir été victorieux dans une guerre où il n'était pas le seul responsable, — c'est à ce moment, disons-nous, que, loin d'abuser d'une influence précieuse, les éducateurs doivent faire comprendre aux enfants que les chemins de fer, les télégraphes, les téléphones, et mille autres inventions, multipliant les rapports des peuples, ont, pour ainsi parler, supprimé les frontières ; que, les distinctions réelles et les scissions presque palpables des nationalités s'évanouissant chaque jour, nous devons nous familiariser avec le progrès moral de notre époque, considérer les étrangers de toutes races et de tous climats comme nos frères selon la nature ; et que, lorsqu'entre deux groupes de la vaste famille humaine, une divergence s'est produite, on doit chercher à la détruire par des moyens pacifiques, comme il convient au degré de civilisation et de fraternisation où nous sommes : ces moyens sont la médiation et surtout, nous voudrions dire uniquement, l'arbitrage.

C'est en élevant la jeunesse dans un constant esprit de concorde et de conciliation que l'on parviendra au précieux résultat d'une paix générale, garantie par l'adoption définitive de l'arbitrage. Mais, pour conquérir ainsi les jeunes générations à ces doctrines excellentes et toutes neuves, il importe de convertir auparavant, par de clairs exposés et une saine persuasion, les éducateurs eux-mêmes. De la sorte, maîtres et disciples proclameront, partout où ils seront, les théories d'ordre, de paix et d'arbitrage, les incarneront, pour ainsi parler, parmi les peuples et en feront une règle de conduite d'un caractère universel. — La meilleure voie pour obtenir ce résultat est, disions-nous tout à l'heure, la ténacité dans la persuasion; cette proposition s'entend et s'explique aisément d'elle-même sans commentaires: contentons-nous de rappeler que, par la constance dans la lutte contre l'opinion de tous ses compatriotes, l'antique homme d'État, Caton, obtint que le peuple romain rompît avec l'idée de paix qui lui était à ce moment si chère et entrât en lutte avec les armées de Carthage.

Il est un certain nombre de réformes dont la réalisation et la jouissance doivent être provoquées à l'ombre des temps pacifiques. Ainsi, pour offrir une plus grande commodité aux voyageurs sur les lignes ferrées internationales, les compagnies de tous les États devraient s'accorder pour déterminer une largeur et une forme unique de rails, afin que les voyageurs n'éprouvent pas l'ennui d'interrompre à certaines frontières un sommeil déjà pénible, au milieu de la nuit et, parfois, sous les rigueurs de l'hiver, de s'installer avec leurs bagages manuels dans les voitures d'un nouveau train. — Si une guerre survenait, l'unité de largeur des rails ne nuirait point à la sûreté des frontières, car, pour garantir celles-ci, on n'aurait qu'un travail de difficulté minime à accomplir : dégaîner et enlever une portion de la ligne ferrée.

Une autre réforme, non moins urgente et tout aussi avantageuse, serait la création d'un tribunal mixte, pour juger les cas, accidents ou collisions de la haute mer, c'est-à-dire pour s'étendre à toutes les questions maritimes qui échappent à la juridiction respective déjà établie de chaque État sur les eaux qui baignent ses côtes jusqu'à une distance, une limite idéale déterminée par un rayon de trois milles. — L'existence de ce tribunal aurait une autre utilité : on déférerait à ses jugements les questions survenues dans les limites de trois milles, mais au sujet desquelles on hésiterait entre les juridictions de deux États ou même de plusieurs.

Nous avons eu soin de soumettre à l'avis du dernier Congrès de sauvetage réuni à Paris, un projet touchant cette institution pressante : malheureusement, la durée de sa session était bien inférieure à l'importance de son programme, de sorte qu'il a dû réserver l'examen de notre projet pour le prochain Congrès, qui siégera en 1890 à Toulon. — Nous cher-

cherons aussi à faire entendre un vœu dans le même sens, au sein du Congrès international de la Paix, qui doit, sous peu de jours, se réunir dans cette capitale. De la sorte, nous aimons à croire que notre projet se trouvera recommandé, sous d'excellents auspices, à l'attention du Congrès de Washington, qui se réunira au mois d'octobre de cette année; sachant que, dans ce Congrès, l'on traitera principalement de la vulgarisation et de la reconnaissance définitive de l'arbitrage, du commerce, de la navigation, et d'un système monétaire nouveau et unique, nous sommes en droit d'espérer que l'on n'y négligera pas la proposition d'organiser un tribunal mixte, pour juger en dernière instance les cas de collisions et de naufrages, qui se lient si intimement avec les intérêts commerciaux des peuples, — et qui, d'autre part, doivent être prévus par les mêmes principes d'équité et de philanthropie dont résulte la propagation du système arbitral.

Outre ses avantages sur lesquels nous venons de porter notre attention, la création des tribunaux mixtes offrirait celui de supprimer les actions irrégulières et abusives des tribunaux de prises, qui jugent, en temps de guerre, les sujets des captures dont les citoyens de leurs pays respectifs ont été les auteurs. Il n'est, effectivement, ni juste ni raisonnable que ces tribunaux se convertissent à la fois en juges et parties, et qu'ils se fondent sur une juris-

prudence dont l'unique thème est une mauvaise association des lois applicables au cas, avec les principes du droit international. De là naissent des réclamations diplomatiques pleinement motivées ; car,
s'il est vrai que, dans de tels cas, la loi interne
acquiert, pour ainsi parler, le pouvoir efficient des
lois internationales, et peut, à ce titre, s'appliquer au
différend, — le droit des gens ne perd néanmoins,
pour cela, rien de son prestige, et doit être pris en
considération pour ce qui se rapporte à une capture
vérifiée soit dans des eaux neutrales et en deçà de la
limite de trois milles, soit dans un port neutre, ou à
une capture dont l'objet serait un navire de cor-
saires qui se serait munitionné et armé dans les limites dont nous parlions, — ainsi qu'à d'autres captures de genres divers, qu'il est inutile de mentionner
distinctement.

Cette réforme fait aussi vivement sentir son urgence, que le faisait en 1856 la loi maritime, établie,
comme on sait, par le Congrès qui se réunit à Paris
la même année ; on y détermina, avec la plus grande
précision qui fût possible, la règle de conduite à
observer dans l'éventualité d'une guerre ; on y éla-
bora et sanctionna les formules d'un droit clair et
efficace destiné à éviter les complications diplomatiques auxquelles, précédemment, donnait lieu l'absence de toute réglementation. — La réglementation
maritime, dont les bases furent posées, comme nous

venons de dire, en 1856, fut revue et réformée en 1884, dans le but philanthropique de mieux prévoir et d'éviter par tous les moyens les cas de collisions et de naufrages. — C'est pourquoi, considérant tous les efforts qu'on a faits dans notre siècle pour la sécurité et la simplification des relations maritimes, nous insistons avec confiance sur la création d'un tribunal mixte, qui juge en dernier ressort les accidents survenus sur la haute mer, et puisse également, en matière de prises, se substituer aux tribunaux locaux des diverses nations.

Nous proposerions aussi, en vue de sauvegarder les prérogatives souveraines de chaque État, de soumettre à l'arbitrage *ad hoc*, plutôt qu'à un tribunal mixte, le jugement des collisions ou naufrages dont les objets auraient été deux navires de guerre, ou un navire de guerre et un navire de marine marchande. — De la sorte, le privilège d'extraterritorialité dont jouissent les vaisseaux de guerre ne pourrait jamais nuire par ses conséquences aux intérêts de la justice ordinaire.

Nous rappellerons à ce propos que, en 1887, se présenta dans les eaux sortantes du Tage un cas de ce genre. Un navire de guerre du Royaume-Uni, qui était ancré dans le port, avait, pendant une tourmente, brisé ses liens et était venu heurter un navire marchand français, la *Ville-de-Paris*, qu'il avait abîmé. Ce désastre donna lieu à une question diplo-

matique, qu'on parla de résoudre par voie d'arbitrage. Ce n'est que récemment que le gouvernement
anglais fit remettre au propriétaire de la *Ville-de-
Paris* l'indemnité convenable aux dommages et intérêts qu'il avait fait valoir.

Quoique l'affaire eût eu lieu en deçà des limites
de la juridiction maritime du Portugal, les tribunaux
de ce royaume ne pouvaient aucunement la juger,
grâce aux privilèges extraterritoriaux des navires de
guerre. — Quant à l'Angleterre, elle affirmait et sou-
tenait la compétence de ses propres tribunaux: mais
cette prétention fut très justement écartée. Elle n'eut
rien, d'ailleurs, qui étonnât l'opinion publique; car
on sait que l'Angleterre s'est toujours considérée
compétente pour juger les cas de dommages causés
à des vaisseaux et à des sujets de l'Angleterre, sans
acception de la nationalité de l'autre ou des autres
parties compromises; et que le tribunal de l'Ami-
rauté ne subordonne jamais son incompétence ni à
la nationalité des navires, ni à celle de leurs propriétaires, ni à la juridiction dont dépendent les eaux qui
ont été le théâtre de la collision. — L'Angleterre est
toujours prête à prononcer sur les affaires où entre,
sous quelque forme que ce soit, le nom anglais, et
elle agit ainsi en vertu du principe connu sous la
dénomination de *Communis juris*.

De ces prétentions, et de mille autres présomp-
tions d'autorité que l'on reconnaît aisément dans les

traditions des États, naissent, à certains moments de leur existence, des difficultés qui troublent leurs relations pacifiques, et peuvent compromettre leur sécurité. C'est pourquoi, en vue d'obvier à ces difficultés, nous croyons utile de formuler les propositions suivantes:

Art. 1er. — Qu'un tribunal mixte, jugeant en dernière instance, soit créé, et formé de juges élus en nombre égal par les parties litigeantes; il jugerait les collisions et naufrages survenus sur la haute mer.

Remarque 1. — Dans un cas quelconque de ballottage ou d'arrêt, les parties s'accorderaient pour élire un tiers, dont la sentence serait définitive et sans appel.

Remarque 2. — S'il arrivait qu'on ne pût pas s'entendre par votes sur cette élection, on la confierait au choix du sort.

Art. 2. — Que le même tribunal mixte, appelé à juger les cas de collisions, soit également institué pour juger en dernière instance les captures ou prises de guerre, ainsi que l'odieux trafic d'esclaves, qui est à juste titre considéré comme contrebande en tous temps, de paix ou de guerre; pour organiser ce tribunal dans les respectives circonstances où son action se sera rendue nécessaire, on suivra le procédé spécifié dans l'article 1er ci-dessus et dans ses corollaires.

Art. 3. — Que, dans le cas où les collisions aient ou lieu, soit sur la haute mer, soit dans les limites de la juridiction fluviale d'un État, entre navires de guerre de pavillons différents, ou entre un navire de guerre et un vaisseau marchand, la question qui en résulte soit soumise à l'arbitrage « ad hoc » d'une nation amie, ou d'un tribunal mixte spécial, à moins que les parties intéressées ne préfèrent s'en rapporter aux tribunaux régulièrement organisés déjà par la loi de leur Gouvernement.

Art. 4. — Que, en cas de doute ou de divergence sur la juridiction maritime d'un État dans les matières de collisions et de naufrages, et uniquement dans les questions où les navires intéressés appartiennent à des marines marchandes, — exception prise de ce qui est dit dans l'art. 3, — la juridiction revienne de droit au tribunal mixte, en conformité avec l'article 1.

Art. 5. — Que, quand le cas de collision ou de naufrage est survenu et a été vérifié sur la haute mer, entre navires de la même nationalité, qui ne sont soumis à aucune ingérence des nations étrangères, le jugement soit confié aux tribunaux de la nation dont ces navires portent le pavillon.

Dans ce projet, nous avons cherché autant qu'il était possible à ne tenir compte que de la juridiction et des droits existants et déjà reconnus. C'est dans ce sens, et comme base résumée d'une organisation

plus complète, que nous avons rédigé les cinq articles précédents. Leur développement et leur confirmation reviennent aux soins d'un congrès où devront
être représentées toutes les puissances intéressées.
— Au congrès de Washington, auquel, comme on
sait, participeront seulement les républiques du Sud,
du Centre, et du Nord de l'Amérique, on pourra déterminer un accord préalable, et, d'un commun désir, inviter les autres puissances, d'Europe et des
autres continents, à convenir d'une base universellement agréée pour l'institution d'un tribunal mixte.
A franc parler nous ne croyons pas que cette réforme
préconisée par nous, puisse, en aussi peu de temps
et sous des auspices encore incomplets, atteindre les
proportions d'une mesure générale, quelque juste et
équitable qu'elle soit d'ailleurs, et malgré la qualité
incontestable qu'elle a, d'être un désidératum de
toute l'humanité politique. — Du moins, il nous est
permis d'y voir, et nous aimons à nous persuader que
tous ceux qui auront étudié ce projet se joindront à
nous dans la même vue, — il nous est permis, disons-nous, d'y voir un commencement, une initiative heureuse, qui prépare, avec l'efficacité désirable, la réalisation de la réforme elle-même.

Tandis que nous écrivons ces pages d'introduction, l'Europe assiste à un différend diplomatique
qu'on croirait, apparemment, grave, mais qui ne
nous paraît d'aucune façon justifier l'importance

Affaire Wohlge-
muth.

qu'on s'efforce de lui attribuer. C'est l'affaire Wohlgemuth, dont on peut dire seulement qu'elle est des plus sérieuses, si l'on inclut dans son extension la considération des doctrines funestes par lesquelles le Gouvernement allemand tend à dénaturer, suivant la voie diplomatique, le sens et les bases de la neutralité.

L'affaire que nous venons de nommer se passe entre l'Empire d'Allemagne et la Confédération Helvétique. On sait qu'entre ces deux puissances il existe un traité, d'après lequel les deux parties contractantes accordent avec réciprocité le droit d'asile sur leurs territoires respectifs, sous la condition expresse et « sine quâ non » que, d'une part les citoyens allemands venant s'établir en Suisse, et d'autre part les Suisses venant s'établir en Allemagne devront être pourvus, pour jouir de la permanence qu'ils recherchent, d'un certificat d'origine, et d'un document témoignant de leurs bonnes vie et mœurs. — Aussi, en vertu même de l'existence de ce traité dont nous rappelons la substance, l'Allemagne ne pouvait légitimement prétendre à l'exercice d'aucun des droits souverains qui constituent le privilège des états indépendants, ni confier à Wohlgemuth, l'homme accusé et condamné pour espion, aucune mission spéciale de surveillance ou de quelque autre nature que ce fût sur le territoire Helvétique.

Les nations qui signent entre elles des traités relatifs au principe de l'asile et aux droits qui en émanent pour les réfugiés, impliquent toujours expressément dans leurs engagements la condition que ceux-ci observent une conduite irréprochable et n'outrepassent jamais les droits et prérogatives qu'accordent généralement aux étrangers les lois internes respectives des pays où ils ont élu résidence. — Personne n'ignore, d'ailleurs, que le droit d'asile n'est même pas toujours à l'abri de l'extradition, tant la conduite civile et morale, aussi bien antécédente qu'actuelle, influe sur la sécurité et la situation pénale du réfugié. — En effet, s'il est vrai qu'aucun pays n'est obligé de livrer les réfugiés politiques au gouvernement dont la justice les réclame, cette liberté cesse et l'extradition devient un devoir pour l'État qui donne asile, du jour où il est instruit que le délit politique est compliqué d'un assassinat ou d'un autre crime communément prévu par les Codes pénaux.

Et s'il est certain, comme on l'a rapporté et vraisemblablement établi, que ce Wohlgemuth était un espion, non seulement nous devons approuver la conduite des autorités du canton d'Argovie, mais encore nous aimons à faire observer qu'en temps de guerre cet individu, après une information sommaire comme celle qu'on lui a d'ailleurs fait subir, aurait été infailliblement condamné à la peine capitale. — C'est pourquoi nous ne saurions comprendre l'accusation, portée par tant d'Allemands contre le gouvernement helvétique, d'avoir violé sa neutralité. La Suisse, en se conduisant comme elle l'a fait, s'est bornée à user d'un droit parfait implicitement compris dans ses hautes prérogatives de souveraineté et d'indépendance. Sa neutralisation ne peut ni l'en priver, ni les restreindre. Elle lui impose seulement l'obligation de se limiter à la défense de son propre territoire, et l'inaction ou abstention absolue relativement aux actes dont la nature ou les conséquences seraient susceptibles de mettre en jeu les garanties de sa neutralité. — Il en résulte que la Suisse, dans sa conduite irréprochable, n'a rien à craindre de l'Allemagne. On ne peut que l'approuver et la féliciter d'avoir soutenu, avec tout l'honneur et toute la dignité convenable, ses droits parfaits d'indépendance. Le droit d'asile est au nombre de ceux-là, il s'est toujours exercé sans rencontrer aucun obstacle.

Quand on porte son attention sur l'origine et la nature de tels différends, on ne peut s'empêcher de reconnaître que nous avions raison, dans notre étude sur la neutralisation de réclamer, en faveur de la Belgique, de la Suisse, du Luxembourg, de la Savoie, l'établissement d'une sanction de la part des Puissances qui avaient neutralisé ces États. — Cette sanction, que nous faisions consister dans l'affectation simultanée et respective de contingents de troupes à la défense des territoires neutralisés, est désormais

plus urgente et plus impérieuse, eu égard aux principes funestes proclamés par l'Allemagne.

D'un autre côté, des considérations que nous venons d'émettre résulte clairement aussi pour le gouvernement de la Confédération helvétique l'obligation de dicter de nouvelles dispositions légales contre
toute société ou tout individu qui conspirerait la
perte ou le dommage de quelque gouvernement que
ce soit, attendu que de semblables menées compro-
mettraient infailliblement sa neutralité. — La Suisse
doit d'autant plus activement s'appliquer à remplir
cette obligation, qu'elle subit, comme tous autres
États, le besoin de s'harmoniser avec les lois internationales, dont un principe fondamental est que
tous les Codes des Sociétés internes doivent se modifier, se réformer, s'il le faut, jusqu'à ce qu'ils soient
en conformité avec les lois générales et communes
des peuples.

L'incident Wohlgemuth a eu son bon côté : il a
clairement démontré qu'à notre époque, où les relations diplomatiques entre les nations sont devenues
si nombreuses et si complexes, l'organisation fédérale
est pleine d'inconvénients, et impuissante à garantir
au pouvoir central les moyens d'action dont il faut
qu'il dispose. — On ne peut réellement point concevoir en vertu de quel principe un canton, ou un
membre d'une confédération assume le soin de faire
observer, appliquer et interpréter une loi générale,

une loi qui résulte d'un traité d'asile entre le Pouvoir central de la Confédération et un gouvernement étranger; on ne peut excuser la manière d'agir du canton d'Argovie, qui, spontanément, incarcéra et expulsa le sujet allemand Wohlgemuth, tandis que cette action judiciaire paraît être du ressort du Conseil fédéral. L'application d'une loi dont les effets légaux sont d'un caractère externe ne peut jamais être laissée à des pouvoirs tels que les pouvoirs respectifs des cantons suisses; car, outre que ceux-ci vivent en dehors de toutes relations diplomatiques avec l'étranger, leur caractère même de pouvoirs privés les tient à l'abri de toute responsabilité vis-à-vis des autres États. Dans un cas de divergence, le pouvoir central serait le seul en lutte, tandis que ceux des cantons seraient en quelque sorte considérés comme mineurs : à l'instar de ce qui se passe dans la société civile, où les pères ou les tuteurs sont seuls responsables de la conduite de leurs fils ou pupilles mineurs, et puisent dans cette responsabilité même un droit sacré d'ingérence et de contrôle vis-à-vis des personnes dont la minorité leur est confiée. Nous nous livrions à ces justes pensées, lorsque nous venons d'apprendre que le Conseil fédéral, répondant au besoin impérieux de placer toutes les questions nées des traités internationaux sous un contrôle unique, a créé une préfecture fédérale de police, destinée à surveiller toutes les affaires d'un intérêt général pour la Confédération helvétique. — Ajoutons que la Suisse, dont la neutralité a été proclamée en 1815, se trouve subissant vis-à-vis des grandes puissances une réciprocité de liens sûre et favorable depuis la Conférence de Londres (1871), qui résolut qu'aucun État lié par des compromis internationaux ne pouvait s'en exempter qu'avec le consentement préalable et unanime des puissances cosignataires ; c'est pourquoi, si d'une part la Suisse est comme juge souverain de ses actes en matière d'asiles, elle doit, d'autre part, veiller strictement à ce que son territoire ne soit jamais un foyer de conspiration ni ne serve jamais d'abri à aucun conjurateur systématique.

Conférence de Berne. La Conférence internationale qui doit se réunir à Berne au mois de septembre prochain, pour traiter de la protection qui doit être octroyée à la classe ouvrière des fabriques, est due à l'initiative du gouvernement helvétique. L'on ne peut douter qu'elle contribuera puissamment à la conservation de la paix, en procréant une législation internationale, dont les effets seront de régulariser la concurrence d'État à État, d'élaborer des traités de commerce pour la réduction des impôts ou droits d'entrée des marchandises, et de rétablir une certaine égalité entre les producteurs des deux côtés des frontières. Il est très important que l'on détermine, dans cette Conférence, des règles internationales touchant le maximum des heures de travail des ouvriers, et leur bien-être général : car de là dépendent beaucoup, quoique indirectement, les intérêts de la paix sociale et de l'harmonie internationale, qui ont pour fondement la solidarité entre les peuples; or, les peuples ne sont mutuellement solidaires qu'autant qu'ils s'unissent avec intimité dans les vues communes.

Le pouvoir exécutif par ses actes, et le pouvoir législatif par ses dispositions, doivent s'ingérer directement dans les conditions d'existence de toutes les classes sociales, surtout de la classe ouvrière; ils doivent veiller à éviter ou amoindrir les dangers liés à leurs métiers divers; et, s'il ne leur appartient pas de déterminer un minimum de salaire, du moins ils ont la faculté de limiter le temps du travail journalier, et de prohiber totalement ou en partie le travail du dimanche ou des jours fériés, au nom de la moralité et de l'hygiène.

Beaucoup d'économistes et de philosophes sont d'opinion que l'on doit laisser aux sociétés une liberté absolue en ce qui concerne le travail de l'ouvrier. Notre avis est tout contraire. En effet, si dans toutes les sociétés l'on veille sans cesse avec zèle et souvent avec sacrifice sur les jours de chacun, dévouant maintes fois sa propre vie pour la conservation d'une autre, et si l'on se tient toujours prêt, avec calme et modestie, à lutter sublimement contre le péril du prochain, si, au sein de tous les États modernes, il existe des associations philanthropiques et humanitaires, des œuvres de sauvetage, de secours immédiats, d'assistance publique, destinées au salut des noyés, des blessés, des asphyxiés et des indigents, ne doit-on pas, au sein des mêmes États, se préoccuper plus encore de lutter contre les funestes résultats de la fatigue qu'engendre un travail constant : fatigue d'où naît l'annihilation progressive des forces physiques, et qui rend l'homme prématurément inepte à tout service, si la mort ne tranche pas avant l'heure ses jours malheureux, ensemble avec les derniers espoirs de sa famille infortunée. Et ne voit-on pas que si l'on abandonne le sort des ouvrières enceintes, des garçons et des filles encore jeunes, à l'autorité exclusive des patrons, l'on se heurte presque partout à la cupidité, au caractère insatiable de ces hommes qui mettent leurs lucres honteux au prix de la vie de leurs semblables, et qui démentent incontinent la confiance que le Gouvernement pouvait avoir dans leur philanthropie ?

Nous croyons, quant à nous, que dans chaque État, les citoyens les plus favorisés de la fortune devraient se réunir pour veiller aux besoins pressants des arrondissements ou des quartiers, dont chacun serait confié à la sollicitude d'une commission permanente. Les commissions auraient le soin de déterminer annuellement le chiffre d'une souscription ou donation communément supportée, au moyen de laquelle il serait aisé de subvenir aux premières nécessités de l'ouvrier infirme, de soutenir sa famille, dans le cas où des motifs convenables lui interdiraient le travail, d'aider dans de justes limites l'ouvrier sans travail, et de l'occuper à quelque œuvre — ne fût-ce que pour satisfaire les hauts intérêts de la morale et de l'hygiène.

L'on ne doit pas se dissimuler que les Gouvernements, quelque sagacité que le temps et l'habileté de leurs organes leur aient donné dans la direction des peuples, ne peuvent souvent pas prendre en considération certains intérêts, extérieurs aux grandes lignes de leurs plans, mais dont la réalisation atteint des effets aussi considérables qu'ils étaient inaperçus. Il faut qu'en bien des choses les ressources des citoyens secondent les trésors de l'État; et certainement la protection de l'ouvrier honnête et laborieux apparaît comme un des meilleurs objets de cette coopération.

D'un autre côté, la question qui nous occupe est essentiellement une question de politique internationale; car les intérêts vitaux des peuples ne s'arrêtent pas absolument à leurs frontières. Entre toutes les nations, il y a, sans interruption, un commerce d'idées, un échange d'aspirations dont profitent leurs relations de nature commerciale, et dont aucun État ne saurait s'abstenir, quelle que soit l'ardeur de son patriotisme. Nous en rencontrons la preuve dans la jalousie qui naît généralement au cœur des ouvriers d'une nation dont les lois ont fait peu de chose pour eux : ils tournent vers tel ou tel peuple voisin leurs regards envieux; et il n'est pas rare que leurs sentiments patriotiques fléchissent alors devant leur soif de bien-être.

C'est pourquoi, tant pour éviter des écartements moraux de ce genre que pour continuer le grand œuvre de bienfaisance envers les classes laborieuses, les États soucieux du progrès universel doivent accueillir avec enthousiasme la prochaine Conférence de Berne, où tous les Gouvernements ont été invités à se faire représenter. Des délibérations qui auront lieu au sein de cette importante Assemblée, résultera très probablement une loi précieuse d'ordre international.

Le programme des Conférences législatives de Berne sur le travail ouvrier se réduit aux points principaux suivants :

1° Défense de travailler le dimanche;

2° Fixation d'une limite minimum d'âge pour l'admission des jeunes garçons et filles dans les fabriques;

3° Détermination d'un maximum de durée de la journée de travail pour les jeunes ouvriers des deux sexes;

4° Défense d'employer les ouvriers jeunes ou les

femmes à des exploitations particulières qui seraient manifestement nuisibles à leur santé ou dangereuses;

5° Restriction ou interdiction du travail de nuit, pour les jeunes ouvriers et les femmes;

6° Moyens à employer pour assurer l'exécution des mesures qui auront été votées.

Nous ne pouvons actuellement concevoir qu'aucune difficulté s'oppose au plan d'amélioration que nous avons exposé. D'autant, que tous les points précédents sont déjà depuis longtemps l'objet de nombreuses lois consignées dans les législations particulières des États. — Aussi, les Conférences internationales qui pourront se réunir à ce sujet n'auront-elles pour mission que d'harmoniser entre elles les diverses législations en ce qui concerne le travail ouvrier, et de formuler une loi générale qui reçoive l'adhésion de tous les peuples.

M. Droz, l'éminent membre du Conseil fédéral suisse, est d'opinion que, si les conditions de la lutte industrielle se trouvaient partout égalisées, les dépens qu'elle engendre ne grèveraient plus en majeure partie l'ouvrier, sous la forme d'un travail excessif ou sous la forme d'une diminution de salaire. — L'expérience pratique sera la seule épreuve de l'assertion que nous laissons ici consignée; mais dès à présent nous pouvons souhaiter, avec confiance et discernement, que la destruction de ces funestes résultats de la lutte industrielle soit l'effet immédiat d'une disposition hautement avantageuse pour la condition de l'ouvrier.

L'on ne peut douter que la protection douanière existante au sein de chaque nation a été insuffisante, impuissante même à atténuer les effets de la concurrence, ainsi qu'à améliorer et régulariser pour certains points la situation de la classe ouvrière, et qu'il est, en conséquence, très avantageux de tourner les regards vers une réglementation internationale, dont l'essence nous garantit infailliblement des effets plus appréciables.

Nous ne nous attarderons pas à parler de la législation intime du travail de l'ouvrier ; car cette question, outre qu'elle est longue et dénuée d'intérêt, n'est pas liée spécialement avec la Conférence de Berne dont nous nous sommes entretenu tout à l'heure.

Néanmoins, nous nous en voudrions de transiger de la même manière avec la grave et intéressante question des accidents, quoiqu'on ne lui ait point défini de place dans le programme de cette Conférence.

Il appartient naturellement aux législations respectives des États, de veiller sur les accidents auxquels sont toujours exposés, dans les fabriques et autres grands établissements industriels, les ouvriers, et surtout les femmes et les enfants. Les accidents sont de deux sortes, selon qu'ils sont de force majeure,

cas où les patrons ne sont aucunement responsables,
— ou qu'ils résultent de quelque négligence ou imperfection dans les installations mécaniques; en ce
dernier cas, de l'avis unanime de tous les jurisconsultes, le patron assume inévitablement la responsabilité de l'accident. — Toutefois, il convient d'examiner attentivement la part qu'a eue dans l'événement l'imprudence de l'ouvrier ou des ouvriers
victimes; cet élément peut atténuer ou même supprimer la responsabilité du patron, malgré le rigorisme
des lois allemandes et des lois autrichiennes, qui
font toujours, en principe, retomber sur lui ou sur le
syndicat patronal la culpabilité de l'événement.

Au moment où nous écrivons ces lignes, le Sénat
français s'occupe des dommages dont les ouvriers
peuvent être victimes. Nous ne pouvons pas rapporter
ici avec exactitude le texte de la loi actuellement
discutée par cette haute Chambre, car le projet en
discussion a été renvoyé à un nouvel examen de la
Commission qui l'avait élaboré.

La question des accidents, que nous traitons,
comporte encore un point très sérieux, celui des cas
de preuves, relatif à la collation des responsabilités
respectives du patron et de l'ouvrier, dont il peut
résulter que le patron soit complètement exempté de
l'action judiciaire.— Le plus juste, selon nous, serait
que la production des preuves fût toujours une
charge du patron; attendu qu'il a intérêt, lui, à

échapper à certaines indemnisations, tandis que l'ouvrier, moins puissant et moins fortuné, serait, dans tout autre cas, le patient involontaire d'une lutte disparate.

C'est ici le lieu de reconnaître et d'admirer l'initiative constante et généreuse de la Suisse, qui a jalonné déjà les lignes principales d'un grand œuvre de progrès dans ce sens, et l'a commis aux soins d'une administration particulière. Cette administration se ramifie en bureaux internationaux, dont un grand nombre sont établis à Berne. Aussi doit-on vivement regretter que l'incident diplomatique récemment survenu entre les cabinets allemand et helvétique ait interrompu l'avancement de la nation suisse dans cette voie, en attirant sur une question plus grave et plus urgente l'attention de son sage Gouvernement ; et espérer que son conseil, à la fois digne et prudent, mène à bonne fin une dissension aussi imprévue.

Actuellement aussi, les journaux s'occupent avec grand intérêt du désaccord survenu entre le cabinet portugais et celui de Sa Majesté britannique, au sujet de la voie ferrée de Delagoa. Le gouvernement portugais a, dit-on, retiré la concession définitive de cette exploitation à une société anglo-américaine, après qu'elle l'avait déjà commencée. Si nous en croyions les assertions de la presse, cette question revêtirait à nos yeux un caractère de gravité qui menacerait des plus grandes complications les deux

Etats intéressés. On rapporte que le Portugal, sans écouter aucune protestation, s'est borné à indemniser les concessionnaires primitifs, et s'est arbitrairement emparé de la voie ferrée ainsi que de tout le matériel qui s'y trouvait.

Comme chaque partie litigeante produit les versions qui lui conviennent le mieux, il importe de soumettre cette divergence à l'arbitrage d'un juge désintéressé et impartial, qui la juge en dernier ressort, et fasse raison aux nombreux intérêts qui y sont compromis.

Il nous semble que le Portugal était parfaitement en droit de prendre l'attitude dont la partie adverse l'accuse; car il est avéré que la Compagnie anglo-américaine concessionnaire a commencé ses travaux en dehors du temps fixé par les termes du contrat. Conséquemment, elle ne peut pas se plaindre, n'ayant pas obéi à la législation établie pour ces cas, qui ordonne que l'on demande formellement une prorogation de la concession terminée.

Et tandis que cette question s'agite au sud de l'Afrique, l'Europe orientale est le théâtre d'une divergence analogue, survenue entre les cabinets serbe et français, au sujet d'une exploitation de voie ferrée où les intérêts de la France se trouvent également compromis. Ce sont là des questions qui, bien examinées et prudemment conduites par les cabinets intéressés, peuvent s'aplanir à la satisfaction de tous, grâce aux bons offices d'un tribunal mixte d'arbitrage, ou à la sentence d'une nation amie. Les citoyens qu'un patriotisme trop fougueux aveugle souvent, doivent se rappeler que nous ne sommes plus aux temps où les grandes guerres naissaient des petits caprices, et considérer comme un crime l'encouragement à une lutte qu'ils pouvaient facilement éviter.

Nous sommes heureux de savoir que la Compagnie de Delagoa travaille autant qu'elle peut à faire prévaloir la voie diplomatique dans la terminaison du différend qu'elle a soulevé. Cela même nous révèle la conviction où elle est que ses prétentions contre la conduite du Gouvernement portugais sont injustes et sans fondement.

Notons une particularité qui amènera peut-être des complications dans les solutions de l'affaire : c'est que, en principe, la Compagnie est de nationalité portugaise, mais que le capital employé par elle est anglais. Quoi qu'il en soit, à moins que le Gouvernement portugais cède bienveillamment ses prétentions en faveur de son importante alliée qui a pris cause contre elle, nous penserons qu'un arbitrage, probablement déféré à une commission mixte, terminera l'affaire qui divise les deux gouvernements, à la satisfaction commune de l'un et de l'autre.

Lorsque nous voyons que l'Empire du Brésil et la Confédération Argentine ont récemment soumis,

d'un commun accord, la question qui les divisait,
touchant leurs limites sur le territoire des Missions,
à l'examen et à la décision arbitrale des États-Unis
de l'Amérique du Nord, question d'importance capitale et qui était pendante depuis un demi-siècle, nous
sommes en droit de désirer que l'arbitrage devienne
le seul moyen de résoudre les questions d'une importance beaucoup moindre, telles que les questions de
voies ferrées qui agitent, à l'heure où nous écrivons
ces lignes, les cabinets de nations importantes
comme la France, comme l'Angleterre, comme le
Portugal.

**Conférence inter-
parlementaire.**

Cette illustre assemblée internationale, uniquement formée de représentants des divers Parlements,
a été, les 29 et 30 juin de cette année, le foyer d'importantes et laborieuses discussions. Il en résulte que
ses résolutions embrassent les doctrines transcendantales et les plus hauts principes du droit international; de telle sorte que ces principes, ainsi con-
templés, doivent, dans un avenir prochain, présider
aux relations diplomatiques des peuples.

La Conférence internationale a reconnu dès l'abord
qu'il convenait essentiellement à toutes les assemblées législatives, de travailler sans trêve à obtenir
de leurs gouvernements respectifs la célébration de
traités nouveaux. Dans ces traités serait expressément insérée une clause sur le principe de l'arbitrage,
afin que tout différend susceptible de s'élever entre

deux ou plusieurs peuples, ne reçoive que par voie arbitrale une solution pacifique et satisfactoire.

Néanmoins, cette voie d'apaisement n'a pas été admise pour les cas où l'indépendance souveraine d'un État est en jeu, ni pour les différends capables de naître des modifications que les sociétés internes apportent dans leurs propres constitutions.

Cette importante restriction est de toute justice; mais s'il y avait notoirement, dans la Constitution d'un État, quelque doctrine contraire à la morale universelle, tous les autres États pourraient légitimement réclamer une réforme, sans que leurs invitations, même pressantes, comportent nécessairement une intervention effective. Car la loi naturelle est au-dessus de toutes les autres, à tel point que les tribus sauvages, elles-mêmes, ne peuvent échapper à sa domination. Il n'est, en conséquence, permis à aucune nation de protéger la piraterie ou l'esclavage, ou d'ourdir un complot contre l'existence d'une autre nation indépendante et souveraine, qui se gouverne suivant ses lois et institutions propres, sans attenter aux droits d'une tierce puissance. L'éminent jurisconsulte Story fait observer, en effet, que, le droit international étant au dessus des lois constitutionnelles des États, aucun peuple ne peut, pour se justifier d'avoir violé les droits d'un autre État, invoquer les lois fondamentales qui le régissent lui-même. Le même auteur dit encore, pour renforcer son idée,

que, si la Constitution des États-Unis nord-améri-
cains donnait à tous les citoyens de ces États le droit
parfait d'exercer la piraterie sur les côtes européennes, de venir semer le deuil dans les familles,
en arrachant à leurs patries hommes, femmes, enfants, et en les emmenant captifs aux États-Unis, —
les nations européennes auraient alors le droit de
considérer cette société du nouveau monde comme
une horde de brigands sans foi ni loi, de s'opposer
énergiquement à leurs pillages, et de s'unir pour les
exterminer, les annihiler selon toute justice.

Aussi pouvons-nous établir que toute proposition,
entente ou résolution ayant pour objet ou pour
moyen un attentat aux droits parfaits d'un État, fût-
elle fondée sur une constitution ou sur une loi interne odieusement accréditée, serait en flagrant désaccord avec le droit universel et la morale humaine,
ses principes apparaissant illégaux et de nulle autorité devant la conscience universelle des peuples. Et
nous mettons dans le même cas toute alliance, soit
publique, soit secrète, qui aurait pour fin apparente
ou cachée la conquête d'un État indépendant.

Jamais on n'a vu des personnalités morales, de
quelque ordre qu'elles soient, s'associer, sans que,
de leur contact incessant, ne soient nées de nombreuses divergences. Pour les aplanir, les personnalités individuelles des citoyens ont à leur disposition
des moyens que n'ont pas les hautes personnalités

morales des nations. Autant de fois qu'ils le veulent, les citoyens appellent de leurs questions privées aux tribunaux que la loi a institués pour le soutien de leurs droits. C'est pourquoi, dans un esprit analogue, l'on doit souhaiter et tenter d'établir un tribunal international, avec l'approbation des puissances. La simple notion de l'équité doit amener les peuples à donner à l'arbitrage, par le moyen des traités, la force d'une doctrine universelle, aussi étendue, plus étendue même que celle de l'Union postale.

En formulant ces vœux, la Conférence a certainement respecté les limites du droit, et le principe de non-intervention, que nous nous sommes accoutumés à considérer comme première base de l'indépendance souveraine des États.

Ce serait proclamer une doctrine vraiment originale et dangereuse, que d'admettre, ou même de tolérer l'intervention dans la conduite intérieure des gouvernements. En effet, l'intervention tout à fait analogue d'une tierce personne dans les différends qui naissent au sein des sociétés internes, est prévue et empêchée par les lois constitutives de ces sociétés.

La soumission, à l'arbitrage particulier, des questions qui regardent les lois d'ordre public, est une chose partout défendue, comme nous l'avons déjà dit et appuyé de preuves en autre lieu.

D'autre part, si une intervention de ce genre, c'est

à dire odieuse et funeste, avait pu être admise, fut-ce pour un moment, nous aurions vu l'Allemagne, intervenir dans l'organisation fédérative et dans l'expression de la loi fondamentale, qui préside à la Confédération Helvétique; nous aurions vu le cabinet de Berlin opposer le principe erroné d'intervention à la condamnation de Wohlgemuth, de cet agent policier qui prétendait étendre sa surveillance aux socialistes domiciliés en Suisse : attribution qui revient seulement aux autorités légales, suivant les principes souverains de chaque nation.

Mais, nous aimons à le redire, dans le cas où l'organisation politique de l'Helvétie puisse, par sa constitution générale, contrarier les principes du droit international, lequel est au-dessus de cette loi interne, la règle à suivre par les autres États est très bien définie : elle consiste pour eux, à proposer toutes les réformes jugées nécessaires, comme nous l'avons déjà établi, et renforcé de plusieurs exemples, au commencement de notre étude, lorsque nous avons traité spécialement des privilèges et des devoirs engendrés par la neutralisation.

D'un autre côté, l'organisation fédérative des États-Unis de l'Amérique du Nord, de la Confédération Argentine, d's États Mexicains, et de tant d'autres nations d'origine moderne rapporte au Pouvoir exécutif central l'application et l'execution des traités, qui sont considérés comme des lois générales de toute la Confédération, et établit d'une manière irréfragable qu'aucun des États qui composent cette Confédération n'a à s'ingérer dans les affaires susceptibles de surgir à l'occasion des traités.

À l'appui de ce que nous venons de dire, nous rappelons que la Confédération Argentine a sanctionné ces principes dans sa Constitution, en déclarant expressément (art. 31) : « Que les traités célébrés avec les puissances étrangères sont la loi suprême de la nation; et que les autorités de chaque province sont tenues de se conformer à cette loi, nonobstant quelques dispositions contraires qui pourraient se rencontrer dans les Constitutions particulières des provinces. »

En citant cet article remarquable, et en insistant, — au point de nous écarter du plus important objet de cette étude, sur l'excellence de la législation fédérative, telle que nous l'entendons, nous n'avons aucunement voulu manifester de l'opposition vis-à-vis du système de gouvernement helvétique; nous avons tenu seulement à relever les défectuosités de ce système, et montrer qu'il peut et doit se modifier jusqu'à ce que l'harmonie s'établisse entre ses principes et ceux, plus souverains, du droit international.

C'est pourquoi, dans l'intérêt même de tous les peuples, il convient aux Gouvernements de s'unir pour réaliser les vœux de la Conférence interparlementaire, et pour garantir, par des traités permanents, les bienfaits de la concorde et de la paix. Il n'y a certes pas de sanction coercitive pour les peuples, car leur indépendance est souveraine; mais l'existence de tels traités entraînerait l'existence d'une haute sanction morale, dont la force est souvent très précieuse. Force analogue à celle des tribunaux d'arbitres, qui, une fois acceptés, imposent leurs décisions : sans que, de la non acceptation de quelque partie intéressée, puisse résulter une coercition analogue ou assimilable aux contraintes dont dispose la justice ordinaire des sociétés internes.

D'une manière analogue, on doit avoir en haute considération les décisions du concert des grandes puissances, dont les sanctions sont souveraines, et auxquelles ne s'oppose aucune nation secondaire; au contraire, l'on voit que toutes les nations y souscrivent, les regardent comme des lois positives de la communauté internationale, et ne laissent pas de savoir, cependant, que ces décisions, sans s'appuyer sur aucune sanction coercitive, jouissent d'une influence morale assez ample pour les imposer. — Ce que prouvent les exemples que nous avons donnés en autre lieu, à l'occasion d'un projet relatif aux formes d'arbitrage. L'on se rappelle que nous proposions la formation d'un conseil exerçant les hautes fonctions de cour suprême d'appellation, qui appliquerait, d'un commun accord avec le tribunal de première instance, les dispositions légales du Code;

celui-ci aurait été élaboré, sanctionné et promulgué par toutes les nations dans un Congrès que nous avons déjà préconisé.

Cette manière de procéder nous a paru beaucoup plus avantageuse et moins complexe que le système des trois pouvoirs qui prévaut au sein des États moralement organisés. C'est encore avec une préférence marquée que nous avons exposé notre second projet, suivant lequel les tribunaux suprêmes des nations doivent appliquer respectivement et également les lois positives du Code international, à la rédaction duquel les représentants fondés de chaque nation auront contribué pour une part importante. Tel est le droit de ces tribunaux, plus évident encore du jour où l'on aura proclamé comme loi fondamentale, dans les constitutions respectives des peuples, que toutes les lois du Code international font partie de la législation propre de chaque État, qu'elles doivent apparaître dans ses relations diplomatiques avec les autres, sans empêcher que l'on ne voie dans l'arbitrage un moyen insuffisant pour mettre fin à tous les conflits.

En songeant, avant tout, à élever la sanction morale au rang d'une force sûre, presque invincible, nous avons voulu raréfier les guerres et en faire des exceptions malheureuses. — Si nous avions, au contraire, porté notre préférence sur une sanction coercitive, nous aurions reconnu la guerre, *ipso facto*, comme moyen légal de ramener à l'accomplissement régulier de leurs devoirs et à l'observance du Code les États qui s'en écarteraient; tous les pays auraient alors à fournir un contingent de troupes proportionnel à ses ressources. Et Dieu sait si, dans cette lutte, les troupes levées de toutes parts n'en viendraient pas à se diviser en deux camps, prêtes à guerroyer elles-mêmes les unes contre les autres?

Il est d'ailleurs utile de remarquer ici que l'efficacité d'une sanction est liée avec dépendance à l'efficacité de son caractère moral. — Le souvenir du châtiment infligé à une personnalité hante l'esprit des autres, et y fait naître une crainte qui, à la longue, retient les consciences les plus audacieuses.

Lorsque nous avons étudié spécialement la neutralité nous avons proposé de chercher une garantie efficace, qui suffît à préserver les États neutralisés à perpétuité de la ruine à laquelle leur condition même les expose sans cesse. En effet, il leur est nécessaire de posséder une armée permanente, qui, en paix comme en guerre, soit assez nombreuse et assez bien exercée pour secourir les frontières compromises. Le budget des États neutres n'a pas de plus lourde charge que celle-là; et il est hors de doute que, si l'Europe entrait définitivement dans une voie pacifique, faisant succéder une ère de justice et de tranquillité aux périodes d'agitation qu'elle a traversées jusqu'ici, l'on n'aurait plus besoin des onéreux contingents de forces qui sont aujourd'hui, presque généralement, la seule sauvegarde de la neutralisation. Ce n'est plus ici une sanction, que nous invoquons pour l'accomplissement des sentences arbitrales ou des dispositions d'un traité, mais c'est un véritable appel à la haute influence des principes de la morale et à l'utilité évidente de la paix universelle.

La Conférence interparlementaire s'est donnée pour objet vraiment digne de louange celui de provoquer l'élaboration de traités permanents, en invitant les Assemblées parlementaires des différentes nations à réaliser ce grand désidératum de la politique contemporaine. Elle a particulièrement invité les États-Unis à s'unir de cette sorte avec la France, l'Italie et l'Espagne, et a exprimé l'assurance où elle était qu'un si bel exemple ne tarderait pas à être suivi de tous.

Si des traités comme ceux dont nous parlons entraient dans la pratique internationale, ils seraient un moyen efficace de maintenir la concorde parmi les peuples ; car, du jour où ceux-ci se trouveraient liés réciproquement d'une telle manière, il ne serait plus possible d'altérer l'ordre de choses établi ; il n'y aurait plus d'alliances offensives et défensives contre des nations compromises par leurs traités, et, en admettant même que deux peuples en vinssent à mesurer encore leurs forces sur le champ de bataille, événement que nous avons rendu presque impossible, tous les autres États se trouveraient néanmoins réduits au rôle de témoins neutres, de spectateurs impassibles d'une lutte bientôt terminée.

Nous ne croyons pas, cependant, que le fait de l'existence de traités de paix entre chacun des deux États discordants et un ou plusieurs autres États étrangers à leur discorde, soit suffisant pour empêcher un conflit armé, à moins que les parties intéressées n'acceptent, communément et de plein gré, la voie de la médiation. Mais, s'il existait entre tous les États où entre la plupart d'entre eux, des liens étroits et sûrs, assimilables au rôle moral du lien de parenté qui unit les familles, alors la paix universelle serait définitivement appuyée sur une solidarité d'action et d'effets, qui se mesurerait, en quelque sorte, à la longévité même des nations qui l'auraient garantie.

En attendant la réalisation de projets si salutaires, la Conférence a reconnu l'urgente nécessité, pour les Gouvernements, de faire introduire dans leurs traités consulaires, commerciaux, de propriété littéraire, et tous autres, une clause relative à l'interprétation et à l'application du principe de l'arbitrage. Mesure raisonnable et juste, qui répond à des circonstances déterminées, dans lesquelles, si les souhaits de la Conférence ont été bien accueillis, les Hautes Parties contractantes auront la faculté de convenir d'un protocole explicatif, sans consulter pour cela les Assemblées législatives de leurs Gouvernements respectifs.

C'est avec l'autorité de deux précédents remarquables que la Conférence a émis sa proposition. Car les fondés de pouvoirs du Royaume de Portugal et de la République Française ont récemment procédé de la manière que nous préconisons, relativement à un traité de commerce signé entre leurs Gouvernements. — Et, de même, c'est par le moyen d'un protocole, en date du 22 octobre 1878, que la République Argentine et l'Empire du Brésil ont admis d'un commun accord l'interprétation de l'article 9 de leur Traité d'Amitié, de Commerce et de Navigation, du 7 mars 1856.

La Quatrième Résolution votée par la Conférence interparlementaire a donné lieu à une discussion courte, mais assez vive. Il avait été dit, au sein de l'Assemblée, que la conduite des Gouvernements tend chaque jour davantage, d'une façon manifeste, à être l'expression exacte et continuelle des sentiments de la majorité du peuple; et que, conformément à cette tendance, c'est aux électeurs qu'il appartient de diriger la politique de leur nation, suivant les inspirations de la justice et de la fraternité des peuples. Il paraissait résulter de ces remarques que le rôle de l'électeur pouvait et devait se continuer au delà de l'élection; d'où s'ensuivait qu'il troublerait, par sa permanence, l'action des pouvoirs légitimement établis. — Quelques-uns des représentants soutinrent alors, au nom de leurs Parlements respectifs, que cette doctrine était un peu subversive ou révolutionnaire, et élevèrent énergiquement la voix contre de telles théories, malgré l'assentiment qu'elles avaient trouvé dans la majorité de l'Assemblée.

L'opinion que nous partageons en cette matière, avec toutes les personnes sensées, est que les citoyens d'un État ne jouissent de l'autorité souveraine et de l'omnipotence politique que le jour seulement où leur qualité d'électeur les appelle à exercer leurs droits et à les manifester par le choix de ceux qui auront ensuite à diriger les affaires de l'État, pendant une période de temps plus ou moins longue, suivant le terme de leur mandat. — Toute tendance qui s'opposerait à cette doctrine ou en dévierait devrait être considérée comme rebelle vis-à-vis du Pouvoir public; attendu que, suivant un principe reconnu, le peuple ne gouverne ni ne délibère que par l'organe de ses représentants et de ses autorités légitimement constituées.

Ainsi, puisque les citoyens jouissent, à des époques déterminées, des droits souverains, ils pourraient, dans les jours même où ces prérogatives leur échoient, choisir, pour siéger au Parlement, des hommes d'esprit et de sentiments pacifiques, qui, lorsqu'on parlerait de guerre, sauraient opposer aux systèmes violents de quelques collègues les idées plus salutaires de médiation et d'arbitrage. — L'on arriverait, par ce moyen et suivant un système graduel et proportionnel, au désarmement général, qui est le grand désidératum des peuples modernes.

Le désarmement n'entraînerait pas une absence complète de forces militaires dans les pays adhérant à cette réforme. Il est incontestable que chaque nation a besoin de garantir sa tranquillité et l'ordre du Pouvoir par la présence d'un certain nombre d'hommes armés, qui veillent sur elle, à l'instar des corps de police qui, dans les villes, sont chargés de garantir l'ordre extérieur et la sûreté des citoyens. — Les pays ne doivent plus chercher à augmenter comme récemment l'Allemagne par la loi du septennat militaire, l'effectif de leurs armées, dans le seul but d'être assez forts, à un moment donné, pour déclarer la guerre aux peuples voisins et leur causer une ruine d'autant plus grande que leurs stratèges auront, durant la paix, inventé d'engins plus cruels.

Les hommes choisis par les électeurs, en vertu même de leurs tendances pacifiques, auraient la mission de protéger toujours les réformes propres à consolider la paix et à resserrer les liens d'amitié entre leurs gouvernements respectifs et les autres. Ils devraient écarter, autant que possible, les projets de guerre et le pourraient toujours facilement, car les Constitutions de la plupart des États établissent que la guerre ne peut être déclarée, en aucun cas, sans le consentement de la majorité du Parlement.

La cinquième résolution de la Conférence a été qu'une Conférence analogue se réunît, chaque année, dans la capitale d'un pays parlementaire, dont la désignation serait confiée à la dernière Assemblée. — Cette année, elle doit siéger à Londres, en juillet, suivant le choix fait, au mois de juin dernier, par la Conférence de Paris.

L'on conçoit l'influence qui est promise à une telle Assemblée, qui, voyant toujours s'augmenter le nombre de ses adhérents et l'éclat de son prestige, deviendra, dans l'avenir, une sorte de Pouvoir moral; alors, elle imposera à l'Europe une règle de conduite basée sur la concorde et l'amitié des peuples, et dont le principal effet sera, sinon la destruction, du moins la diminution des armées permanentes.

C'est ici le lieu de remarquer que, pour procéder d'une manière équitable à cette grande réforme, toutes les nations ne se trouvent pas actuellement dans des conditions égales. — La France, particulièrement, vaincue, en 1871, par les armées allemandes, se vit à la fois porter de grands coups, par ses adversaires victorieux, dans ses finances et son territoire. — Outre les provinces d'Alsace et de Lorraine, qui ne devaient jamais lui être ôtées, car la guerre ne donne pas le droit de conquête (ainsi que l'a montré le résultat du conflit survenu ces dernières années entre les Républiques Argentine et du Paraguay), — la République française dut encore donner à l'Empire allemand une indemnité de plusieurs milliards, qui laissait à son Trésor un vide considérable et qui ne pouvait être oubliée que par beaucoup d'années d'une industrie et d'un commerce prospères. — C'est pourquoi, lorsqu'au mois de juin dernier, la Conférence interparlementaire, siégeant dans la capitale même de cette nation vaincue, eut exprimé le vœu que les grandes nations de l'Europe et de l'Amérique accusassent, par un désarmement simultané, l'ère pacifique où elles doivent entrer, M. Gaillard, l'éminent député au Parlement français, prit la parole et rappela qu'il était juste que sa patrie attendît, pour participer à ce mouvement, l'exemple des autres États et surtout de l'Allemagne. Nous partageons l'opinion de ce député, et nous croyons convenable que le désarmement s'effectue de telle sorte que chaque nation aille toujours conservant un effectif de troupes qui soit partout dans une même proportion avec les populations respectives.

Conjointement au projet de désarmement, qui, quoique ébauché l'année dernière, reparaîtra sans doute dans les séances de la prochaine conférence, celle-ci aura à s'occuper encore de l'organisation d'un tribunal international, pour juger les différends entre peuples, et, comme conséquence naturelle, de l'élaboration d'un code dont les articles soient l'expression de la loi positive, et s'accordent avec tous les précédents en cette matière, tels que les congrès depuis 1815, et tels que les nombreuses sentences arbitrales prononcées à la suite des conflits internationaux ou des prises maritimes, et tous les autres. — L'on pourra, pour le mieux formuler, recourir aux jurisconsultes les plus réputés, aux traités où les doctrines analogues sont consignées et sur lesquels se sont accordés la plupart des États, ainsi qu'aux projets de code de Bluntschi, de Dudly Field, de Léon Lévi.

Finalement, la Conférence de juin a choisi dans son sein trente représentants qui, formés en commissions partielles, devront convoquer à Londres les membres de la prochaine Conférence, lesquels seront tous choisis dans les parlements des différentes nations, sauf de rares exceptions qui pourront être ratifiées par l'Assemblée. — Les membres de ces commissions se sont engagés à intervenir, dans l'intervalle qui les sépare de la prochaine session, là où quelque conflit surviendrait, et à employer, pour l'aplanir, toutes les ressources de leurs théories nouvelles.

La Conférence, au milieu de ses succès prochains que nous ne mettons pas en doute, devra des témoignages de gratitude aux constants efforts des nombreuses Sociétés de paix et d'arbitrage déjà existantes, dont nous avons souvent, par nous-mêmes, constaté la grande influence et les excellents résultats. D'ailleurs, elle aura demandé à ces sociétés, outre ses fruits, beaucoup de ses meilleurs membres, qu'elle appelle, par son choix, à propager leurs principes bienfaisants dans la sphère plus élevée de la politique internationale.

Congrès International de la Paix.

Le 23 juin de l'année dernière, se réunit à Paris le Congrès international de la paix, formé de plus de trois cents membres, dont les uns étaient délégués par les Sociétés de paix et d'arbitrage, et les autres représentaient officiellement leurs gouvernements respectifs. — Malgré la courte durée de leurs sessions, qui fut de quatre jours, ils prirent beaucoup de résolutions d'une haute importance, comme on verra dans l'appendice de ce volume, où ces résolutions sont transcrites « in extenso. »

Il suffit d'embrasser d'une vue rapide les doctrines proclamées par ce congrès, pour reconnaître que les principes dont elles sont nées, étant déjà admis en partie par la communauté des nations, pourront participer du droit positif que le Code international est appelé à faire prévaloir.

Nous avons, en autre lieu, exprimé le vœu que, en l'absence de ce Code, dont l'élaboration même, une fois entreprise, occupera longtemps l'attention et les efforts des législateurs, les traités célébrés entre les peuples dans l'intérêt de la paix et de la concorde générale, continssent des clauses de nature à garantir le respect des doctrines que le Code devra protéger dans la suite. — Tel est le principe proclamé et sanctionné dans le Congrès de Vienne (1815); il est toujours en vigueur dans tous les États qui avaient adhéré à ce congrès. — On y avait établi que chaque nation doit, s'il y a lieu, modifier sa législation interne, de façon que toujours elle soit en harmonie avec les principes internationaux. — La même doctrine fut proclamée au Congrès de Paris (1856), à propos de la course en mer, des blocus, et de la neutralité; et dans la Convention de Genève, de 1864, relativement aux blessés, ainsi que dans celle de Saint-Pétersbourg (1868), qui s'était occupée de limiter l'emploi des balles explosives, et celles de Londres (1818), de Washington (1870) qui s'appliquèrent à définir la neutralité, en lui assurant une législation universelle. — Nous retrouvons cette doctrine avec un caractère à la fois national et international dans les instructions données en 1863 par le gouvernement de l'Union à ses armées et dans les lois fondamentales et organiques, et les Codes qui ont quelque relation avec les questions internationales.

La République Argentine l'a consignée dans sa Constitution (12, 27, 31, 100), sous les formes les plus importantes qu'elle revêt dans l'existence des peuples; lorsqu'elle traite des relations avec des puissances étrangères, de la navigation de ses rivières intérieures accessible à tous les pavillons, et des pri-

vilèges reconnus aux missions diplomatiques et consulaires. — Ainsi, dans l'article 3 de la Loi prescrite
du 14 septembre 1863, relative à la juridiction et à
la compétence des tribunaux fédéraux, il est traité
exclusivement des immunités des ambassadeurs,
ministres plénipotentiaires, et autres membres des
missions diplomatiques, consuls et vice-consuls, et
de la participation de leurs familles et de leurs servi-
teurs à ces privilèges, reconnus en vertu de leur
caractère public.

Après les observations que nous venons de citer,
l'on comprend l'indispensabilité du Code international, proposé par l'honorable Congrès de la Paix. —
L'on ne peut comprendre ni concevoir que ce Code
se fasse encore attendre, attendu que, en examinant
la raison universelle des peuples, l'on reconnaît dans
tous ceux-ci une manifestation identique et harmonieuse du droit international ; attendu aussi que les
États sont comme des personnalités d'office préposés
à l'application du droit des gens ; de là vient que leur
Constitution contient, au moins en germe, tous les
principes du droit international, et que toujours leur
législation interne s'accorde plus ou moins complètement avec ces principes.

Le jurisconsulte Woolsey, prenant acte de ces caractères frappants que présente l'organisation législative des États, fait remarquer très justement que le
droit international devient une loi supérieure dans

un pays, du jour où les pouvoirs de celui-ci l'ont reconnu : dès ce moment, il s'impose aux tribunaux
de la justice ordinaire; il s'érige en règle fixe de conduite, à la fois pour le gouvernement et pour le
peuple.

C'est ce que confirment les commentaires faits par
Blackstone aux lois anglaises; l'éminent écrivain a
observé que le droit international est adopté dans
toute son extension par les lois de la Grande-Bretagne, et que, lorsque s'élève un différend destiné à
subir la juridiction britannique, ce droit est considéré comme partie intrinsèque de la loi nationale.—
La même doctrine est encore appuyée par le chancelier Talbot et par Hurd, qui ont écrit que le droit
international, en tant qu'il affecte l'action privée
des citoyens ou sujets, et qu'il est soutenu par les
pouvoirs publics ou autorités de l'État, peut être re-
gardé comme une loi, au propre sens de ce mot; ils
ont ajouté que, dans de telles circonstances, le droit
international vient à se confondre avec le droit général de l'État, au point de s'incorporer dans la loi
même qui régit le territoire de celui-ci, et qui inspire ou enchaîne sa juridiction nationale.

A ces témoignages, sur l'autorité desquels il nous
est inutile d'insister, l'on peut joindre ceux de Kent,
de Story, et du procureur général des États-Unis
d'Amérique, M. Speed. Celui-ci, entre autres choses,
a montré que les auteurs de la Constitution de l'U-

nion ont eu en vue, lorsqu'ils l'ont formulée, un grand principe, à savoir: Que toute nation qui veut avoir et conserver un rang honorable parmi les autres, doit s'accoutumer, avant tout, à considérer les grands et essentiels principes du droit des gens comme faisant partie de la loi territoriale.

Le Code international étant une fois agréé, il est certain que l'on ne verrait plus de conflit entre les lois internes et les principes qu'il exprime; car les États, convaincus sans peine de l'universelle supériorité de ceux-ci, ne tarderaient pas à accorder avec eux les lois fondamentales qui les régissent; et même, s'ils avaient un gouvernement de forme fédérative, ils auraient hâte de corriger leur organisation, de telle sorte que l'organe public chargé des relations extérieures, fût, non seulement défini dans ses attributions souveraines et dans la mesure où il les exerce, mais aussi limité dans les actes qui lui feraient encourir désormais une grave responsabilité vis-à-vis du pouvoir international, réel et inflexible, que nous préconisons.

Ces considérations nous remettent en mémoire l'organisation fédérative de l'État Suisse. Nous avons déjà dit que la Confédération Helvétique, par sa forme gouvernementale, s'expose à de nombreuses complications ou divergences internationales d'un caractère grave, puisqu'elle commet aux autorités cantonales l'observance des traités internationaux,

et que, laissant à ces autorités secondaires le soin de
réprimer les infractions, prétendues ou réelles, aux
engagements consignés dans ces traités, elle encourt
vis-à-vis des autres puissances la responsabilité
d'actes violents, commis sans l'avis ni l'approbation
préalable de son Conseil central.

Néanmoins, ni l'évidence des imperfections graves
qui affectent la Constitution d'un État, ni la situation
d'une puissance qui aurait souffert, d'une manière
directe ou indirecte, des conséquences de ces imperfections mêmes, n'autorisent, en nul cas, une puissance étrangère à s'immiscer dans les affaires respectives d'une autre. Auprès de chaque État régulièrement constitué, les autres n'ont mission que de connaître quel est, dans son sein, le pouvoir légal ou
l'organe compétent pour traiter les questions qui se
rapportent aux relations extérieures. A part cela, ils
ne peuvent prétendre à une part active dans son organisation interne, celle-ci étant de la compétence
souveraine et respective des nations. Leur intervention aurait le caractère d'une conduite odieuse, qui
violerait avec une audace flagrante, désastreuse et
inexcusable, les principes de l'indépendance souveraine et de l'intégrité territoriale. C'est pourquoi nous
ne pouvons approuver l'attitude prise dernièrement,
dans l'affaire de l'espion Wohlgemüth, par la grande
chancellerie allemande, qui prétendit imposer à la
Suisse un agent de l'Empire, avec mission de surveil-

ler les agissements des socialistes allemands sur le territoire helvétique, et qui, de cette sorte, tendit à léser les attributions inaliénables du gouvernement suisse. Les réclamations du cabinet impérial, relativement à l'emprisonnement et à l'expulsion dudit Wohlgemüth, auraient dû suivre, dès le début, la voie diplomatique; et, quoique les autorités locales du canton d'Argovie eussent puni le crime de l'espion allemand sans en référer au pouvoir central, c'est à celui-ci seulement, et par échange de notes ou dépêches officielles, que cette question devait être traitée et aplanie, et que le doivent être toujours les questions analogues.

Chaque nation est un souverain juge en ce qui concerne l'application de ses lois, sans que les autres aient, pour quelque raison ou prétexte que ce soit, l'occasion ni la faculté d'intervenir dans les conséquences, les formes ou les fondements de ses principes. — Cependant, comme dit avec raison l'éminent jurisconsulte Bluntschli (à propos des violations du droit international dans ses rapports avec les lois pénales) : « Quand les lois de pénalité qui sont en vigueur dans un État ne permettront pas de donner une satisfaction suffisante, la haute partie offensée pourra reporter directement sur l'État adverse la responsabilité de l'offense. »

Le même jurisconsulte explique son principe en disant que la répression appartient aux lois et aux magistrats du pays, et que ceux-ci sont compétents pour juger toute infraction au droit international, à moins de disposition contraire; — que le gouvernement étranger doit s'incliner devant leur sentence, soit que l'accusé soit absous, soit qu'il s'entende condamner à une peine inférieure à celle qu'il méritait apparemment; que l'on suppose invariablement, dans de tels cas, une harmonie parfaite entre les principes du droit international et les lois de la nation, et que celles-ci comportent des sanctions pénales applicables aux individus qui violent le droit des gens ou qui provoquent la guerre. Si la législation du pays, ajoute le même auteur, ne contient pas de disposition légale touchant la matière, et si elle ne reconnaît pas ni ne respecte le droit international, les autres États ont le droit parfait d'exiger que les lois de la nation soient modifiées ou nouvellement élaborées en conformité avec le droit international.

Ce dernier principe est si fort que, dans le cas où la législation de la Suisse aurait été imparfaite dans le sens que nous venons d'examiner, le cabinet allemand pouvait exiger du gouvernement helvétique une réparation correspondante à la question agitée de part et d'autre; et, si cette réparation lui était refusée par voie diplomatique, il pouvait, poussant les choses à l'extrême, parler de ne pas reconnaître davantage la neutralisation de la République helvétique, agréée en 1815 au congrès de Vienne par les représentants de l'Allemagne. Il va sans dire que, d'autre part, pour rompre l'obligation solennelle de Vienne, le cabinet impérial aurait eu besoin de s'entendre préalablement avec toutes les puissances co-signataires du traité de 1815, d'après la doctrine d'ordre public proclamée dans la conférence de Londres (1871), qui s'impose au respect de toutes les nations. — Mais le gouvernement helvétique n'était pas sorti des limites de son autorité souveraine; et l'Allemagne, dans la conduite même qu'elle a effectivement tenue, doit se reprocher d'avoir dépassé les formes de la modération qui convenait, soit dans un but préconçu, soit pour une cause que nous n'avons point à rechercher ici. Qu'il nous suffise de féliciter les deux parties pour avoir éteint le conflit Wohlgemuth sur un terrain pacifique, et sans l'aide de ces représailles, heureusement imaginaires, dont la presse s'est entretenue quelques jours.

En codifiant la jurisprudence internationale, on éviterait le manque de clarté ou de précision qui se rencontre souvent dans les cas de questions territoriales liées directement ou indirectement au droit international, telles que les réclamations étrangères relatives aux dommages d'une guerre accomplie, ou d'autres appels analogues, dans lesquels les tribunaux de la nation doivent prononcer une sentence, et dans lesquels celle-ci n'est équitable qu'autant que les juges auront pris en considération les principes internationaux. — Dans ces cas, l'on peut se demander si la préséance doit être laissée aux doctrines internationales ou aux lois propres de la nation. — Nous croyons que les juges devraient commencer par appliquer, au cas litigieux, les principes de la loi territoriale; et que seulement en dernier lieu, si la cause s'y prêtait, il leur serait loisible d'en référer aux principes généraux du droit international. — En procédant ainsi, ils resteraient sur un excellent terrain; ils ne pourraient pas, d'autre part, se retirer, dès l'abord, derrière la dénégation de justice, qui, en quelque cas qu'elle se présente, est toujours un mal à combattre.

Ces cas sont très difficiles, parce qu'il ne s'agit pas précisément, lorsqu'ils se présentent, d'accorder une loi nationale avec un principe international et universel : un problème de cette espèce n'offrirait point de difficulté, après les considérations que nous venons d'établir. Mais il s'agit de la confusion de doctrines, de l'absence de clarté qui peut naître de la confrontation de l'une avec l'autre. Car on sait que dans de tels conflits, suivant un principe universellement reconnu, il est nécessaire d'appliquer les théories internationales, mais qu'il est aussi indispensable de respecter les principes du droit positif des peuples. Puisque, dans les questions du genre que nous examinons, il est inadmissible que les tribunaux d'un pays s'érigent en juges du caractère propre et de la légalité de la juridiction internationale, même en l'absence de précision dans celle-ci, attendu qu'ils doivent toujours donner la préférence à la loi territoriale, les gouvernements n'encourraient jamais aucune responsabilité pour dénégation de justice. En effet, un principe également reconnu par toutes les nations veut que les juges ne puissent pas s'abstenir de prononcer sur quelque cause que ce soit, par motif du silence, de l'obscurité, ou de l'imperfection de la loi. — Comme l'a dit Boncenne, les juges sont les organes propres de la loi. Ils ne constituent pas le droit, ils ne le font pas, mais ils l'affirment; ils en sont les dispensateurs, et non les arbitres.

S'il était admis que chaque nation fût juge du caractère positif des doctrines internationales relativement aux affaires de son gouvernement, et pût les agréer ou les récuser selon l'avis de ses tribunaux, chacune d'elles, le cas échéant, s'attribuerait confusément le droit de déterminer, dans sa législation interne, la loi le mieux applicable à ses relations avec les puissances étrangères. Conséquemment, toutes relations internationales deviendraient difficiles, pour ne pas dire impossibles; car la jurisprudence générale des nations subirait les caprices des gouvernements qui se montreraient les plus forts, ou les plus téméraires.

S'il n'en est pas tout à fait ainsi, et s'il est vrai que les grandes nations elles-mêmes respectent certaines doctrines bien déterminées, pour servir leurs propres intérêts et pour se conformer à l'unité internationale, néanmoins l'on ne peut prétendre que, dans tous les cas, elles aient soin de ne pas répudier cette bonne foi sans laquelle les conflits, qui donnent naissance aux guerres, deviennent inévitables, et s'allument davantage sous le souffle de l'intérêt. Cela doit s'attribuer au rôle des passions humaines, dont aucun réformateur ne saurait triompher. Mais un des moyens qui peuvent contribuer le plus efficacement à raréfier la guerre, et à en faire une sorte d'exception, c'est, sans contredit, le Code proposé par l'honorable Congrès de la Paix, pour garantir l'union fraternelle et la bonne harmonie des peuples; car c'est d'une manière analogue que les codes internes, au sein des sociétés, évitent beaucoup de plaids ou d'inculpations judiciaires, et de révoltes contre les pouvoirs établis, soit qu'ils exposent les citoyens à l'obligation de payer de forts dommages et intérêts ainsi que d'importants frais de justice, soit qu'ils leur présentent, dans la partie pénale, le spectre du châtiment ou de la répression, sous forme d'amende pécuniaire, de prison ou d'exil.

Et si, dans la communauté internationale, la contrainte n'intervient pas comme une sanction inévitable et inflexible, au secours des sentences judi-

ciaires, l'on voit du moins la guerre, vengeance in
consciente mais sûre, s'abattre sur les nations vio-
latrices du droit, les ravager avec l'aide de la Providence, leur imposer de lourdes indemnités, des cessions de territoire, des renonciations partielles aux
droits qui émanent de leur souveraine indépendance; la guerre n'est pas seule dans sa tâche devenue noble, elle est aidée de l'opinion publique, qui
peut parvenir à isoler en quelque sorte la nation injuste, à faire que toutes les autres lui refusent leur
confiance, à lui créer enfin une situation des plus
difficiles parmi les nations. Nous devons même
croire à la sanction naturelle et supérieure de la
Providence, qui, comme dit M. Albini, en vient, avec
le temps, à punir au moyen d'événements qui nous
paraissent fortuits, les délits commis par les Etats.

Nous ne sommes pas le seul qui propagions sans
trêve la conviction de ce que l'élaboration du Code
international est une œuvre indispensable. Il y a
actuellement divers Instituts et diverses Sociétés de
droit qui entreprennent cette œuvre philanthropique. M. Berthan, jurisconsulte remarquable, a bien
montré la nécessité d'élaborer ce Code, de telle façon
qu'il garantisse puissamment les intérêts de tous les
peuples dans leurs relations de paix, de guerre et de
neutralité. Il considère, dans cette œuvre, l'adoption
d'une loi universelle, applicable par des arbitres
chargés de résoudre les questions internationales,

et d'assurer au monde une paix perpétuelle. Il est à peu près indubitable que si les philanthropes zélés qui se sont adonnés à la propagation de ces doctrines, n'ont pas la satisfaction de voir eux-mêmes naître et se développer le fruit de leurs efforts, ils auront au moins, au déclin de leur vie, la gloire d'avoir fortement contribué à la création d'un Code et d'un Tribunal internationaux : vu que ces œuvres, longtemps attendues, se réaliseront l'une et l'autre, sinon dans les dernières années de ce siècle, du moins au cours du siècle prochain.

Il est impossible que les Etats résistent, avec une opiniâtreté incessante, à l'impulsion décisive des idées de progrès moral et matériel qui planent sur le monde. Déjà notre âge civilisé a vu disparaître les odieux procédés d'une autre époque, où chacun exerçait son droit, de son autorité propre, à tel point que le combat singulier était le moyen accoutumé de mettre fin aux dissensions de famille ou aux discordes des peuples. Déjà l'affreux trafic des esclaves, la traite honteuse de l'être humain, le monstrueux mépris de notre noble race s'est aboli au nom des principes humanitaires, nonobstant les intérêts lésés de tant de spéculateurs, qui, pour la défense de leur vil commerce, alléguaient cet absurde principe, que tout fils d'esclave est esclave-né. La vue de ces réformes et de mille autres, que l'histoire nous présente environnées de difficultés et d'ennemis apparemment invincibles, mais dont elle consigne finalement le triomphe et les effets salutaires, nous remplit de confiance, et nous fait apparaître comme prochaine l'œuvre de justice et d'universelle utilité que nous préconisons. Le premier pas dans la voie nouvelle est le seul qui coûte, et, de même qu'à quinze siècles de nous les races asiatiques se jetèrent sur l'Europe au signal donné par une seule d'entre elles, ainsi tous les peuples adopteront le Tribunal et le Code internationaux, le jour où une ou deux puissances de premier rang auront solennellement souhaité leur existence et pris l'initiative de leur instution.

La formation d'un tribunal et l'acceptation d'un code de caractère international sont œuvres d'autant moins ingrates que le droit international se manifeste déjà depuis longtemps, chez la plupart des peuples, par les lois spéciales sur la neutralité, sur l'extradition, sur la piraterie, par les ordonnances de marine, et plusieurs autres dispositions légales.

Il existe une autre manifestation du droit international dans les proclamations lancées par les gouvernements, au début de toute guerre, à l'adresse d'une ou de plusieurs puissances, afin de justifier leur attitude en donnant une juste explication des causes qui les ont conduits à une rupture. — Ces proclamations, généralement adressées aux Etats qui subissent ou assument la neutralité, contiennent le plus souvent les règles de conduite à suivre par les belligérants entre eux, et par les belligérants dans leurs rapports respectifs avec les nations neutres. Elles constituent de réelles déclarations de doctrines, consacrées, dans leur objet même, par les principes internationaux. — Comme dit fort bien Lord Phillimore, elles établissent, ou plutôt deviennent spontanément une preuve décisive contre l'Etat qui y contreviendrait, car elles impliquent la reconnaissance inévitable de l'existence d'un corps ou synode de lois, pour régler et contrôler les relations internationales des peuples.

Les lois internes qui visent spécialement les captures maritimes sont indubitablement liées, par leurs effets, au droit international, dans la mesure où les prescriptions de ses principes ont été observées, c'est-à-dire lorsque les prises ont été effectuées dans les conditions légales, en dehors de la juridiction maritime des Etats neutres, qui s'étend dans un rayonnement de trois milles à compter des côtes, et lorsque le navire corsaire qui a fait la capture ne s'est pas armé dans les eaux fluviales d'un Etat neutre. Il est vrai que nous-même avons déjà protesté contre les sentences de prises, données par les Etats qui sont en cause, et qui deviennent ainsi juges et parties tout ensemble dans un différend ; l'on doit effectivement considérer que ces sentences peuvent être prononcées dans des circonstances telles que celles d'une déroute, ou d'une invasion imminente ; l'impartialité de la nation dont les tribunaux sont appelés à juger une prise est alors ébranlée, compromise et pervertie par la mauvaise volonté ou même les sentiments exaltés du peuple ; de telle sorte que, dit Hefter, il y a besoin d'une critique raisonnable pour séparer la vérité de l'erreur. Cependant, quels que soient les défauts que nous relevons dans les jugements de prises tels qu'ils existent, qui réclament une réforme avec intervention de tribunaux mixtes, nous ne pouvons point contester leur caractère et leurs effets légaux, tant au point de vue international que sous le rapport interne. La plupart des jurisconsultes, et surtout Lord Phillimore, Story, Kent, attribuent une grande valeur aux sentences des tribunaux de prises, parce qu'ils ont su distinguer en elles la manifestation, la preuve tacite, mais évidente de l'adhésion des peuples aux divers points du droit international.

Pour préconiser la reconnaissance officielle du droit international, les jurisconsultes éminents qui ont pris à cœur le succès de cette grande œuvre, s'appuient sur un grand nombre de précédents. Outre ceux que nous avons déjà mentionnés, nous avons les termes du précepte constitutionnel consigné dans l'article 120 de la loi fondamentale du Vénézuéla, et dans l'article 91 de la même loi réformée de Colombie, d'après laquelle le droit des gens fait partie de la législation nationale, et celle-ci, par ses dispositions expresses, enjoint aux parties, en temps de lutte civile, de se comporter d'après les doctrines de ce droit ainsi accrédité. En conséquence de ces principes, l'on pourra dans de tels cas, pour mettre fin à la discorde, recourir à la célébration des traités entre les belligérants, et ceux-ci devront se conformer, d'une manière générale, aux pratiques humanitaires des peuples civilisés et chrétiens.

La convention célébrée entre la plupart des peuples pour la protection des câbles télégraphiques sous-marins nous offre, vis-à-vis du projet qui nous intéresse, un remarquable exemple de crédit universel. Cette convention, qui lie avec une grande solidarité les intérêts des peuples adhérents, règle aussi, d'une manière hautement efficace, les dispositions auxquelles doivent se conformer les États dans les concessions particulières qu'ils pourront accorder en vue de la construction ou de la collocation de câbles télégraphiques sous-marins. Elle garantit ainsi l'unité d'action selon la ligne tracée pour les dimensions des câbles, les variations des circonstances particulières, ainsi que pour les sanctions ou indemnités résultant des dommages que causeraient volontairement les navires, en coupant ou inutilisant de quelque manière, les câbles télégraphiques. De même, si les nations consentaient à s'entendre, on parviendrait à l'élaboration et à l'acceptation universelle d'un code international, en établissant les bases d'une législation uniforme qui régirait les intérêts de la communauté des peuples, qui serait l'unique organe des règles de conduite à suivre par leurs gouvernements respectifs dans leurs relations de toutes sortes, et qui s'accorderait parfaitement avec les législations internes, non plus par exception ni presque par hasard, mais par l'influence d'une sanction morale éminemment efficace, qui lui garantirait le respect des nations.

Le Code international, pour être assuré du crédit convenable auprès des nations, devra s'inspirer de toutes les sources qui peuvent lui servir; ce sont, comme nous avons déjà dit, les us et coutumes admis en temps de paix et de guerre, et qui forment le droit consuétudinaire reconnu par tous les peuples; ce sont les décisions des congrès ou des conventions internationales, les traités dont les doctrines sont le plus généralement acceptées, les lois positives internes, en tant qu'elles se réfèrent à la jurisprudence universelle; les décisions arbitrales, les sentences des tribunaux de prises; les documents diplomatiques qui ont abouti à l'aplanissement des conflits entre peuples; les grands événements que l'histoire nous présente comme une affirmation des principes internationaux; la loi naturelle, le droit romain, les œuvres les plus caractéristiques des meilleurs jurisconsultes, et leurs opinions personnelles le mieux accréditées.

Nous ne nous arrêterons pas davantage à cette considération, de crainte de fatiguer l'attention du lecteur. Une idée fondamentale que nous cherchons, en plusieurs endroits de ce livre, à faire prévaloir, est que la paix doit avoir à sa disposition, grâce aux jurisconsultes et aux apôtres du droit international, de nombreux moyens de conservation et de retour; le meilleur, c'est l'usage d'une diplomatie prudente, forte, sans cesse, de sa bonne foi, qui ne cherche jamais de prétexte pour appeler la guerre; qui, lorsque celle-ci devient imminente sous l'effet d'un motif réel, discute ce motif, et l'analyse si droitement aux lumières de la raison et de la concorde, que les inimitiés tombent devant les dispositions pacifiques, que les conflits s'apaisent, et que le spectre de la désolation et de la ruine s'efface devant les horizons salutaires des périodes pacifiques.

Ces doctrines de paix ont heureusement prévalu dans la question qui surgit, en 1887, entre la France et l'Allemagne, au sujet du fonctionnaire français Schnæbelé. Le cabinet de Berlin avait fait arrêter et emprisonner ce citoyen au moment où il passait la frontière, sous prétexte qu'il venait dans son territoire avec des intentions hostiles. Mais, lorsqu'il fut établi que, déjà à plusieurs reprises, les autorités correspondantes de l'Empire allemand avaient invité Schnæbelé à s'entendre avec elles dans une entrevue, au sujet d'une divergence de limites, cet homme fut relaxé, quoiqu'il ne se fût pas, comme le cas paraît l'exiger à la rigueur, prémuni d'un sauf-conduit en bonne et due forme. — Et l'Allemagne, au courant de cette question diplomatique, en vint à établir, comme principe du droit des gens, que si les autorités officielles invitaient un fonctionnaire public français, pour quelque raison que ce soit, à traverser la frontière allemande, cette invitation impliquerait tacitement un sauf-conduit, valable jusqu'à ce que ledit fonctionnaire soit de retour au territoire de sa nation.

C'est surtout sur les différends entre Etats limitrophes, au sujet de délits réels ou de prétendus délits commis par les citoyens de l'un et de l'autre aux frontières communes, que les législateurs internationaux doivent concentrer leur attention et exercer leurs habiletés juridiques. De tels différends naissent constamment en Europe et ailleurs; ainsi, à peu d'intervalle de celui que nous mentionnons, s'en éleva, entre la France et l'Allemagne, un autre de même importance, connu sous le nom d'affaire de Vexaincourt : près du lieu ainsi appelé, un soldat allemand, remplissant les fonctions de garde-chasse, avait fait feu sur deux chasseurs français, d'où il avait résulté que l'un était mort incontinent et que l'autre avait été gravement blessé; cette affaire donna lieu à une question diplomatique, à l'issue de laquelle l'Allemagne convint de donner satisfaction à la famille de la victime en lui offrant une indemnité de soixante mille francs, et de donner au gouvernement de la République française la réparation qu'il exigeait, en remettant le meurtrier au jugement impartial du conseil de guerre compétent. — Nous rappellerons encore, parmi les faits récents, la conclusion de l'affaire Tosini ; il s'agissait d'un florentin de ce nom qui avait impudemment violé les immunités du consulat français à Florence ; la correspondance diplomatique qui s'ensuivit, entre Rome et Paris, aboutit finalement à la destitution de ce Tosini, de ses fonctions d'huissier de justice, et de sa condamnation, sous cette forme, à la peine qu'il avait encourue.

L'affaire Schnæbelé, dont nous parlions plus haut, devient par la solution même qu'elle a reçue, un précédent diplomatique, qui démontre que le sauf-conduit ne doit pas, dans des cas analogues, être considéré comme un acte de liberté absolue. Nous ne croyons pourtant pas que cette doctrine, avantageuse dans les temps pacifiques, puisse s'étendre aux périodes de guerre. D'ailleurs, il est presque inutile de prévenir les cas de ce genre qui surviendraient pendant une guerre, vu que les esprits et les sentiments sont alors assez échauffés pour que toutes les relations soient rompues, et le sont trop pour que, du moment où les hauts organes des États dissidents cessent de correspondre entre eux, les autorités secondaires et très subalternes des frontières communes compliquent par des entrevues particulières, les affaires de leurs gouvernements respectifs.

Certains jurisconsultes, lorsqu'ils traitent dans leurs ouvrages des doctrines telles que celles qui nous occupent, leur donnent improprement la dénomination de doctrines du droit international européen. Pourquoi l'action salutaire de ces doctrines s'arrêterait-elle, par leur vouloir, aux confins du vieux Continent, tandis que, au delà de ces confins, s'étendent d'innombrables pays peuplés de races aussi fortes que les nôtres, qui, si le climat et la religion influent sur leurs mœurs, savent mettre au-dessus de leur société un droit précieux et puissant comme le nôtre, différent seulement par son expression, parfois plus libérale, souvent moins indulgente? — Nous ne doutons pas que les nations chrétiennes et civilisées doivent surtout prendre les devants dans les grandes réformes et s'attacher à modifier leurs coutumes en vue de ce droit, ne fût-ce que par humanité, c'est-à-dire par le même mobile qui les détermina à admettre la Turquie dans le concert des grandes puissances européennes, aux termes du Traité de Paris, du 30 mars 1856. L'empire ottoman obtint effectivement ce privilège sous la protection et la garantie du droit international; ainsi que sous la condition expressément imposée au Gouvernement de la Sublime-Porte, de réformer la condition précaire de ses sujets, et d'assurer spécialement le bien-être à la partie chrétienne de la population de son empire. — On sait que le nouveau rang de cet empire fut confirmé et définitivement octroyé par un triple traité signé entre l'Angleterre, l'Autriche et la France (1856), qui s'engagèrent mutuellement et chacune à chacune, à protéger l'intégrité et l'indépendance de l'empire ottoman, et qui stipulèrent que toute infraction à leur traité constituerait un *casus belli* pour les puissances contractantes.

Un des soins les plus importants des législateurs internationaux sera d'examiner si de tels principes que ceux dont nous venons de parler, et d'autres analogues, devront être accordés et maintenus aux nations, ou feront partie du Code, *de facto et jure*, ou si, contrairement à cette idée, on imposera aux États jusqu'alors privilégiés, le même droit international quelque peu modifié, comme actuellement en Égypte, où l'action complexe et, partant, désavantageuse des tribunaux consulaires établis pour les différends entre étrangers de même nationalité, ou entre étrangers et Égyptiens, donna lieu à l'intervention du vice-roi, qui obtint la suppression de ce système défectueux et la création des tribunaux mixtes.

Dans l'Amérique du Sud, quoiqu'elle soit plus loin de leur portée et de leur perspicacité, les jurisconsultes devraient s'appliquer à introduire bientôt un certain nombre de réformes éminemment utiles au

bien-être des nations sud et centre-américaines. Il
ne s'agirait, dans ces pays, si unis d'ailleurs par le
quadruple lien du sang, de l'idiome, de la religion et
de la législation, de chercher à réprimer des passions
ambitieuses ou d'illégitimes désirs de conquête : fort
heureusement, leurs gouvernements se conduisent
déjà depuis de longues années suivant les bons principes de la prudence et de l'harmonie générale des
peuples ; la doctrine « *de res nullius* », propre aux
périodes incivilisées des peuples, ne jouit plus d'aucun crédit dans leur politique ; chaque Etat respecte
les limites conquises au début de son indépendance,
dont les premiers cris furent jetés en 1810, et ne
cherche jamais, sans de véritables causes de revendication, à modifier, par la force des armes, les frontières qui le séparent des Etats environnants. Il s'agirait pour les législateurs internationaux, de faire
agréer chez les peuples d'Amérique un Code hautement propice, destiné à mettre un frein aux réclamations inopportunes et injustes que les Gouvernements d'Europe ne manquent pas de faire entendre,
lorsqu'une guerre civile a porté atteinte aux intérêts
de leurs sujets respectifs. Il s'agirait de faire définitivement prévaloir un principe plus équitable, d'après
lequel il resterait entendu que les étrangers domiciliés sur un territoire américain, s'exposent, « *ipso
facto* », aux déplorables risques des guerres civiles ;
et que l'on ne peut attendre, raisonnablement, qu'un

Etat accorde une protection et une garantie plus grande à sa population hétérogène qu'aux citoyens natifs de son territoire.

Il est nécessaire d'établir, pour les cas de ce genre, la voie qui doit être suivie, et qui est déjà reconnue ou adoptée par tous les Etats civilisés; cette voie consiste dans l'appel à faire par l'étranger aux tribunaux du pays où il réside, en vue de la sauvegarde de ses intérêts et de la justice de sa cause; et c'est seulement lorsqu'il a reçu dénégation de justice de la part de ces tribunaux, que l'étranger est en droit d'adresser à son Gouvernement une réclamation, et de le requérir de la transmettre par voie diplomatique au Gouvernement dont la situation belliqueuse a lésé ses intérêts.

Et ce n'est pas seulement entre les nations d'Europe et celles d'Amérique que de semblables discussions peuvent avoir lieu, mais aussi entre les grandes et les petites Puissances Européennes. Ainsi, il y eut, il y a quelques années, un cas de ce genre dans une question qui s'éleva entre l'Angleterre et la Grèce; c'est la question de Don Pacifico. Le gouvernement de la Grande-Bretagne ayant reçu la réclamation de ce citoyen, lord Gladstone prit la parole dans le Parlement, dont la session venait de s'ouvrir et fit entendre que, si la protection était due par le cabinet de Saint-James aux sujets anglais vivant sur le territoire étranger, l'on devait toujours songer, d'autre part, à ne pas rompre ni altérer imprudemment la fraternisation générale et la paix des nations, dont dépend le bien-être des peuples.

Or, il arrive souvent, en vertu de la distance qui sépare les capitales, que les représentants diplomatiques ou les chefs de mission doivent être les organes de leurs gouvernements respectifs, avant même que les instructions précises de ceux-ci aient eu le temps de leur parvenir. — C'est pourquoi le Code international que nous préconisons devra contenir l'expression et la détermination d'une certaine règle de conduite à l'usage des diplomates, afin que ceux-ci agissent dans la même sphère d'opinions et d'intérêts que leurs gouvernements, que leurs lettres de créance impliquent leur attachement inéquivoque à une tactique diplomatique dont puisse résulter le maintien de la paix, et qu'ils définissent ainsi le caractère de leur mission, avant d'avoir commencé à l'exercer. — Il arrive, en effet, avec assez de fréquence, que les ministres plénipotentiaires compliquent les relations d'Etat à Etat, par défaut de prudence ou excès de zèle, en se livrant à des réclamations qui sortent de leur compétence, ou en grossissant l'importance de certaines affaires insignifiantes, au point de refroidir les bons rapports entre les Etats, sinon de donner lieu à des conflits déplorables, dont la responsabilité doit retomber sur eux seuls. Car il est des moments, dans la vie des peuples, où les hostilités naissent, en quelque sorte, d'un souffle, et s'accentuent sans que la paix soit officiellement rompue : les chefs de mission demandent leurs passeports, et la mésintelligence fait des progrès entre les Etats en litige, progrès d'autant plus dangereux qu'ils ne sont confirmés par aucune déclaration solennelle : c'est ce qui est arrivé entre les Républiques française et du Vénézuéla, au sujet de réclamations faites au Gouvernement de ce dernier Etat par celui de la France, pour obtenir qu'on indemnisât des citoyens français domiciliés sur le territoire de la République de Vénézuéla. C'est encore ce qui arriva lorsque l'Angleterre eut injustement étendu sa domination au delà des véritables limites de la Guyane anglaise, et que le Vénézuéla chercha vainement à obtenir du cabinet de Saint-James la soumission de cette cause à l'arbitrage d'une nation amie; la République américaine, dans cette affaire, s'appuyait à juste titre sur un précepte de sa constitution, qui l'oblige même à adopter, dans les cas de ce genre, la voie arbitrale. L'on doit regretter que l'Angleterre, à la face de l'Europe et du monde entier, se soit souvent obstinée à refuser une voie si normale et si salutaire.

Souvent commencent, entre deux Etats, des représailles partielles, sans que cette manière d'agir implique un véritable état de guerre; la guerre devient néanmoins imminente, et la mésintelligence est une mèche toujours prête à la faire éclater. — Mais, lorsque les représailles sont devenues générales, lorsqu'on commence à en venir aux mains par des escarmouches et des batailles, lorsque les ports sont bloqués, et que les contrebandes de guerre sont déterminées, ce ne sont plus là des représailles simples, c'est plutôt un état de guerre bien accusé et caractérisé, lors même qu'il n'y a pas eu de déclaration de guerre entre les Etats en discorde, et lors même que les Gouvernements, continuant à donner à leur conduite le nom de représailles, n'ont pas demandé aux Corps législatifs l'autorisation généralement prescrite par leurs constitutions.

Ainsi, en 1884, lorsque le gouvernement chinois eut violé le traité de 1874 vis-à-vis de la France, les représailles que le gouvernement de la République Française, par l'organe de M. Jules Ferry, entreprit au Tonkin, eurent le caractère d'une guerre véritable et grave et furent le commencement d'une longue série de batailles sanglantes, auxquelles un traité avantageux pour la France, ne mit fin que plus d'une année après. — En 1884, le « Daily News » blâmait, non sans quelque raison, cette politique de représailles, et s'exprimait en ces termes, que nous n'avons pas besoin de commenter : « A en croire la moderne doctrine française, il peut y avoir des actes de guerre, sans que l'état de guerre existe réellement. »

Un code réglementaire, ou de procédure, devrait contenir des dispositions qui prévinssent et réglassent toutes questions de ce genre, et qui, s'accordant d'ailleurs dans une parfaite harmonie avec la Loi fondamentale du Code principal, servissent de ligne de conduite invariable, en conservant les avantages de la paix, dans la mesure où le permettent les vicissitudes des relations politiques et l'impétuosité des passions humaines.

Tout ce que nous avons dit et dirons encore au cours de cette étude pourra paraître un songe, une utopie aux yeux de bien des gens : mais cette utopie, ce songe — s'il plaît de l'appeler ainsi, — deviendra assurément une institution réelle et stable dans le siècle prochain. Alors, les peuples assisteront au triomphe de l'esprit sur la matière, de l'idée sur l'action ; alors la force des armes ne sera plus le critérium de la justice des Etats, ni le seul moyen de résoudre les questions internationales ; car la force des éléments, fécondée par les ressources du génie, annihilera la force physique des hommes, et l'empêchera de prendre un rôle, quelque amoindri qu'il soit, sur les champs de bataille ; les guerres seront aveugles, en ce que les combattants parviendront au raffinement de pointer leurs engins par solution de théorèmes et de décimer les rangs adverses par la volonté du hasard. — Et l'on peut douter qu'alors il y ait des hommes assez dénués de sens pour soumettre le sort des peuples aux caprices ou aux désastreux effets des éléments, assez indifférents pour faire du monde un vaste laboratoire de chimie, un champ d'observation où, les machines les plus infernales agissant d'un côté et de l'autre, le résultat serait autre chose qu'une satisfaction pour les natures curieuses, à savoir : une sentence terrible, peut-être irréfragable pour des populations entières.

Notre projet de réformes, ou plutôt d'institutions nouvelles, contiendrait l'indication des cas susceptibles d'interrompre les relations diplomatiques entre gouvernements, et la citation communément reconnue de certains cas dont la diplomatie elle-même peut amener la meilleure solution. — Il établirait que, à la suite d'une guerre civile, le Gouvernement régulier et vainqueur recueillerait les réclamations faites par les étrangers domiciliés sur son territoire, qu'il aurait soin de faire procéder à une enquête rigoureuse sur l'attitude des réclamateurs pendant la durée des discordes intestines, et qu'il devrait considérer, à juste titre, comme non avenues, les réclamations dont les auteurs seraient convaincus d'avoir été parmi les rebelles, c'est-à-dire d'avoir pris fait et cause, ou cause seulement, pour la faction maintenant anéantie. — Dans le même ordre d'idées, lorsqu'un gouvernement légitimement établi, ayant été entraîné, par la force des événements, aux ennuis d'une guerre civile, se verrait, conséquemment,

amené à réunir tous ses moyens de coercition contre
la capitale du pays ou une autre grande ville, de la
possession de laquelle dépend son salut ou sa ruine,
il est avéré, et reconnu par les plus éminents auteurs
en matière de jurisprudence internationale, que les
étrangers domiciliés dans la ville, qui auraient souffert des dommages par le blocus, le bombardement,
ou l'assaut de la place, ne seraient pas fondés à faire
valoir leurs réclamations, en vue d'être compensés
ou indemnisés; — c'est ainsi qu'en 1850, l'Angleterre
ayant formulé une réclamation contre le duc de Tos-
cane, cette réclamation fut officiellement repoussée,
comme inopportune et infondée. De même, en 1871,
aux jours où la Commune pesait sur la France, les
gouvernements étrangers n'étaient point en droit de
réclamer du Gouvernement légal de ce pays une in-
demnisation pour les pertes subies par leurs citoyens
respectifs à l'occasion du siège de Paris, des contributions de guerre, et de certaines autres mesures
militaires. Pour corroborer nos arguments dans un
sujet si simple, nous nous bornerons à mentionner
les derniers mots de la communication adressée par
le Gouvernement des États-Unis aux Gouvernements
qui réclamèrent des indemnités en faveur de leurs
sujets respectifs domiciliés à San Juan de Nicaragua,
lors du bombardement de cette place en 1854: « Le
citoyen domicilié, y était-il dit, accepte implicitement les éventualités du pays de sa résidence; et la

seule chose qu'il puisse exiger de son Gouvernement, c'est qu'il ne permette pas qu'on le traite moins favorablement que les sujets du pays. »

Il serait peut-être plus avantageux, dans l'élaboration du code que nous proposons, de ne s'en tenir qu'aux règles les plus générales, de marcher progressivement et lentement vers la législation complète et universelle des peuples. Un système trop détaillé de principes et de procédure pourrait effrayer les Etats, et faire que, à la vue de l'extension et de la minutie de ces nouvelles dispositions légales, ils se crussent trop obligés et enchaînés dans leur existence politique, astreints à une conduite et à des systèmes uniformes, menacés même dans la réalité de leurs droits souverains. Nous devons bien nous rappeler que le grand projet en vue doit recevoir, non seulement l'approbation du Congrès législatif international, mais aussi la sanction respective des Parlements représentés à ce Congrès; et que, pour être définitivement réalisé dans la législation positive des peuples, il doit obtenir la promulgation par les pouvoirs exécutifs de ceux-ci; autrement, il ne serait pas, pour eux, ce que nous désirons qu'il devienne, une règle de conduite inséparable de leurs relations internationales. — L'existence de la base d'un Code qui embrasse les principales doctrines internationales suffirait déjà pour que nous nous réjouissions et félicitions d'un excellent succès, au nom des

nombreuses et importantes sociétés qui travaillent
constamment dans ce louable dessein. — Il est
mieux de laisser à l'action salutaire du temps, et aux
sollicitations impérieuses d'une convenance générale, le soin de compléter cette première œuvre; on
suivrait ainsi une voie qui se recommande hautement à ceux qui considèrent les effets excellents de
plusieurs petits Codes limités, déjà existants, tels,
que la loi maritime de 1856, l'Union postale de 1874
et les dispositions de la Conférence de Berlin (1885)
relativement aux territoires du Congo. — Les précédents que nous venons de mentionner ont une force
légale incontestable et irréductible, plus grande que
celle qu'on peut attribuer aux décisions du concert
des grandes Puissances, lesquelles n'ont pas reçu une
adhésion expresse de la part des autres Etats, mais
n'ont provoqué chez ceux-ci qu'une simple et tacite
reconnaissance des doctrines adoptées par lesdites
grandes Puissances.

La base même du code que nous préconisons devrait contenir des considérations sur les représailles
en temps de guerre, particulièrement pour le cas où
une des parties belligérantes a envahi le territoire
de l'autre, cas où la haine des patriotes s'exalte dé-
mesurément contre les envahisseurs, au point de
faire naître le système du talion, et de rendre impossible, dès lors, la régularisation de la lutte. La guerre
franco-allemande de 1871 a donné libre cours, pour

ainsi dire, à beaucoup de ces odieux abus. Cela provient de ce que, lorsque deux parties belligérantes combattent sur le même territoire, et que l'une d'elles se plaint des mesures adoptées par l'autre, la lutte de représailles apparaît, multipliant les théâtres de l'expédition, subtilisant ses causes, affectant tous les caractères d'une guerre de vengeance, c'est-à-dire sortant de son véritable objet, qui est d'obtenir la réparation d'une dénégation ou altération de justice, en l'absence d'un Code qui exprime les doctrines du droit international, et d'un tribunal reconnu qui les applique.

Nous croyons volontiers qu'on améliorerait et humaniserait davantage les conditions de la guerre, en abolissant complètement les francs-tireurs, qui fournissent souvent l'occasion d'exercer les vengeances militaires du talion, car ils agissent en dehors des ordonnances ou des lois de guerre, n'étant point compris dans les cadres de l'armée régulière. Ainsi, durant la guerre de 1871, l'armée allemande n'accordait point de merci ni n'acceptait de capitulation de la part des villes assiégées, sous le prétexte qu'un groupe de francs-tireurs, embusqués à l'entour, n'ayant d'ailleurs ni officier régulier ni uniformes, lui avaient tué un certain nombre de ses soldats. — Or, il est indubitable que ces escarmouchiers, qui harcèlent audacieusement les corps d'armée, à l'instar des guérilleros qui tinrent autrefois en échec, sur le territoire espagnol, les armées de l'empereur Napoléon Ier, ne peuvent même pas convenir aux gouvernements belligérants ; ils en viennent à troubler le plan des troupes régulières, en agissant pour leur propre compte, sans s'incliner devant les autorités suprêmes de l'armée ni devant les pouvoirs constitués de l'Etat. — En vue de prévenir ces cas malheureux de guerres de talion ou de représailles, il faut des règles déterminées, que l'on pourra seulement établir moyennant l'existence d'un Code qui élève, comme nous désirons, les coutumes humanitaires, fruits d'une longue civilisation, au rang de lois positives. En attendant cette heureuse réforme, la guerre de représailles ne peut avoir lieu que dans les cas extrêmes, et avec l'observance de certaines règles imposées par les principes de la philanthropie même la plus rudimentaire.

La Conférence de Bruxelles, réunie pour l'amélioration des usages et coutumes de la guerre, a élaboré un code de lois positives précises et déterminantes dans cette matière ; et si ce Code n'a pas été promulgué et sanctionné par les gouvernements, il sera néanmoins, dans les futures guerres, une sorte de précédent tacite ou implicite, dont les Etats, conformément à l'équité, ne laisseront pas de reconnaître l'esprit humanitaire et l'excellente influence. Nous devons avouer que la codification est une œuvre délicate et grave, lorsqu'il s'agit des grands intérêts vitaux des peuples, de leur indépendance souveraine et de leur intégrité. La Conférence de Bruxelles s'est précisément heurtée à un obstacle important qui a compromis son succès, lorsqu'elle a agité la question extrême de l'existence propre des Etats, particulièrement en ce qui regarde les Etats petits et faibles, qui ne pourraient évidemment pas, comme les grandes puissances, soutenir des armées nombreuses et redoutables. — Ce principe de guerre, relatif à la distinction des combattants et des non-combattants, fut l'occasion d'une dissension, à la suite de laquelle il fut impossible d'amener les représentants des divers Etats à un accord satisfaisant. Le délégué de la Confédération Helvétique fit observer qu'un peuple peut se lever en masse (comme le peuple suisse lui-même, qui le fit si glorieusement autrefois) et se défendre, sans avoir reçu aucune organisation, ni être assujetti à aucun commandement militaire; il ajouta qu'il n'était au pouvoir de personne, ni d'aucune institution, de suffoquer ou détruire les sentiments patriotiques qui sont la cause de ces sentiments enthousiastes; et il dit encore que, si ces patriotes étaient vaincus, ils ne seraient pas traités comme des sujets ou citoyens d'attitude pacifique, mais qu'on ne pourrait admettre, d'autre part, et en défense propre, qu'ils n'étaient pas belligérants. — Le délégué de la Hollande s'exprima en termes analogues, et fit observer que si la proposition faite par les délégués de

l'Allemagne au sein de la Conférence était sanctionnée, elle aurait pour effet de diminuer les forces
défensives de la Hollande ; car l'innovation qui en résulterait, consistant dans le service universel et obligatoire pour tous, serait la matière d'une réforme si
radicale, que l'opinion publique la réprouverait en Hollande ; et il réserva, d'ailleurs, l'avis de son Gouvernement. — Les délégués du Gouvernement belge firent
également une déclaration de réserve. Suivant leur
opinion, aucun pays ne pouvait humainement admettre
que, si les habitants d'un district occupé de fait se
levaient en armes contre l'autorité établie de l'envahisseur, ils fussent sujets aux lois en vigueur de l'armée occupante. Ces délégués admettaient que, en
temps de guerre, le corps occupant ou envahisseur
pourrait, dans de certaines circonstances, se trouver
forcé à exercer une répression sévère à l'égard des
habitants qui se seraient levés en armes, mais rappe-
laient que ceux-ci, grâce à leur faiblesse, seraient
contraints à la soumission. Ils affirmaient, néanmoins, qu'en aucun cas, on ne pouvait reconnaître
la nécessité de remettre à la justice de l'ennemi ces
hommes que leurs sentiments élevés de patriotisme,
de fierté nationale, poussaient à sacrifier leur bien-
être et à risquer leurs jours dans un soulèvement
noble et fougueux contre les étrangers envahisseurs.

Tous ces délégués avaient raison ; car l'amour de
la patrie et le sentiment de la nationalité ont une

puissance morale beaucoup plus grande que la force brutale des armes; attendu que, même lorsque le territoire est dérobé par la conquête, ces deux sentiments inspirent toujours la revendication du principe de l'union nationale, qui demeure intact et gravé dans le cœur de chaque personne jusqu'à la consommation des siècles.

Les réflexions fondamentales qui précèdent démontrent suffisamment qu'on doit s'abstenir de proposer des doctrines propres à restreindre ou à comprimer, dans les circonstances dont nous parlions, les droits parfaits des peuples, et à compromettre le succès du projet de codification auquel nous nous intéressons, en vue d'assurer, de garantir et de fixer la pacification générale de l'Europe et du monde. — Ce projet de codification est lié, on le sait, à celui de la création d'un Tribunal international, en vue de faire respecter et d'appliquer les dispositions légales du Code.

Nous avons déjà, en autre lieu, proposé d'assez nombreuses formes de tribunaux d'arbitres pour qu'il soit inutile d'insister longuement encore sur ce point. Nous nous bornerons à proposer une combinaison différente des autres mentionnées, consistant dans l'institution d'un Tribunal spécial, avec ou sans appellation, dont le président serait le Souverain Pontife de l'Eglise romaine. Ce Tribunal serait formé de représentants élus par les Parties litigeantes, en nombre égal pour chacune d'elles, et aussi en nombre pair, tel que deux, quatre, six, huit ou dix, suivant l'importance des cas, de cette sorte, il y aurait dans toutes les questions une majorité décisive. On ne saurait douter de la grande garantie qu'offrirait cette procédure arbitrale sous les auspices de Sa Sainteté ; et nous croyons même que les nations dont le catholicisme n'est pas la religion d'État, accorderaient une entière confiance à la droiture et à l'équité des sentences ainsi préparées, en présence d'un homme toujours rempli d'expérience, dont le haut caractère se mesure à la responsabilité qu'il assume vis-à-vis de Dieu et de l'opinion des peuples. — Ceux qui contestent la valeur de ces dogmes théologiques doivent, du moins, reconnaître que Sa Sainteté serait, en quelque sorte, éclairée par la considération des conseils qui émaneraient des représentants des Parties, et irrésistiblement sollicitée de s'incliner devant la loi applicable de préférence au cas « sub judice ».

Au moyen âge, le pape était le souverain arbitre de tous les conflits entre princes et entre peuples. Et, lorsqu'un évêque ou autre dignitaire de l'Église avait été élu pour arbitre dans une question d'ordre temporel, l'on pouvait appeler de sa sentence au pape, en vertu de la juridiction spirituelle du Saint-Siège sur toute la hiérarchie des pontifes et ministres de la religion catholique. On sait, d'ailleurs, que le pape Alexandre VI (Borgia) promulgua les célèbres bulles de partage, par lesquelles il traçait sur la carte du globe, une ligne de démarcation des océans (1493), donnant aux Portugais le droit de conquérir et de fonder des colonies d'un côté de cette ligne, et aux Espagnols le même droit de conquête et de colonisation sur les territoires de l'autre hémisphère ainsi déterminée. Enfin, il y a peu d'années qu'une très puissante nation, enlevée par la Réforme de Luther à la profession des doctrines catholiques, s'inclinait devant la décision arbitrale de Sa Sainteté le pape Léon XIII, dans une question de colonies. C'était l'empire d'Allemagne, qui, lors de l'affaire des îles Carolines, se remit avec confiance à l'équité du pape, et reçut avec soumission sa sentence, quoiqu'elle fût en faveur d'un pays catholique. Le chancelier de l'empire se désista aussitôt de ses prétentions contre l'Espagne, et manifesta à Sa Sainteté Léon XIII son profond respect pour les sentiments de haute justice qui l'avaient inspiré.

C'est pourquoi le dernier Congrès catholique réuni à Paris avait raison de prendre la défense de notre proposition et d'exprimer le vœu que les papes fussent choisis pour arbitres dans tous les différends internationaux.

La voie arbitrale n'est pas seulement excellente dans les cas de différends entre nations, mais aussi dans la vie des sociétés internes, comme un moyen

puissant de maintenir la paix sociale, ainsi que d'é-
viter, en général, les troubles qui paralysent le commerce et nuisent au bien-être de la société. — C'est
ce dont témoigne la dernière grève ouvrière de Londres, qui a duré trois semaines, et qui s'est apaisée
d'abord, grâce à la généreuse médiation de Son Emi-
nence le cardinal Manning; quelques jours après, un
grand nombre d'ouvriers irrités menaçaient des plus
grandes vengeances ceux de leurs confrères qui s'é-
taient soumis, et les traitaient injurieusement de
« black-legs » : cette fois ce fut le lord-maire qui
intervint, et la ville de Londres dut à son intelligente médiation le recouvrement de sa sécurité ordinaire.

Pour éviter désormais ces causes de désorganisa-
tion sociale, ces grèves inquiétantes que font naître
les questions de différences de salaires, et d'autres
analogues, entre patrons et ouvriers, il serait convenable de créer, au sein de toutes les sociétés, un
tribunal arbitral mixte, composé d'un nombre égal de
patrons et d'ouvriers pour chaque branche de l'industrie, qui étudiât les différends, et prononçât des
sentences dont la sanction serait une amende pécuniaire; cette amende serait naturellement plus forte
pour un patron en faute que pour un ouvrier. Et l'on
devrait déterminer les choses de telle sorte que ce
tribunal fût investi d'un caractère légal devant les
tribunaux réguliers du pays. Avec cette précaution,

il serait facile même d'obtenir des sentences d'emprisonnement, dont la crainte empêcherait efficacement les récidives. Le président du tribunal serait le ministre du département duquel dépendrait la question en suspens, ou bien un délégué choisi par lui pour présider en son nom. — C'est ici le lieu de rappeler que les Gouvernements ont à prendre, en vue d'éviter les grèves, des mesures que leur commande l'intérêt social dûment entendu : ils doivent veiller à ce que les impôts soient répartis de telle manière qu'ils n'écrasent pas l'existence chétive de l'ouvrier, en décimant son salaire dans une proportion excessive. Nous espérons que la Conférence internationale qui se réunira incessamment à Berne, réglera ces questions, ou préparera leur solution au plus grand avantage de la paix sociale et du bien-être universel.

Nous avons vu, avec satisfaction, que le Congrès international de la Paix a adopté plusieurs doctrines au sujet desquelles nous avions récemment écrit quelques articles dans la *Revue Libérale;* particulièrement la doctrine de l'arbitrage, que nous préconisions comme un précepte constitutionnel, et dont nous disions que chaque Etat doit le consigner dans sa loi fondamentale, et le considérer, non comme facultatif, mais comme obligatoire; ainsi que notre doctrine sur les annexions de territoires. L'on se rappelle que sur ce dernier point, nous disions que les annexions ne peuvent point se faire par simple

effet de la victoire, et qu'elles ne doivent être reconnues diplomatiquement par les puissances étrangères, qu'autant qu'elles auront été voulues ou consenties par la majorité des habitants du territoire annexé.

Lors de l'affaire Wohlgemuth, dont nous avons
déjà parlé, entre l'empire allemand et la Confédération helvétique, le Congrès international de la Paix
fit des vœux en faveur du respect dû aux privilèges
de la Suisse et de toutes autres nations neutralisées,
et déclara qu'on devait considérer comme inviolables
les traités qui consacrent leur neutralisation, tels
que ceux de Vienne et de Londres. — Nous ne pouvons que le féliciter d'avoir cru devoir, sans sortir des
limites de l'impartialité ni se laisser dominer par
les passions humaines, de sanctionner l'existence
d'une doctrine européenne, reconnue solennellement
par toutes les nations.

Au cours de l'affaire Wohlgemuth, l'Allemagne a
prétendu que la Suisse devait examiner tous les pa-
piers et documents des Allemands résidents ou domiciliés sur le territoire helvétique, et s'est fondée,
pour cette prétention, sur le traité de 1876. Or, un
semblable principe touchant le droit d'asile n'a jamais été reconnu dans les traités de ce genre; l'on
sait que, de même, l'extradition pour délits politiques n'est point admise (si ce n'est dans les cas où
le délit politique est compliqué d'un autre délit prévu
par les dispositions des traités).

Le traité de 1876 entre l'Allemagne et la Suisse se rapporte seulement aux certificats de bonnes vie et mœurs exigibles avant la concession du droit d'asile, dont nous avons déjà parlé.

Ce n'est pas la première fois que la neutralité de la Suisse est mise en scène et menacée d'être méconnue. En 1848, l'Autriche, la France et la Prusse prétendirent au droit de déclarer la Suisse déchue des privilèges de neutralité qui lui avaient été octroyés par le traité de Vienne (1815) dès qu'elle restreindrait les droits souverains des cantons au profit du pouvoir fédéral central. Peu après, la Russie joignit sa déclaration à celle des États mentionnés, sous le prétexte que le territoire de la Confédération servait d'asile aux révolutionnaires de divers pays. La Russie a d'ailleurs manifesté, une fois de plus, ses prétentions sur ce point, en partageant les sentiments de l'Allemagne lors de l'affaire Wohlgemuth.

Le traité de 1815, qui donnait à la Suisse le caractère et les privilèges d'État neutralisé, lui imposait seulement la condition de se maintenir dans un état défensif, sans entrer dans aucune alliance qui puisse compromettre sa neutralité perpétuelle; en échange de cet engagement que prenait la Suisse, les puissances signataires du traité de Vienne s'engageaient à soutenir et assurer l'inviolabilité de son territoire; mais elles durent bien comprendre, à ce moment, que la Suisse ne perdait point, pour cela, ses droits

parfaits de souveraineté; car une transaction sur de
semblables bases ne saurait être admissible.

Intervenir dans l'organisation interne de l'Etat
Suisse, comme on l'a prétendu faire en 1848, est un
attentat inadmissible aux attributions souveraines
des peuples, qui conservent toujours le droit de se
choisir, sans action ni contrôle étranger, leurs institutions et leur organisation propre. Par le traité de
1815, la Suisse n'est ni sous la dépendance ni sous le
protectorat d'aucune puissance; elle continue à jouir
de tous les droits des nations indépendantes et souveraines. Il est vrai que sa neutralité est une condition essentielle et légale de son existence; et c'est
pourquoi, dans le cas où elle violerait son état
neutre, mais dans ce cas seulement, les puissances
seraient en droit d'intervenir pour lui retirer la garantie de protection qui lui a été accordée aux termes
du traité de Vienne. — Comme nous l'avons déjà
dit, le rôle des puissances étrangères vis-à-vis de la
Suisse ou de tout autre État neutralisé, ne peut être
que de s'enquérir et d'avoir connaissance de l'organe compétemment établi pour les relations extérieures.

Néanmoins, si la Suisse est, de droit, juge de la
conduite des citoyens helvètes et des étrangers habitant sur son territoire, et si sa Constitution lui permet d'expulser ceux des étrangers qui troubleraient
l'ordre public de la nation, il ne s'ensuit pas qu'elle

ait la faculté d'accueillir ou de tolérer sur son territoire quelque étranger qui conspirerait visiblement
contre la paix ou l'ordre établi des peuples voisins ;
si ses lois ne lui accordaient un pouvoir suffisant
pour prévenir un tel état de choses, toute puissance
étrangère aurait le droit d'exiger qu'elle les modifie
et les accorde avec les doctrines internationales.

Les puissances garantes de la neutralisation d'un
État doivent, d'autre part, veiller toujours à l'objet
de leur garantie ; en temps de guerre, elles ne doivent
pas attendre que le territoire neutralisé ait été violé,
pour réclamer diplomatiquement contre cette violation ; mais elles doivent aussitôt porter secours, avec
un contingent de forces proportionné à la population, afin d'assurer le maintien de l'état de neutralisation. — Si les puissances ne suivent pas cette ligne
de conduite, leur garantie est purement fictive ; elle
ressemble à ces blocus « sur le papier » qu'on entre-
prenait avant la loi maritime de 1856, et en vertu
desquels on étendait l'état de blocus à tous les ports
d'un État, ou même d'un continent, comme fit Napoléon Ier dans sa lutte contre l'Angleterre. Ces exagé-
rations ambitieuses donnèrent lieu à l'intervention
du Congrès de Paris (1856), qui déclara que tout
blocus devait être maintenu en respect par une force
suffisante pour interdire l'entrée ou la sortie des
ports bloqués.

Le Code international que nous préconisons sans

cosse est destiné à contenir ou sanctionner un si grand nombre de doctrines et de principes, qu'il ne nous est pas possible de les consigner tous dans cette introduction. Nous réservons le complet développement de ce travail pour le moment où nous nous occuperons de la Loi positive entre nations, dont l'étude est annoncée dans l'aperçu de ce livre.

La « Primrose League » est une vaste association patriotique, dont l'objet est de soutenir, par son influence morale, les institutions royalistes de l'Angleterre, et de conserver les principes sacrés de la religion, qui en sont le principal fondement. C'est pourquoi la dénomination « The Primrose League » est synonyme de celle-ci : maintien et conservation des principes religieux.

Tout membre nouvellement admis au sein de cette Ligue doit s'engager, sur son honneur et sa foi, à soutenir, dans les mesures de ses facultés, la religion des Etats du royaume, et l'ascendant de l'Empire britannique, et à garantir la fidélité au souverain de cet Empire.

La ligue a des ramifications dans toute l'Angleterre et l'Ecosse; ces sociétés succursales se nomment « habitations », et sont subdivisées dans l'intérêt même de leur action. Elles sont régies par un conseiller en exercice, et par des conseillers exécutifs, annuellement élus par leurs habitations respectives.

Toute habitation a le droit de se donner tels règlements internes qui lui paraissent le plus convenables pour l'exercice de sa mission, pourvu qu'elle se conforme aux dispositions générales des statuts de la ligue, et qu'elle soumette ses règlements à la sanction du grand conseil. Toute habitation peut être organisée avec un conseil de treize Knights (chevaliers), ou d'un nombre égal de dames moyennant le consentement préalable du grand conseil.

Afin de faciliter l'unité d'action et l'existence d'une solidarité plus grande, les habitations formées au sein d'un district déterminé pourront constituer ensemble un conseil divisionnal, où siègeront le conseiller exécutif, le secrétaire, et des délégués de chaque habitation, annuellement élus.

Le grand maître de la ligue, président du grand conseil, est le marquis de Salisbury, K. G.; le grand conseil des dames est présidé par la marquise de Salisbury et la duchesse de Marlborough; le grand conseil de l'Ecosse est présidé par le comte de Strathmore. Tous les membres de ces conseils sont choisis parmi les personnalités les plus élevées de l'aristocratie et de la politique anglaises.

Le grand conseil est formé de trente membres, quinze nommés par le grand conseil sortant, au moment où il se retire, et les quinze autres élus par la grande habitation dans son assemblée annuelle; en outre, il comprend quatre Trustees (dépositaires ou curateurs) et un trésorier. — Ce conseil élit lui-même son grand maître, et a tous les droits pour imposer à la Primrose League l'administration et la gestion qui lui paraissent les plus convenables. L'assemblée générale se réunit annuellement le 19 avril ou dans les jours qui suivent cette date, avec la dénomination de grande habitation, sous la présidence du grand maître, ou d'un grand conseiller désigné par celui-ci; aux sessions de la Grande habitation viennent siéger les délégués du grand conseil divisionnal, proportionnellement au nombre des conseils qui le constituent, et deux représentants de chaque habitation.

Les prérogatives de la grande habitation sont d'élire le grand conseil et de nommer une commission de cinq membres pour la revision des comptes (audit committee), sans qu'aucun de ceux-ci puisse être choisi parmi les membres du grand conseil. — La grande habitation peut encore se réunir dans d'autres circonstances, sur l'invitation du grand conseil. — L'on voit, par ces détails, que la ligue a reçu une organisation éminemment fédérative, propre à resserrer les liens de fraternité qui unissent l'Angleterre et l'Écosse.

Outre les distinctions et honneurs dont elle dispose depuis son institution pour récompenser les bons offices de ses adeptes, la Primrose League a créé un ordre honorifique sous le nom de « Gran Jubilee Star » (Étoile du grand Jubilé), pour fêter et rappeler le cinquantième anniversaire du glorieux règne de Sa Majesté la reine Victoria. — Cette décoration, qui a cinq grades, est destinée principalement à reconnaître les services rendus en faveur de l'un des trois objets de la Ligue, qui sont le maintien et la préservation de la religion de l'Etat, de la constitution de la nation, et de l'intégrité de l'Empire Britannique.

Nous devons mentionner spécialement l'article 16 des statuts, en vertu duquel tout membre qui violerait les lois relatives aux élections parlementaires cesserait, *ipso facto*, de faire partie de la Ligue.

Il reste à étendre cette association à l'Irlande entière, où il existe actuellement une ou deux habitations à peine, à Cork et à Kerry. — Son influence morale aurait, dans ce pays, d'excellents effets : car il n'y aurait aucun inconvénient à ce que la population catholique s'incorporât dans la Ligue. Ainsi seraient contenues et paralysées les tendances funestes de la société des « Orange Men », qui est toujours en antagonisme avec les partisans du catholicisme, et qui maintient ainsi un dangereux principe de division et de lutte permanente au sein de la société irlandaise.

Nous disions que les catholiques peuvent faire partie de la Primrose League. En effet, celle-ci ne condamne ni n'approuve exclusivement aucune des diverses religions reconnues en Angleterre. En principe, elle admet pour affiliées toutes les personnes qui apprécient et honorent la religion sous une de ses formes, soit le catholicisme, soit le protestantisme, soit le nonconformisme, soit même les doctrines de l'Ancien Testament, professées par les israélites; elle reçoit dans son sein les membres de la haute et de la basse Église, pourvu que tous reconnaissent la religion, dans les deux éléments du dogme et du culte, comme base nécessaire du Gouvernement, et de l'éducation. Elle fait la guerre à l'athéisme et à l'agnosticisme; elle prive de soutien et va jusqu'à combattre tout homme politique qui bannit la religion de son existence. Elle a entrepris une généreuse campagne contre les sectes libéralistes et radicalistes qui tentent de gagner l'esprit du Parlement britannique. Elle s'applique à faire prévaloir quelques doctrines véritables et précieuses sur les fondements de la morale humaine et de l'indispensabilité de la sanction divine. Elle démontre que vouloir inspirer au cœur de la jeunesse l'amour de la patrie et le respect filial, sans leur enseigner l'existence d'un Dieu juste et d'une religion sacrée, c'est conduire cette jeunesse inconsciente à travers une voie perfide et dangereuse, que parler de morale et de loi naturelle, sans invoquer l'existence d'un Être suprême et éternel, c'est donner les marques d'un esprit illogique et faible; que, s'il est vrai qu'un État, n'ayant point d'âme, n'a point à conserver de religion, il est manifeste, d'autre part, que tout État est personnifié par des facultés vivantes et réelles, constituées en pouvoir exécutif, que ce pouvoir, ayant une force morale, une conscience, un sentiment, une faculté délibérative, et jouissant de la liberté d'action, possède, lui, les caractères essentiels d'une âme; qu'en conséquence, les facultés de ce pouvoir doivent honorer et défendre la religion, étant responsables non seulement devant les hommes, mais aussi devant Dieu, du Gouvernement dont elles ont été chargées.

La « Primrose League » a été fondée en novembre 1883. Elle compte actuellement près d'un million de membres et est appelée à rendre d'incalculables services aux intérêts de la paix sociale, surtout si elle se développe en Irlande. Il convient qu'elle tranquillise les esprits du peuple irlandais; qu'elle fasse régner chez ce peuple, par la persuasion, les principes salutaires d'ordre et de progrès; qu'elle prépare, comme suite à la loi sur les terres, d'autres lois propres à ramener la prospérité et le bien-être en Irlande, afin que les fiers habitants de ce royaume, jouissant de nouveaux bienfaits, oublient pour toujours les avantages de leur antique indépendance.

Nous sommes convaincus que l'union serait plus étroite entre la Grande-Bretagne et l'Irlande si Sa

Majesté la reine Victoria allait annuellement résider quelques semaines dans ce dernier pays, répandant le bien et les faveurs autour d'elle et gagnant ainsi les sentiments de la population irlandaise. — La reine pourrait d'ailleurs se rendre en toute sûreté chez ce peuple; attendu qu'elle a pour sauvegarde et garantie l'inviolable fidélité de plusieurs comtés, tels que le King's County, qui lui est si dévoué, et quelques autres qu'il n'est pas utile de mentionner. — Le prince de Galles, comme nous l'a assuré un de nos amis, membre du Parlement anglais, semble partager l'idée que nous venons d'exposer.

L'œuvre humanitaire que poursuit la « Primrose League », en vue de la paix sociale et du soutien de l'Empire britannique, pourrait embrasser même les intérêts, plus élevés, de la paix internationale, en coopérant avec un si grand nombre de sociétés illustres qui préconisent depuis longtemps, au sein de la nation britannique, le règne de l'arbitrage. — Rien n'empêcherait qu'elle étendît à tous les points du monde politique les effets de sa généreuse influence; qu'elle tentât d'arrêter partout l'effusion du sang et les ravages des boulets incendiaires. — En effet, toutes les divergences sont susceptibles d'un accord lorsqu'il y a volonté de s'entendre et lorsque les hommes qui dirigent les affaires de l'État ne se laissent pas dominer par l'amour-propre au point de soutenir par les armes des doctrines que leur conscience répudie, plutôt que de les soumettre à la médiation ou à l'arbitrage.

D'une part, la « Primrose League » devrait étendre son action aussi loin qu'elle le peut, afin d'accroître son rôle éminemment salutaire. D'autre part, il convient que, dans les limites du Royaume-Uni, elle veille sur la condition morale et industrielle de l'ouvrier et de sa famille; qu'elle recherche les moyens d'éviter les grèves; que, cette œuvre accomplie, elle invite avec insistance les autres peuples à jouir des bienfaits de ses réformes et à supprimer, comme a déjà fait l'Angleterre, le travail du dimanche, afin d'assurer à l'ouvrier le respect de ses devoirs religieux, de son hygiène, de son repos et de ses sentiments de famille. — Nous avons été très heureux de savoir que divers jurisconsultes et économistes s'occupent actuellement, en France, de fonder une société pour la suppression du travail le dimanche et les jours fériés; c'est pourquoi, en terminant ces considérations, nous félicitons vivement et nous remercions, au nom des intérêts sociaux les plus importants, le promoteur d'une réforme si utile.

CONGRÈS PARLEMENTAIRE DE LA PAIX

Nous sommes heureux de pouvoir affirmer que dès maintenant une ère de prospérité et de grandeur pour l'humanité va s'ouvrir, par suite de l'union des hommes de bonne volonté en vue de la paix générale.

Le premier pas a été fait. Des membres des Chambres Françaises et des représentants de la Chambre des Communes d'Angleterre, ont pu à Paris, le 31 octobre dernier, se connaître et par conséquent s'apprécier mutuellement. Ces représentants autorisés de deux grandes nations pourront dans leurs parlements respectifs aplanir les difficultés qui surgissent si facilement par suite de malentendus souvent si regrettables. A cette réunion, tenue au Grand-Hôtel assistaient seulement des députés. La discussion a été essentiellement cordiale. Des engagements moraux ont été pris et comme l'a si bien dit le grand homme d'Etat anglais Gladstone, le 31 octobre est une journée historique.

A la suite des conversations de ces représentants un congrès international était absolument nécessaire. A cause de l'Exposition de 1889, ces assises de l'humanité auront lieu à Paris.

Ce Congrès exclusivement parlementaire, qu'il faut distinguer du Congrès Universel des Sociétés de la Paix se composera exclusivement de Sénateurs et de Députés de France, d'Angleterre et des Etats-Unis. Ils se donneront pour mission de travailler d'un plein accord, constamment et sans cesse, à agir dans leurs parlements respectifs, de manière à obtenir que le principe d'arbitrage, base permanente de pacification, soit introduit dorénavant dans tous les traités politiques ou commerciaux à intervenir entre ces trois puissances.

Comme nous le disons plus haut, ce Congrès parlementaire n'excluera en aucune façon le Congrès Universel des Sociétés de la Paix, à l'Exposition de 1889, préparé dès longtemps par l'initiative des trois Sociétés existant depuis de longues années à Paris. Ce dernier Congrès aura pour but d'exercer dans le sens de la paix une influence sur l'opinion publique de tous les peuples; et ce but est si louable, si généreux, si profondément humain, qu'il ne saurait trouver d'opposition ni de résistance de la part d'aucun pays.

On aurait tort de penser que les initiateurs du Congrès parlementaire n'aient pas eu le sentiment du service rendu dans le passé et à rendre encore dans l'avenir, par les hommes qui sans appartenir à des corps constitués, ont depuis tant d'années défendu, avec tant d'efforts et contre tant de préjugés, les grandes causes de l'arbitrage entre les peuples et de la paix universelle. Les parlementaires n'ont jamais eu la pensée d'effacer l'éclat de ces services, mais au contraire d'y ajouter de leur côté le complément décisif que leurs fonctions comportent : Aplanir, par l'influence des parlements sur la diplomatie, tous les différends qui pourront s'élever entre les nations.

Aussi la décision prise par les parlementaires de France et d'Angleterre est-elle un objet d'approbation unanime et de sincères félicitations de la part des membres des Sociétés de la Paix à Paris et à Londres.

Des deux côtés, parlements d'une part, Sociétés de la Paix d'autre part, on doit se préparer à redoubler d'efforts pour faire consacrer et prévaloir en tous sens le principe de l'arbitrage, parce qu'il est à l'heure actuelle le moyen le plus direct, le plus simple, le plus facile à appliquer, qui existe pour conserver la paix entre les divers peuples; et préserver les nations du péril résultant de ces armements à outrance, qui menacent de les conduire à la banqueroute et aux subversions sociales.

Ce but sera-t-il atteint? Et pourquoi ne le serait-il pas? Quelle différence existe-t-il, — juridiquement parlant, entre la personnalité individuelle de l'homme placé sous la juridiction civile et la haute personnalité des nations considérées, chacune en soi, comme un être moral? Les principes qui régissent les droits et les obligations sont de même nature entre les peuples qu'entre individus. La haute importance des nations en tant que personnes morales, la souveraineté dont elles sont investies pour leurs affaires intérieures, ne changent rien aux règles de la justice qui doivent régler les rapports de l'une à l'autre; et comme l'Arbitrage est, et doit rester, par sa nature, l'application de ces règles, c'est à lui qu'il faut recourir pour la plus sûre et la plus facile conservation de la paix.

On s'explique difficilement pourquoi le principe de l'arbitrage ne s'est pas encore généralisé dans la diplomatie, quand on lit ces traités de commerce où il n'est question que d'intérêts à régler à l'amiable, de paix, de concorde et d'amitié entre les nations. Il y a une véritable contradiction entre l'esprit de ces traités et l'absence de la clause d'arbitrage qui devrait en être la conséquence logique.

Mais si, selon les projets actuellement en cours, la France, l'Angleterre, les Etats-Unis, s'entendent pour une doctrine internationale ayant pour résultat de déférer à des arbitres le règlement de leurs différends, ce bel exemple sera suivi par les autres Etats du monde. Et non seulement ce fait sera un grand bienfait pour lui-même ; mais encore il devra conduire à l'établissement d'un code et d'un tribunal internationaux, qui ouvriront pour les peuples une ère nouvelle de prospérité et de grandeur.

Il existe d'ailleurs des précédents importants à ce sujet ; le traité de Paris de 1856, posant en principe la nécessité des médiations ; le traité de Berlin en 1885 pour la question du Congo ; et les règlements d'Union postale entre les divers peuples. On connaît 58 exemples.

Ces principes, ces tendances ne doivent pas empêcher d'ailleurs de reconnaître la légitimité de la guerre, de la part de toute nation attaquée dans son indépendance et sa souveraineté. La guerre est alors le moyen de légitime défense. C'est le droit souverain de conservation personnelle, incontestable pour les peuples comme pour les individus. Nulle puissance au monde ne saurait supprimer ce droit ; il va même jusqu'à légitimer la guerre, non seulement pour la conservation des nationalités existantes, mais encore pour la résurrection de celles que la conquête aurait asservies durant un temps quelconque.

Trois États de l'Amérique du Sud, les Républiques Argentine, de l'Équateur et du Vénézuéla, se montrent plus avancés dans l'ordre du progrès international que les gouvernements d'Europe.

La République Argentine a proclamé dans sa Constitution qu'elle conservera la paix avec tous les peuples, au moyen de traités d'amitié, de navigation et de commerce. Elle a été plus loin : elle a posé en principe, ce que nul État n'avait encore osé formuler, *que la victoire ne crée aucun droit;* bel et sublime exemple, unique dans l'histoire! Bien plus encore, conséquente avec ses principes, après avoir vaincu la République du Paraguay, elle a soumis à l'arbitrage du Président des États-Unis son litige avec le pays vaincu, portant sur une question de frontières; et elle s'est ensuite soumise, quoique victorieuse, à la sentence arbitrale qui condamnait sa prétention. Aussi, grâce à de telles lois, la République Argentine, puissante et prospère, est appelée à former un jour *les États-Unis de l'Amérique du Sud.*

Les Républiques de l'Équateur et de Vénézuéla ont fait aussi de l'Arbitrage international un principe de leur Constitution ; et il est ordonné chez elles que tous les traités de commerce conclus en leur nom contiennent la clause de l'Arbitrage pour le règlement des différends. C'est sur ces bases que la France et la République de l'Équateur ont inséré cette clause, pour exemple à tous les autres pays, dans le traité qu'elles ont récemment conclu.

On est en droit d'espérer que le principe de l'arbitrage s'introduisant ainsi dans les traités, deviendra par le fait une base de droit public en Europe, par suite du même sentiment de justice qui a mis les mêmes peuples d'accord pour abolir l'esclavage. Le principe juridique remplacera ainsi la force brutale, et cet heureux changement sera encore accéléré, même par les inventions d'engins de guerre à puissance destructive effroyable, qui rendent la guerre plus odieuse qu'elle ne fut jamais.

II

Nous ne croyons pas trop exiger, en réclamant, dans tout traité de paix, de commerce ou de navigation, l'existence d'une clause par laquelle les parties contractantes s'engagent à soumettre à l'arbitrage, les différends ou mauvaises ententes qui pourraient survenir au sujet de l'interprétation et de l'exécution des traités, ainsi que les conséquences possibles de leur violation. Nous disons plus : pour que nos vœux fussent complètement exaucés, il faudrait que la même clause soumît aussi à l'arbitrage l'appréciation de toute mésintelligence nuisible aux bonnes relations de deux peuples.

Créer ainsi une organisation juridique entre les nations, ne serait pas faire une grande concession aux intérêts communs de l'universalité sociale, ce serait purement prendre en considération ce principe de droit — que la même personnalité ne peut se constituer à la fois juge et partie ; — ce serait reconnaître raisonnablement la nécessité d'élire un juge impartial, ayant mission d'aplanir les conflits, de veiller à la conservation des bons rapports, de les rétablir sagement entre les nations en litige.

Nous ne pouvons comprendre la résistance que cette grande institution éprouve de la part des Parlements de chaque puissance : on craint qu'elle entraîne de sérieux compromis, on veut rester libre d'accepter ou de refuser l'intervention extérieure suivant les cas. Tactique d'inopportune réserve, qui s'est montrée au Congrès de Paris (1856) et à la Conférence de Berlin (1885), où l'on ne donnait à l'arbitrage que le rôle d'un recours facultatif, tandis que l'on donnait au Traité d'Union Postale l'autorité d'un principe international de droit européen.

On y proclamait bien le principe de la médiation, principe excellent et fécond, sans nul doute, mais privé de la force légale moyennant laquelle l'arbitrage devient un droit parfait, invariablement lié à la souveraineté des peuples, et à tout sentiment de justice, rôle qui incomberait à la médiation elle-même en l'absence d'une organisation juridique.

Et pourtant, toutes les nations s'accordent à proclamer, comme principe *sine quo non* que le droit international est au-dessus de tout autre droit des États, et que, conséquemment, ceux-ci ne peuvent se mettre en contradiction avec lui, en formulant ou en sanctionnant des lois dont l'esprit ne serait point en conformité avec celui du droit universellement reconnu, par exemple en ce qui concerne l'esclavage, la neutralité, et les cas où la dénégation de justice de la part des tribunaux internes, engendre le droit parfait à l'étranger de chercher par voie diplomatique la réparation des injustices.

On examine cette doctrine, on apprécie son rapide concours aux intérêts de l'harmonie générale, sans paraître remarquer l'absence d'un tribunal, d'un code internationaux qui puissent donner à leurs principes l'expression légale et positive. On est donc réduit, lorsqu'advient un conflit, à se demander quelle doctrine de droit obtiendra, dans le cas actuel, la préséance pour le résoudre : tantôt alors ce sont les traités dont généralement quelque point suscite un désaccord ; tantôt les décisions des récents Congrès internationaux, les sentences arbitraires des tribunaux de prises, ou les règles du droit coutumier, tantôt même l'autorité des plus remarquables jurisconsultes dont les doctrines sur le droit des gens ont le plus de crédit parmi la plupart des nations.

Voilà quelle confusion naît de l'absence d'un tribunal et d'un code. Confusion non moins grande que celle d'un État sans lois ni organisation juridique d'aucune forme : qu'adviendrait-il au sein d'une semblable société ? la force règnerait, elle seule, sans limites, partant avec toutes les brutalités qu'on peut espérer d'un pouvoir absolu ; elle primerait le droit, là comme ailleurs, comme sur un champ de bataille où les nations n'apportent pour principes que leurs épées, et pour droit que leurs volontés victorieuses.

Mais que cette société vienne à subir une loi positive, une règle invariable des droits et des devoirs de chacun, de leurs obligations communes envers un tiers, le droit de la force s'anéantit, l'intermédiaire devient le maître et tout s'incline sous la force du droit : — Ainsi se courberaient les nations sous l'autorité de l'arbitrage général, si seulement, imitant ce que les citoyens ont de toute mémoire accompli dans leur propre soin, elles voulaient abdiquer leur liberté devant un code spontanément et universellement agréé.

Cette conduite a été celle du Congrès de Paris, où, pour éviter les nombreuses divergences constamment suscitées, les délégués des diverses nations ont unanimement adopté une doctrine fixe et uniforme de droit maritime. — Pourquoi ne pas agir de la sorte à l'égard des principes « consuétudinaires » indiqués généralement par les nations, et les réunir en un code dont l'expression définitive serait sanctionnée par un Congrès universel ?

Et, tant que cet acte, le grand « desideratum » des peuples tarde à s'accomplir, pourquoi ne pas s'engager, du moins, à introduire dans les traités une clause d'arbitrage qui faciliterait les ententes par lesquelles la diplomatie pourrait postérieurement obtenir une perfection plus complète ; — de la même manière que souvent, au sein de nos sociétés, le respect d'une coutume, uniquement inspiré par l'ascendant de la conscience morale, s'est imposé successivement à toutes les personnes, jusqu'au jour où son autorité même a provoqué sa consignation dans un code ?

III

Ces considérations établies, nous pouvons en déduire les conclusions qui suivent :

1° L'application du principe d'arbitrage remplaçant la force brutale ouvrira aux nations une nouvelle ère de prospérité.

2° Elle préparera l'organisation future d'un tribunal international, et comme conséquence, un code de lois positives, réglant les rapports des puissances entre elles.

3° L'abolition des armées permanentes se posera ensuite comme conséquence logique de ce nouvel ordre de faits.

4° Avant d'arriver à cette organisation juridique, l'habitude de plus en plus généralisée de l'arbitrage, aura pour conséquence qu'entre parties en litige si l'une demande des arbitres, l'autre ne pourra moralement les refuser.

5° La fin de non-recevoir qu'une partie voudrait invoquer en prétendant que sa cause est juste en elle-même, serait réfutée par ce principe que nul dans une cause ne peut être juge et partie.

6° Quant à l'objection tirée d'un manque de sanction par la sentence qui serait rendue, elle tombe devant ce fait que si un gouvernement, après avoir consenti à l'arbitrage, refusait d'en accepter la décision, il serait déshonoré devant tous les peuples.

L'ARBITRAGE INTERNATIONAL

ÉTUDIÉ AU POINT DE VUE DE TOUTES LES APPLICATIONS
QUE PEUT SUBIR UN PRINCIPE

I

Nous sommes toujours très heureux de contribuer par notre labeur à toute œuvre grande, capable d'apporter de bienfaisants résultats au sein de l'humanité. Pourtant nous confessons que notre nouvelle tâche est rude. Nous nous proposons d'étudier l'arbitrage sous toutes ses formes, et de le féconder par la contemplation efficace de toutes les applications qui peuvent émaner d'un principe. — Définir l'arbitrage et déterminer ses attributs n'est pas chose qui nous arrête, mais pour user de ce principe, pour donner à ce corps une vie, il faut obtenir son introduction dans tous les différends internationaux ; pas bien coûteux, surtout à cette époque, où la manière d'être des États et leur organisation militaire paraissent le rendre impossible, jusqu'à ce que tout l'ordre actuel se convertisse, que le calme revienne aux esprits des citoyens, et la concorde au cœur de chaque nation.

Quoi qu'il en soit, en l'absence d'une organisation juridique, les nations doivent rencontrer dans les impulsions

do leur conscience, dans les exigences mêmes de leur droiture et de leur équité, une règle générale de conduite qui
les oblige à départir une partie de leurs pouvoirs souverains à un juge impartial, chargé par elles d'employer les
armes du droit et de la raison à la solution d'un différend où
les ressources diplomatiques aient été reconnues insuffi-
santes.

Il est bien malheureux que souvent on refuse les bons
offices de nations amies, qu'on laisse de côté une médiation
officieuse, pour aller sur un champ de bataille, commettre
au sort des armes le résultat de ses prétentions. Déplorable
conduite, car *la victoire n'engendre pas la justice des causes* ;
et d'ailleurs, elle ne s'achète qu'au prix de flots de sang, de
monceaux d'or, d'innombrables deuils et de terribles ravages.

Après l'échec des correspondances diplomatiques, tout
n'est pas fini, et les États en litige sont inexcusables de ne
pas tenter d'autres voies conciliatrices. Les États sont des
personnalités collectives ; comme tels, ils subissent ce principe ; que nul ne peut être juge et partie dans le même
conflit. Ils sont d'autant plus coupables de transiger avec
cette notion, qu'eux-mêmes, dans leurs Codes, l'imposent à
la personnalité individuelle de chaque citoyen.

Laissons ces aberrations d'honneur, ou plutôt ces marques
de superbe inassouvie aux générations du moyen âge qui
d'un coup de glaive, déterminaient les limites de leurs
domaines ou le rang de leurs ambassadeurs. Et toutefois,
notons une particularité saisissante : tandis que les armées
modernes prennent part sous toutes leurs faces aux luttes
engagées, les seigneurs d'autrefois élisaient une petite

poignée d'hommes, quelquefois un seul, pour les défendre contre une élite égale des troupes adverses. De la sorte, les droits de chacun se trouvaient représentés par des attributs de même valeur apparente, et se manifestaient dans un principe individualiste qui était d'assez bon aloi, puisqu'il était destiné à établir et garantir parmi nous le système du suffrage universel.

Les peuples belligérants ressemblent aux duellistes qui croiraient se montrer lâches s'ils se référaient, pour des points d'honneur, aux tribunaux compétents, comme s'ils oubliaient que ceux-ci sont les représentants assermentés de la dignité morale et de la vérité. — Richelieu, qui a si fermement sévi contre les amis du duel, a sans nul doute embrassé du regard le grand problème du droit international ; mais les évolutions du progrès, qui dépendent de l'ensemble des esprits, ne sauraient être assujetties ni hâtées par le génie d'un seul, quelque puissant qu'il soit ; et plus de deux siècles ont passé sur les cendres de l'illustre cardinal, sans que les peuples aient cessé d'avoir des armées, sans que ces armées aient fait couler bien du sang, et que ce même sang crie vengeance contre les fils du vainqueur !

Le premier pas à faire pour ériger l'arbitrage en principe de doctrine européenne, comme on l'a fait pour l'Union postale — est la suppression des armées permanentes. — C'est une opération bien simple, qui repose uniquement sur le bon vouloir des gouvernements, et qui s'effectuerait en quelques années par soustractions progressives. — A la suite de cette mesure, les Etats s'obligeraient, tant par un congrès général que par des traités mutuels à observer infailliblement un délai de six mois, à partir du moment où la mauvaise issue d'un conflit aurait amené la déclaration de la guerre. — La stipulation d'un tel délai, que nous concevons de six mois, aurait un double avantage; permettant aux deux partis de se préparer également et d'exploiter leurs alliances, mais permettant surtout aux uns et aux autres d'aboutir à une heureuse conciliation.

Répondra-t-on que l'art militaire serait chose inconnue parmi ces armées d'improvisation? — Mais rien, dans notre programme n'empêche que, sous l'influence d'une excellente organisation interne, un certain nombre de citoyens forts viennent chaque année s'instruire au maniement des armes et s'initier à la science des batailles. — On réaliserait ainsi une grande économie pécuniaire; on délivrerait les générations présentes et futures des poids énormes que font tomber sur leurs fortunes les nombreux emprunts suscités par des guerres internationales; on quitterait l'attitude provocante inséparable de la présence d'une armée; et on serait moins tenté de parler de revanche, c'est-à-dire, le plus souvent, de mettre sa dignité au profit d'une ambition qui éclate d'autant plus vivement qu'elle a été plus humiliée.

Encore si les États étaient menacés dans leur souveraine indépendance, les armées nombreuses auraient une raison d'être. Mais en vain nous chercherions les indices d'une telle situation; et, dès lors, l'existence des armées ne sert qu'à troubler le bien-être, et affecter la prospérité des gens qui travaillent. Les États-Unis en ont eu la certitude : on sait que leur immense territoire est peuplé de soixante millions d'habitants, et que parmi ceux-ci, il en est à peine vingt-cinq mille qui soient en permanence sous les drapeaux. Néanmoins, qu'on n'aille pas les attaquer, car leur organisation est telle, qu'en quelques instants, l'on verra se lever, pour défendre ces États, des milliers de légions pleines de force.

Les armées étant supprimées, les États auraient le soin d'en pourvoir les membres. *Les soldats licenciés* pourraient être envoyés aux colonies, où ils s'adonneraient à l'*agriculture et à l'industrie* et où ils accompliraient, chaque année, un certain temps de service militaire. Qui peut douter que, si la guerre survenait, un ordre télégraphique déterminerait la prompte apparition de ces troupes lointaines sur le théâtre prochain de la lutte ?

Admettons même que les colonies ne suffiraient pas à remplir le rôle que nous désirons. Dans ce cas, les gouvernements auraient à créer quelque industrie spéciale, ou même une *caisse de secours pour obvier aux nécessités de la classe pauvre*, les dépenses qu'ils feraient de ce côté ne s'élèveraient pas aux chiffres qui naissent du soutien d'une armée permanente, et l'on aurait l'avantage de *faire servir les impôts à un but de solidarité*, au lieu de les engloutir dans un appareil inutile, nous disons plus : nuisible.

II

L'efficacité de l'arbitrage dans les différends où la diplomatie est impuissante dépend donc, nous l'avons vu, de l'organisation interne des États. Elle dépend encore de diverses autres circonstances. Pour déduire, en l'absence de toute organisation juridique, un principe logiquement lié aux

bases de stabilité et de solidarité internationales, il est
nécessaire de reconnaître à l'arbitrage le rang et les priviléges d'un précepte constitutionnel, c'est-à-dire d'une règle
de conduite dont les applications soient invariables. Sa force
légale serait beaucoup plus grande, de la sorte, que celle
d'une clause de traité international ; d'autre part, il mérite-
rait la plus grande vénération des peuples, dont la volonté
souveraine lui aurait donné naissance. On s'accoutumerait à
l'accepter de bon gré dans tous les différends, tout comme
on accepte, au sein des sociétés constituées, certaines lois
consuétudinaires, dont la vague, mais ancienne autorité
permet finalement au législateur de les incorporer dans le
code des lois positives ; le même adviendrait pour les règles
d'arbitrage.

Nous en avons un bon nombre d'exemples.

La République de Venezuela, dans le dessein louable de
proclamer ses dispositions amicales vis-à-vis de toutes les
autres nations, aussi bien que pour garantir sa prospérité et
sa grandeur, a fait de l'arbitrage un principe irréfragable
dans sa constitution, dont nous rappelons l'article cent-neu-
vième : *En los tratados internacionales de comercio y amistad,
se pondrá la clausula de que todas las differencias entre las
partes contratantes deberan decidir-se sin apelacion a la
guerra, por arbitramiento de potencia ó potencias amigas.*
(Dans les traités internationaux de commerce et d'amitié, on
introduira cette clause : que tous différends entre les parties
contractantes devront être résolus sans appellation à la
guerre, en prenant pour arbitre une ou plusieurs puissances
amies.)

La République de l'Équateur avait formulé la même

clause ; et récemment encore, fidèle à son engagement, elle n'a pas omis d'introduire, dans ses traités avec la France, avec l'Espagne et avec la Belgique, un article spécial stipulant que toute divergence entre les Hautes Parties contractantes serait soumise au même moyen salutaire et pacifique de conciliation.

De même, l'article 33 d'un traité d'amitié, de commerce et de navigation, qui fut signé le 2 janvier 1858, entre la République de San Salvador et la France, et ainsi conçu :

« Dans le cas où une des parties contractantes estimerait que quelques stipulations du présent traité ont été enfreintes à son préjudice, elle devra adresser aussitôt à l'autre partie une exacte exposition des faits, accompagnée de tous documents et de toutes preuves nécessaires pour établir la légitimité de sa plainte ; elle y joindra une demande de réparation ; et ne pourra autoriser des actes de représailles, ou commettre des hostilités avant qu'on lui ait refusé réparation, ou qu'on ait régularisé la situation, en la déférant à la solution de l'arbitrage. »

C'est dans un sens analogue que sont écrits les traités du 13 juin 1870, entre l'empire d'Allemagne et la République de San Salvador (art. 32) ; du 8 mai 1876 entre les républiques de San Salvador et de Guatémala (art. 11) ; du 31 mai 1878, entre les républiques de San Salvador et de Honduras (art. 34) ; du 17 novembre 1883, entre les républiques de San Salvador et de Nicaragua (art. 33) ; du 30 octobre 1883, entre les républiques Helvétique et de San Salvador (art. 13) ; du 27 août 1883, entre les républiques de Vénézuéla et de San Salvador (art. 12).

Ces traités et beaucoup d'autres que nous pourrions mentionner, comme ceux du Vénézuéla et de l'Equateur, prouvent que dans mainte nation l'arbitrage est, sinon un principe reconnu, du moins un principe particulier qui deviendra bientôt une doctrine européenne, surtout si nous obtenons la suppression des armées permanentes, et le *nivellement égalitaire des nations*.

D'ailleurs, nous savons que dans la plupart des traités de l'Amérique, si l'arbitrage n'est pas toujours expressément indiqué comme seul moyen d'entente, il existe du moins des procédés réglementaires qui facilitent l'accord, et permettent de satisfaire, sans recourir aux armes, les réclamations de la partie lésée à la suite d'un défaut dans l'interprétation ou l'exécution des traités.

Ce n'est pourtant pas dans les doctrines du Droit des Gens, dont nous avons déjà traité, que l'on doit chercher un vrai principe d'application de l'arbitrage. — Actuellement il est plus convenable de se rapporter à des faits pratiques, qui sont bien aptes à fournir d'utiles conséquences suivant l'esprit même du droit. — Car on remarque sans peine que la moindre démonstration dissidente, à notre époque, fait passer sur les peuples comme un souffle de guerre prochaine, et les livre aux inquiétudes qui naissent inévitablement de cette crainte, tandis que toute manifestation sympathique ou amicale dilate, s'il est permis d'ainsi parler, le cœur d'un peuple, et dissipe les préoccupations de guerre auxquelles on peut s'être livré.

C'est ainsi que le récent dîner accepté par l'empereur d'Allemagne chez l'ambassadeur de France à Berlin, et celui que le président de la République française a accepté chez M. de Münster, signifient hautement les désirs de conciliation fraternelle qui animent ces deux peuples, d'autant que, depuis 1870, le monarque germanique n'avait plus dîné chez le représentant de la France. — Il n'est pas sans intérêt de rappeler la visite que le président de la République argentine a faite dernièrement à son collègue de l'Uruguay, et qui est une preuve de sympathie bien propre à resserrer les liens amicaux des deux États.

La politique internationale la plus savante et la plus fraternelle, celle aussi qui contribue le plus puissamment à réunir les peuples dans une conciliation pacifique, quand même cet effet ne surviendrait qu'à la suite d'une victoire, est celle qui consiste à convenir, dans le traité de paix définitive, que les frais de la guerre sont à la charge de la partie vaincue, comme il arrive dans l'ordre civil à la suite des procès judiciaires ; et que, d'autre part, la partie victorieuse doit se contenter de cette satisfaction, sans confisquer aucun territoire de la partie adverse, et même en restituant ce qu'il en aurait pris pendant la guerre.

Cela s'entend de tous les cas où la guerre soit devenue l'unique opposition active entre les deux nations. Car il est des circonstances où le concours des armes et de la litige rend difficile l'emploi de ce système. Il y a quelques années, par exemple, la République Argentine triompha par les armes, de la République do Paraguay, à la suite d'un différend au sujet de la possession de la « Villa Occidentale. » La guerre finie, les parties belligérantes s'en référèrent à l'arbitrage des Etats-Unis, qui changèrent les rôles, en condamnant les prétentions argentiniennes (12 novembre 1878.)

Nous estimons que l'Uruguay est la nation qui a fait le plus d'avances à la conciliation internationale, et à la pol tique élevée de pacification universelle. — Récemment elle a rendu au Paraguay les trophées de gloire qu'elle avait rapportés de l'expédition de la Triple Alliance, voulant ainsi montrer qu'elle participait de cœur au sens magnifique de l'article septième du traité de l'alliance : « La guerre entreprise n'est pas contre la nation du Paraguay, mais bien seulement contre ceux qui la gouvernent actuellement. » (1er mai 1865.) — L'Uruguay ne s'est pas arrêté là ; il a été jusqu'à remettre à la République vaincue la dette qu'elle était en droit de faire acquitter pour ses frais de guerre, et témoigner par ce moyen de ses intentions si conformes avec nos principes internationaux.

Ces considérations renforcent l'opinion que nous avons émise tout à l'heure au sujet de la conquête. La confiscation d'un territoire sans le consentement de ceux qui l'habitent est un acte désastreux, qui engendre des revendications, des soifs de revanche, dont le cours des siècles même triomphe difficilement. C'est pour obvier à cette politique imprudente que le congrès de Berlin, de 1885, a proclamé que toute conquête ou tout protectorat nouveaux, doivent être notifiés, par l'Etat intéressé, à toutes les autres nations. Ainsi l'a fait le gouvernement italien, en prenant possession de Massaouah. Si l'on suppose que la paix ne peut néanmoins s'établir entre deux pays, tant que l'un conservera une conquête faite au détriment de l'autre, l'esprit de conciliation commande alors qu'on entreprenne la voie de restitution, ou de neutralisation du territoire occupé.

Mais ce qui est passé ne revient plus, et il est plus sage d'exprimer des conseils préventifs que d'imaginer des remèdes. On peut s'inspirer du traité déjà cité, du 27 août

1883, entre les Républiques de San Salvador et de Véné-zuéla, dont l'article 11 dit que : « Les Républiques contrac-tantes s'engagent chacune à ne s'approprier aucune portion du territoire de l'autre, pas plus à titre de conquête qu'au chef d'indemnité de guerre. »

Si cette belle doctrine était accréditée dans tous les traités, pour suppléer autant que possible à l'absence d'un tribunal régulier, les guerres deviendraient rares, exceptionnelles, et l'arbitrage triompherait définitivement de la force coercitive, ouvrant au monde une ère de prospérité et de progrès assuré. Les effets de cette tactique seraient hâtés par cette considération, que les nations conquises ressemblent aux souverains désarmés : ceux-ci ne peuvent traiter, celles-là ne peuvent délibérer ni entreprendre une guerre.

Dans le traité de la triple alliance, dont nous avons déjà parlé, les Etats alliés s'obligeaient à respecter et garantir, au moins pendant cinq années, l'indépendance souveraine et l'intégrité territoriale de la République de Paraguay (art 8 et 9). En conséquence, celle-ci pourrait choisir son gouvernement, se donner elle-même ses institutions, sans pouvoir être incorporée, ni soumise au protectorat d'aucun des Etats alliés, à la suite de la guerre.

D'heureuses combinaisons peuvent ainsi faire de l'arbi-trage un moyen puissant d'accord international, et opposer au moins son influence aux prétentions de conquête. — Et cette pensée nous fait regretter plus encore que, depuis le Congrès de Vienne, tant d'autres congrès se soient réunis seulement pour régler, à la suite des guerres, des occupa-tions ou des cessions de territoires ; — tandis que les con-grès devraient se réunir avant les discordes, et, avec l'autorité de leur caractère international, prévenir les effets arbitraires de la lutte. C'est dans ce sens que s'exprimait S. M. le roi de Portugal à l'ouverture du parlement en 1874, rappelant qu'il était impossible de bien remédier aux déplorables suites des événements militaires, et que le seul moyen de s'en préserver était de les annuler par les bons offices d'un Congrès.

Le traité entre la République de Vénézuéla et celle de San Salvador contient encore d'autres doctrines remarquables. Ainsi on y voit que, dans le cas où les Hautes Parties contractantes ne s'accorderaient point sur la désignation de l'arbitre, l'offensée proposera à l'autre un ensemble de trois arbitres, entre lesquels celle-ci devra élire, à fin de résoudre le conflit, celui qu'elle préfère, n'ayant toutefois pour notifier son choix que le délai de six mois à compter du jour où la proposition aura été faite. — Rappelons surtout qu'après avoir établi des règles de droit maritime en conformité avec le Congrès de Paris en 1856, et aussi des règles d'ambulance concordant avec la Convention de Genève de 1864, le même traité condamne toute guerre par avance, ainsi qu'on le voit dans l'article 43, dont nous reproduisons les premiers mots : *En el caso desgraciado de una guerra, que las dos Repúblicas hermanas condenan de antemano, como una monstruosidad de los tiempos de la barbaria, con el fin de disminuir sus males, estipulan :.......*

(Dans le cas malheureux d'une guerre, que les deux Républiques sœurs condamnent dès à présent, comme une monstrueuse coutume des temps barbares.)

Comme conclusion et comme principe général, l'on doit établir que, dans le cas d'une divergence, et lorsque la voie diplomatique a été suivie infructueusement, l'une quelconque des deux parties en litige, est en droit de prendre les moyens d'éviter la guerre, c'est à dire de demander à l'autre l'intervention de l'arbitrage. C'est ce que nous avons montré plus haut, en considérant que personne ne peut prétendre se faire à soi-même justice, ni devenir juge et partie dans ses propres affaires. Aussi nous pensons qu'il est juste que l'Angleterre accepte l'arbitrage proposé par la République de Vénézuéla au sujet des limites de la Guyane. Et cette acceptation n'exclut pas une voie particulière de solution. Par exemple, le gouvernement britannique et celui de Vénézuéla pourraient soumettre à une troisième puissance l'examen de tous les documents que l'un et l'autre possèdent, touchant la question qui les divise. Ensuite, les attributs de chacun établis, ils invoqueraient en toute confiance la décision arbitrale d'un tribunal agréé des deux parts.

III

Mais tous ces projets dont nous parlons seront irréalisables, tant que les armées permanentes n'auront pas été supprimées. — Leur suppression devrait être d'autant mieux accueillie des États, que leur présence est devenue inutile. — L'indépendance nationale, la garantie des libertés individuelles, sont assez fortement protégées par les bonnes institutions de chaque nation, et sa constitution parlementaire.

pour qu'on puisse se dispenser totalement de la présence de la force brutale, laquelle est trop souvent l'expression d'un gouvernement despotique. *La vraie force d'un peuple, à notre époque, réside dans la souveraineté du peuple, qui est au-dessus de tout*, puisqu'au gré de ses volontés elle change les parlements, et, d'une manière indirecte, préside même au choix des cabinets ministériels.

A la suppression des armées s'ajoute un moyen complexe et efficace de propager les doctrines de l'arbitrage. Il consiste à servir les intérêts économiques des peuples ; à établir par exemple, une *Union internationale des douanes*, aux termes égalitaires dont seraient avantagées l'importation et l'exportation de tous les États, et dont les tarifs seraient universels et invariables pour toutes les denrées, de quelque part qu'elles provinssent ; à proclamer et réaliser l'*Union monétaire*, qui a déjà été proposée et acceptée partiellement sous le nom d'Union latine, et qui, tout en facilitant les transactions commerciales entre les peuples, supprimerait un des ennuis qui affectent le plus les voyageurs.

On a déjà suivi la même idée lorsque l'on a établi l'*Union Postale*, facilitant de la sorte l'échange réciproque des lettres périodiques, et terminant toutes les relations mutuelles de ce genre par une organisation parfaitement harmonieuse ; de même que lorsqu'on a proclamé les *Conventions des câbles sous-marins*, des divers *télégraphes internationaux*, et de la *propriété industrielle*, de la *propriété artistique*, de la *propriété littéraire*; enfin la *loi maritime* formulée par le Congrès de Paris, de 1856, et d'autres mesures importantes prises en 1815 par le Congrès de Vienne. De tels moyens sont les meilleurs lorsqu'il s'agit de gagner l'assentiment des peuples, et même des individus, puisque ceux-ci. nous l'avons rappelé, sont très intéressés dans les réformes monétaires.

IV

D'un autre côté, pour assurer l'application d'un principe conforme aux doctrines de l'arbitrage, il est nécessaire que l'esprit des peuples se trouve, de bonne foi, disposé à contribuer à un *système de fraternisation générale.* — La République Argentine a suivi cette voie. — Dernièrement, à l'ouverture des Chambres, le président, aussi sage qu'il est jeune, a témoigné du sincère intérêt qu'il attache au maintien de la paix et de la concorde. Il a accepté de confier à des commissions mixtes le différend survenu, au sujet du territoire des Missions, entre la République et l'empire du Brésil, déclarant, dans son message, qu'une telle divergence ne méritait pas les ennuis d'une guerre, « bien que l'importance réelle de la question fût le double de son importance apparente ». — Et il a chargé des commissions analogues d'apporter une solution pacifique aux questions survenues avec la Bolivie et le Chili. — Tels sont les précieux témoignages d'une politique humanitaire et transcendantale, qui conduit les peuples voisins entre eux à l'affermissement de la seule doctrine capable de leur assurer le progrès moral et positif.

Tandis que « arbitrage et désarmement » devrait être le

mot d'ordre de toutes les puissances de premier rang, on les voit affecter sans cesse des attitudes menaçantes ; de telle sorte que les Etats neutralisés à perpétuité, tels que la Belgique, la Suisse, le Luxembourg, auxquels leur organisation ne permet que la guerre défensive, en vue de s'opposer à la violation de leur territoire, se voient obligés d'entretenir, même en temps de paix, un « pied de guerre » que l'acceptation de notre doctrine suffirait à rendre inutile. — Tel est aussi le préjudice de la paix armée, que non seulement il enveloppe les Etats neutralisés à perpétuité, mais encore tous les Etats secondaires, dont les intérêts sont toujours extérieurs à la politique internationale des hautes puissances.

Le triomphe et la consolidation du principe de l'arbitrage obligatoire, a été juridiquement reconnu entre les cinq républiques de l'Amérique centrale, qui, par un traité solennel, se sont engagées solidairement à soumettre tous leurs différends à un juge impartial. Elles ont ainsi donné au monde une preuve incontestable de cette fédération morale qui jadis les unissait légalement.

En conséquence de ce traité, les représentants des républiques de Guatémala, de San Salvador et de Honduras, se sont réunis récemment à San José, dans le louable but d'offrir leur médiation aux républiques de Nicaragua et de Costa Rica, entrées en divergence, à la suite du traité célébré par celle-ci pour le percement du Canal interocéanique — Les deux parties en litige s'en référèrent d'un commun accord aux avis de la convention formée par les trois autres républiques. — C'est ici un tribunal de médiation, dont la règle proposée a été acceptée par les Etats en conflit. Le procédé est complètement différent de celui qui résulte de l'intervention d'un tribunal arbitral ; la sentence de celui-ci s'impose avec force de loi, tandis que les tribunaux de médiation se bornent à donner des conseils que l'on peut refuser en tout ou en partie.

Dans la Convention des trois républiques, deux rôles se distinguent : l'un, médiateur, et l'autre législatif. Une fois le premier de ces rôles obtenus, par expresse délégation des parties en litige, la Convention commence à déterminer les bases sur lesquelles le Tribunal arbitral, représenté par le Président des Etats-Unis, aura à résoudre les divers points de la divergence. — Et elle adresse à l'arbitre les propositions suivantes :

1° Si, suivant l'esprit et aux termes du Traité de Délimitation, signé, le 15 avril 1838 avec la République de Nicaragua, et déclaré valable par une précédente sentence arbitrale du Président des Etats-Unis, la République de Costa-Rica avait ou non le droit de faire un contrat appelé Zeledon-Menocal, pour le percement du Canal Interocéanique ?

2° Dans le cas affirmatif, si les droits attribués à la République de Costa-Rica par ledit traité du 15 avril 1838 ont été, ou non, outrepassés dans ce contrat au préjudice de la République de Nicaragua ? S'ils l'ont été, jusqu'à quel point et dans quelle mesure ?

3° Le contrat Zeledon-Menocal sera déclaré nul, si l'arbitre déclare que la République jugée n'était pas en droit de le faire ; on déclarera de même nuls ceux des articles où l'arbitre reconnaîtra que la République de Costa-Rica a enfreint ses droits au détriment de la République de Nicaragua.

La sentence arbitrale constituera un précédent juridique

pour le différend de limites entre les Républiques de Costa-Rica et de Nicaragua.

4° Les gouvernements contractants, solliciteront l'acceptation de l'arbitre dans le délai de trente jours, à compter du moment où auront été échangées les ratifications de la Convention.

5° Dans le cas où l'arbitre désigné refuserait d'intervenir, les Gouvernements contractants s'accorderont pour en désigner un autre dans le délai de quatre-vingt-dix jours, à compter du moment où leur aura été notifié le refus du premier.

6° Les deux Gouvernements présenteront leurs documents et diverses preuves en espagnol, avec traduction en anglais, trente jours au plus tard après l'acceptation de l'arbitre.

Celui-ci communiquera aux représentants de chacune des parties en litige les documents et preuves de l'autre partie, huit jours après qu'ils lui auront été remis.

Chaque gouvernement aura le droit de réfuter par documents les allégations de l'autre, dans le délai de quatre-vingt-dix jours, à compter de la transmission de celles-ci.

La sentence de l'Arbitre, pour être valable, devra être prononcée dans le délai de cent-vingt jours, à compter du dernier jour permis pour la présentation des réfutations.

7° La sentence de l'Arbitre, quelle qu'en soit la teneur, sera perpétuellement obligatoire pour les hautes parties contractantes.

8° Les ratifications de la Convention devront être échangées au plus tard le 30 avril 1889.

Ainsi finit cette question d'arbitrage, où les deux parties, au lieu de régler elles-mêmes les bases d'un procédé que le droit consuétudinaire indique pour les cas identiques, et qui aboutit au traité appelé compromis, ont agi d'une manière inverse, en vertu du traité solennel que toutes deux avaient célébré communément avec les autres républiques de l'Amérique centrale. — Manière d'agir exceptionnelle, mais qui résulte d'une organisation en quelque sorte identique de celle que l'on retrouve dans la magistrature interne des États.

C'est donc surtout dans l'Amérique que les doctrines de l'arbitrage font actuellement le plus de progrès ; et, à ce propos, nous aimons à revenir sur le remarquable discours du président des États-Unis :

« Notre règle de conduite, dit-il, a toujours été de ne pas intervenir dans les dissensions européennes, et de rester les spectateurs désintéressés de leurs désintelligences diplomatiques, sans laisser pour cela d'être constamment disposés à employer nos bons offices au maintien et au rétablissement de la paix. — Jamais nous n'avons tenté de mettre à profit les embarras des autres États pour procurer des avantages à notre propre commerce. — Jamais nous n'avons cherché à absorber ou dominer les nations voisines plus faibles que la nôtre. Aussi, par un principe de juste réciprocité, sommes-nous en droit d'espérer qu'aucun État de l'Europe ne tentera de créer des dépendances coloniales parmi les États indépendants de l'Amérique.

» Nous avons besoin, ajoute-t-il, de ports et de stations de charbon bien situés, mais notre devoir est de n'employer, pour obtenir ces privilèges, que des moyens pacifiques, quelque faible que soit le gouvernement dont nous aurons à les solliciter. — Le calme, la justice et la modération, telles sont les qualités qui doivent distinguer notre diplomatie.

» Une intelligente diplomatie exerce de bons offices lorsqu'elle met en avant un arbitrage amical et désintéressé, qui a sa place opportune dans toutes les divergences internationales, et qui contribue à les aplanir, en leur substituant une paix définitive.

» Tel est notre système à nous, par lequel nous contribuons à la paix générale, bien précieux que nous savons le mieux estimer; et par lequel nous contribuons à attirer le discrédit et le blâme sur les nations qui rompent témérairement les hostilités... »

Ces considérations élevées consignent une fois de plus les principes véritables de droit international qui règnent depuis que les nations sont considérées comme égales dans leurs droits souverains d'indépendance, conformément aux traités de Westphalie. — Il résulte de là, tout naturellement, que quelque intervention ou acte autoritaire d'une nation sur une autre, est une violation flagrante et odieuse des prérogatives souveraines dont jouissent les personnes morales; car celles-ci sont complètement libres de juger leurs propres actions, et complètement indépendantes dans leur législation. — Nulle nation ne peut intervenir dans la vie d'une autre que si elle a sur elle des droits parfaits dans ce sens; et encore, dans ce cas, faut-il que son intervention se fasse suivant les règles diplomatiques et autres usages habituels aux États civilisés.

Tel est le seul objectif de la diplomatie des États-Unis, *diplomatie fraternelle et conciliatrice*, qui aspire à faire universellement respecter ses droits et ceux de ses citoyens; et qui s'applique, en toutes questions, à *faire prévaloir la force du droit contre le droit de la force*.

V

Toutes les considérations qui précèdent, et particulièrement l'heureux spectacle que nous offrent tous les états d'Amérique où le principe de l'arbitrage s'est si bien vulgarisé, nous conduisent à souhaiter pour les nations de l'Ancien-Monde, une organisation juridique, dont les liens resserrés feraient d'elles un ensemble, auquel pourrait convenir la dénomination d'*États-Unis de l'Europe*. Cette organisation peut être provoquée par l'intérêt même de chaque nation ; car elle aurait, entre autres avantages, celui de mieux tenir l'Europe en garde contre quelque grande invasion. Lorsqu'il y a quatorze siècles les terribles bandes des Huns et des Goths se jetèrent sur le monde civilisé, ils eurent bientôt fait de convertir en douloureuses ruines les derniers vestiges de la magnificence romaine ; supposons qu'à peu de temps d'ici, par exemple, les innombrables fils de l'Empire chinois se précipitent sur l'Europe, celle-ci ne pourra leur résister avec efficacité qu'autant que les divers peuples qui la constituent auront consentis à s'unir sous les salutaires auspices de la doctrine que nous préconisons.

Ce n'est pas seulement dans les annales politiques de notre siècle que nous trouvons des preuves d'adhésion au principe de l'arbitrage ; cette adhésion, autrefois, pouvait être pour ainsi dire inconsciente ou indirecte, mais ses effets servaient toujours l'avancement de notre cause. Il en a été ainsi pour le projet de Paix Perpétuelle, imaginé par le roi de France, Henri IV, et son ministre Sully, dont on ne doute pas que l'effet direct, poursuivi par le monarque, devait être l'affaiblissement de la puissance autrichienne.

L'arbitrage est journellement utile à toutes les nations, pour régler les questions de violation de territoires qui réclament explication ou satisfaction; d'interprétation, d'exécution ou de violation des traités; enfin, les questions de limites, comme celle qui a surgi entre la France et la Hollande au sujet des Guyanes, et qui vient d'être soumise à l'arbitrage. Nous espérons que, de la même manière, tout différend soit résolu désormais par voie pacifique.

En vertu de tous les fondements que nous avons exposés, nous pouvons établir les considérations suivantes :

1° Que, pour éviter la misère, la ruine et les énormes contributions et emprunts que les guerres font peser sur les peuples, auxquels généralement elles sont inutiles et plutôt nuisibles, les nations doivent d'un commun accord se réunir dans un Congrès international, afin de convenir d'un désarmement général, qui pourrait se faire, par exemple, en supprimant chaque année le dixième des effectifs des armées.

2° Que, dans le cas malheureux d'une guerre, les hostilités ne peuvent être commencées que six mois après la déclaration de la guerre.

3° Que, pour contribuer à augmenter les garanties de la paix, on devra, dans le cas d'un conflit que la voie diplomatique aura été impuissante à apaiser, consulter encore, avant d'entreprendre les hostilités, le vœu de tous les habitants.

4° Que, pour donner une plus grande force légale au

principe de l'arbitrage, on devra en faire un précepte constitutionnel, par lequel toutes les nations se trouvent obligées à insérer une clause qui les oblige à accepter l'arbitrage
dans tous leurs différents, l'arbitre pouvant d'ailleurs être
un chef d'État, ou un tribunal mixte.

5° Que, comme nous l'avons dit, on convainc plus facilement les nations en s'adressant à leurs intérêts vitaux, en
leur proposant, par exemple, les unions douanière et monétaire, etc., au lieu de les amener dès l'abord à puiser dans
l'examen des doctrines internationales la certitude de leurs
avantages.

6° Que, le règne de l'arbitrage étant le « desideratum »
des peuples, il est de toute convenance qu'une ou deux
nations en prennent l'initiative, et que, d'autre part, chaque
citoyen, par une influente propagande, morale et légale,
contribue à faire entrer son gouvernement dans la voie des
réformes dont dépendent sa prospérité et sa grandeur.

7° Que, dans le cas déplorable où une nation victorieuse
s'empare de tout ou partie du territoire vaincu, une règle de
doctrine internationale établisse au moins l'indispensabilité
de l'adhésion du peuple conquis, laquelle se manifesterait
par un plébiscite. En l'absence de cette condition, les autres
nations pourront refuser de reconnaître l'odieux procédé de
la nation victorieuse, suivant la faculté que paraît leur con-
férer le congrès de Berlin de 1885, où il a été stipulé que
tout gouvernement qui conquiert ou soumet à son protectorat un nouveau territoire, est tenu de le notifier à toutes les
autres nations.

8° Que nous faisons des vœux pour que l'ouverture prochaine des grandes assises de l'industrie, du commerce et

des arts, où tous les peuples vont se réunir dans des dispositions de paix et d'amitié, contribue puissamment à la paix générale. Nous souhaitons aussi le plus grand succès au Congrès universel et parlementaire de la paix, qui doit suivre le Congrès de sauvetage, et à tous ceux qui, comme ceux-là, ont en vue la prospérité du monde.

LA NEUTRALITÉ

Principes généraux à ce sujet

I

La situation des nations neutralisées à perpétuité vis à-
vis du droit et de la justice, doit être absolument déterminée
par une règle de conduite, qui empêche qu'elles puissent se
compromettre dans leurs relations avec d'autres nations de
la même catégorie. Elles sont, pour cette cause, forcément
restreintes dans leurs droits souverains; elles ne peuvent point
signer en temps de paix des compromis tels que la promesse
d'un contingent de troupes ou d'une facilité d'emprunt en
prévision d'une guerre future, où aurait part l'autre nation
contractante.

Il est hors de doute, que tous les autres États, non neutralisés, ont le droit parfait de célébrer entre eux des traités
qui, si la paix vient à se rompre, deviennent pour eux des
moyens d'aide et de défense. — C'est une conséquence élémentaire du droit reconnu à toute nation d'affecter en cas
de guerre une attitude déterminée, soit belligérante, soit
neutre, soit conditionnellement neutre ; dans cette dernière
attitude, la nation se réserve de prendre les armes, si tel ou

tel fait se produit, comme l'alarme motivée d'un pays limitrophe, ou même si ses propres intérêts le réclament. Ainsi
se conduisit le Paraguay, lorsque le Brésil eut envahi la
bande orientale de l'Uruguay ; et aussi le Royaume-Uni,
qui déclara, lors de la guerre d'Orient, qu'il deviendrait
belligérant, si la Russie violait la neutralité du canal de
Suez.

Autrefois, chose remarquable, une nation pouvait fournir
des troupes auxiliaires sans cesser d'être neutre ; ainsi
arriva-t-il pour le roi de Piémont, lorsqu'en janvier de
1855, sur les conseils du comte de Cavour, il signa un traité
d'alliance avec la France, l'Angleterre et la Turquie, et
envoya dix-huit mille hommes se joindre à l'armée des
alliés devant Sébastopol. — Mais, actuellement, cette conduite n'est plus conciliable avec la science militaire moderne, ni avec les nouvelles doctrines accréditées entre les
peuples.

Les nations neutralisées à perpétuité, hormis le cas
exceptionnel que nous avons signalé, ont toujours le droit
parfait d'user de leurs prérogatives souveraines en célébrant
des alliances défensives, dont le but soit précisément la sauvegarde de leurs droits de neutralité. C'est un principe qui
s'harmonise excellemment avec leurs conditions, attendu
que la défense propre et la garantie de l'indépendance souveraine sont toujours de légitime justice ; et que, les nations
neutralisées, devant être étrangères à toute guerre, ne peuvent intervenir dans nul conflit armé pour les intérêts d'une
partie belligérante, que celle-ci, d'ailleurs, se trouve en
position de défense ou d'attaque. Cela n'empêche pas, néanmoins, qu'une des armées, que l'autre aurait mise en réel

danger de vie ou de liberté, ne puisse réclamer abri dans un territoire neutre ; mais, en un pareil cas, l'État neutralisé aurait le devoir de désarmer et interner les réfugiés, et veiller aussi à ce qu'ils ne reprennent plus les armes pour combattre dans la même campagne ; il exigerait du général en déroute une capitulation à cet effet, signée entre celui-ci et le chef des forces militaires de la nation.

Si, toutefois, l'armée victorieuse transigeait audacieusement avec les principes reconnus, et poursuivait l'ennemi au cœur du pays neutralisé, celui-ci pourrait reprendre les armes, se fortifier à son aise, et combattre ; et l'armée offensive serait devenue, elle seule, responsable de la violation du pays neutre, lequel, en accueillant les vaincus, n'aurait enfreint aucune règle, mais simplement servi un principe de charité et de déférence humanitaire.

Suivant le même ordre d'idées, une nation neutralisée ne peut, sans compromettre sa situation, consentir à ce que les belligérants traversent son territoire, quand même cette concession serait faite à l'une et à l'autre partie. Je ne doute pas que ce serait là purement un acte de bienveillance impartiale ; mais un tel acte constituerait un précédent funeste, qui serait, dans la suite, infailliblement invoqué par d'autres États se trouvant dans des conditions analogues de guerre. — Nous ne croyons pas, d'ailleurs, que les nations neutralisées conservent encore cette faculté parmi leurs droits souverains, et nous ne savons comment les grands États qui se sont portés garants de la neutralité de ceux-là jugeraient leur conduite ; d'autant que les nations mêmes qui jouissent du plein droit de guerre offensive, et qui, dans le cas d'une guerre, s'attribuent de leur propre gré la

situation neutrale, no manquent jamais do refuser à quelque
armée belligérante que ce soit l'autorisation de franchir
les limites de leur territoire pour le traverser, sachant bien
que cette concession peut être la source délicate de quelque
grave compromis.

Nous devons considérer que les effets d'un système d'actions impartiales sont bien différents de ceux d'un système
d'abstention neutrale; certes, il est naturel que ni l'une ni
l'autre partie belligérante ne se plaigne quand il leur est
accordé des facilités identiques, mais généralement la nature
de ces facilités entraîne quelque disproportion dans leurs
résultats. Ainsi, lorsque les deux armées en lutte reçoivent
l'autorisation de traverser le territoire neutre, il peut se
faire que celle qui franchit alors le plus promptement les
distances soit celle qui aurait éprouvé un défavorable retard
à accomplir un détour par eau, ou par des terres mauvaises
et étendues. — Et de même, étant donné que les vivres destinés à ravitailler soit un camp, soit l'autre, puissent être
conduits à travers le pays neutralisé, la victoire peut justement favoriser celui qui dispose de plus de sagacité et de ressources, tandis que celui-là même, sans ce moyen, aurait
pu succomber à la famine avant que les subsistances lui
parvinssent de quelque terre éloignée.

Le caractère essentiel de la neutralité est, à nos yeux,
cette abstention absolue qui se convertit en l'inaction complète vis-à-vis de tout acte compris dans la sphère des attributions capables de la compromettre, tel que le passage de
troupes ou de munitions de guerre à travers la nation neutralisée, les levées de troupes auxiliaires dans son territoire,
la construction de vaisseaux dans ses arsenaux, la propa-

gande active en faveur d'une des parties belligérantes. L'abstention multiple dont nous venons de parler doit être consignée convenablement dans un décret par les déclarations suivantes : — que défense expresse est faite aux sujets du pays neutre de s'enrôler dans quelque armée belligérante que ce soit, et que ceux qui se mettront en contravention avec cette mesure tomberont sous le coup immédiat des résolutions que pourront prendre contre eux les belligérants et resteront radicalement privés de la protection de leur gouvernement; — que, seuls, les navires au pavillon national pourront apporter des articles de commerce dans les ports non bloqués, pourvu qu'ils ne se chargent d'armes, ni d'autres engins ou munitions de guerre destinés aux belligérants; — qu'il ne pourra être construit dans les ports neutres aucune embarcation affectée à l'exercice de la piraterie, quelle que soit la nature de son pavillon, et que les sujets de la nation devront veiller à ce que cette défense soit strictement respectée; — qu'il est généralement prohibé de vendre dans les ports les captures faites par l'une ou l'autre des parties belligérantes; — que le gouvernement pourra consentir à ce que les navires de guerre intéressés dans la lutte entrent dans ses ports, pourvu qu'ils n'y restent pas au-delà d'un certain délai (qui peut être déterminé de vingt-quatre heures); — que, dans ce cas, ces navires seront très prudemment surveillés par les autorités locales, qui auront soin de les faire partir dans le plus bref espace de temps, sans leur permettre d'autres approvisionnements que ceux d'urgence et qui veilleront à ce qu'ils n'emportent de là nulles armes nouvelles ni munitions de guerre d'aucune sorte; — que l'État neutralisé a le devoir d'accueillir et de soigner les blessés, et, conséquemment, peut toujours, en vertu d'un principe humanitaire proclamé dans la conférence de Genève (1864), en autoriser le transport pour son territoire; — que, finalement, il peut, sans compromettre sa neutralité, recueillir et protéger dans ses ports les navires de guerre en détresse, pourvu qu'ils s'éloignent dans le délai fixé de vingt-quatre heures, ou qu'ils se résignent à être désarmés.

Les principes mêmes les plus essentiels de la philanthropie doivent déterminer toutes les puissances, tant neutralisées que neutrales ou belligérantes, à se prêter toujours au charitable service des blessés et des malades; à les secourir sur le champ de bataille et les recueillir au plus proche abri, fût-il des belligérants.

La question de la réglementation du mouvement dans les ports neutres, me conduit à faire observer ici que les jurisconsultes les plus autorisés en matière de droit international s'accordent à dire que la nation neutre peut toujours accorder aux navires de guerre la permission de circuler dans les limites de sa juridiction fluviale, attendu que cette permission ne peut donner naissance à aucun inconvénient ni causer aucun dommage. — C'est une concession que la nation peut toujours faire, mais qu'elle a parfaitement le droit de refuser, et que même moralement il est convenable qu'elle refuse, dans les circonstances où elle pourrait découvrir les garanties des puissances qui se sont concertées pour sa neutralisation perpétuelle.

Ainsi, nous voyons combien est délicate et généralement fâcheuse la situation des pays neutres, qui, en temps de paix, doivent constamment se tenir préparés pour la guerre, et, en temps de guerre, ont à déployer leur plus grande activité pour résister par les armes à l'invasion possible des belligérants, et pour protester énergiquement contre cette violation, si elle venait à s'accomplir.—La neutralité armée, telle doit donc être la condition *sine quâ non* de leur tranquillité !

En vérité, nous ne saurions comprendre les bienfaits de ce principe de neutralisation, qui, d'une part, garantit à la Belgique, à la Suisse et au Luxembourg le respect de leur indépendance et la protection de leurs droits souverains, mais qui, d'autre part, impose à ces États la condition de défendre leurs frontières, par tous les moyens en leur pouvoir, contre ceux qui viendraient à les menacer. La conséquence logique de cette règle est que les nations neutres ne peuvent s'attendre, en cas de guerre, ni à de grands avantages ni à une sûre protection, et qu'elles doivent sans cesse consacrer aux choses militaires une grande partie de leurs ressources et de l'activité de leurs sujets, subissant, en proportion de leur population et de leurs intérêts, une paix armée aussi onéreuse que celle des grandes puissances.

Et, s'il est indubitable que l'on doit considérer comme des obligations purement morales, c'est-à-dire caduques, les traités célébrés entre les grandes puissances relativement à la Belgique (1831, 1839, 1870), à la Suisse (1815), et au Grand-Duché de Luxembourg (1867), alors, en temps de guerre, les puissances qui se seront proclamées neutres, doivent envoyer chacune un contingent de troupes pour sauvegarder la neutralisation, dispensant ainsi les États neutres de sacrifier leurs revenus, en paix comme en guerre, à l'équipement, l'entretien et le muniment d'une armée relativement nombreuse. — Nous allons plus loin, et nous n'hésitons pas à proposer que les belligérants eux-mêmes, s'ils se trouvent liés par les traités dont nous avons parlé tout à l'heure, envoient aussi leur contingent coopérer au système défensif des neutres. A cette règle de conduite s'enchaînerait une plus parfaite garantie d'inviolabilité pour le territoire. — D'ailleurs, s'il arrivait que l'un des belligérants tentât de forcer le passage à travers un pays neutre, en éliminant son contingent de troupes respectif, celui-ci lui éviterait sans peine l'occasion odieuse de combattre ses propres concitoyens.

Tel est le procédé que nous offrons, inséparable de l'idée de guerre. Pourtant, l'on sait comme nous désirons que tous les différents s'aplanissent promptement aux lumières de l'arbitrage ; nous ne prétendons pas, pour cela, infliger à l'Europe une paix perpétuelle, mais simplement accréditer l'habitude de considérer la guerre comme une exception à la règle générale, ne pouvant pas admettre légitimement l'arbitrage pour la défense propre d'une nation, en vertu des droits qui résultent de son indépendance souveraine.

L'expérience générale nous a démontré que, dans l'actualité, les moyens légaux sont insuffisants à garantir la neutralité des États. — Nous ne devons pas nous fier à l'exemple de la Belgique et de la Suisse, dont les territoires furent respectés, en 1870, pendant la guerre franco-allemande ; le contraire est susceptible d'advenir ; et nous pouvons rappeler que même la non-violation des États Belge et Helvétique se doit à l'influence considérable du Royaume-Uni, qui confirma leurs prérogatives neutrales par la convention de 1870 ; de manière que la sanction, établie contre les infractions possibles, couvrait des territoires qui avaient eux-mêmes à se défendre contre les attaques externes.

Nous devons avouer, non sans regret, que l'autorité des règles morales devient à chaque moment plus faible. Il y a quelque temps déjà, la preuve en était que l'empire russe, afin de maintenir le respect dû à la situation des États neutralisés, dut organiser une neutralité armée, un système de menace qui contraignit enfin la conduite des armées belligérantes. — Veut-on bien concevoir à quoi peut se réduire le respect de la neutralité perpétuelle, lorsque celle-ci est seulement garantie par la foi des traités? Qu'on se rappelle la République de Cracovie, neutralisée sous la protection apparemment sûre du fameux traité de 1815, et qui pourtant fut supprimée en 1846 par l'Autriche, d'accord avec la Prusse et la Russie. — Au mépris du traité, la ville de Cracovie et son territoire furent déclarés partie intégrante de l'empire autrichien, malgré les pressantes réclamations de M. Guizot, au nom de la France; de lord Russell, au nom de l'Angleterre. — Ce ne fut pas seulement au mépris du traité et des autres puissances indignées, ce fut encore au mépris d'un principe de droit qui est devenu une règle d'ordre européenne, suivant lequel les hautes parties contractantes d'un traité international ne peuvent se délier des compromis auxquels leurs signatures les obligent mutuellement, sans le consentement préalable de chacune d'elles.

Plus [illegible] ité a été la politique de la Russie, qui, en 1871, désirant être dispensée des obligations que lui imposait le Traité de Paris de 1856, par lequel elle concourait à la neutralisation de la mer Noire, et ne pouvait posséder dans les eaux de cette mer qu'un nombre limité de vaisseaux, eut recours à une Conférence, réunie à Londres, qui, par résolution, prise le 13 mai, entre les représentants de tous les gouvernements signataires du Traité de 1856, la déclara désormais déliée de sa promesse.

Il va sans dire que, lorsque nous proposons la force armée comme la plus efficace et l'indispensable garantie des traités de neutralisation, nous comprenons tout aussi bien dans cette mesure les cas où les belligérants se trouvent dans quelque situation difficile, surtout ceux où ils seraient de part et d'autre limitrophes du pays neutre, et auraient de grands avantages à recueillir d'un passage rapide à travers ce pays. Quoi qu'il en soit, toute partie belligérante doit se donner le temps de la réflexion, et toujours s'en tenir à un plan dont l'exécution ne viole la neutralité en aucune sorte.

Actuellement, les nations ne peuvent plus échapper à leur responsabilité définie et au respect envers les pays neutres, puisqu'elles se sont déjà familiarisées avec ces termes nouveaux de neutralité et de neutralisation; et nous sommes heureux, d'ailleurs, qu'elles aient à se féliciter d'un semblable progrès, dont l'origine appartient à peine au commencement du siècle passé. — Les Grecs ni les Romains n'avaient de termes propres pour caractériser des États de ce genre. — Au moyen-âge, il était fréquent que des nations, qui n'avaient pas ouvertement pris part à une guerre, se livrassent à des actes de flagrante hostilité, et que, d'autre part, les belligérants envahissent un pays nonobstant son intention manifeste de rester neutre dans la lutte engagée. — Dans les âges modernes survint Grotius, peut-être le premier jurisconsulte de cette époque, qui se limita à effleurer les questions de situations neutrales. — Ce ne fut qu'après lui que ces questions s'enrichirent de règles et de résultats nombreux, et constituèrent un des plus importants chapitres du droit international.

C'est ici le lieu de mentionner la proposition de M. de Molinari. L'éminent économiste a eu l'idée de la formation d'une ligue des Puissances neutres, dans le but louable de combattre la guerre. — Il déclare que ces Puissances devraient s'imposer le devoir de lutter toujours contre la passion des belligérants ; et que la rupture de la paix entre deux nations, quelles qu'elles soient, devrait toujours constituer, de fait, un *casus belli* pour tous les autres États. Et il souhaite, pour plus de sûreté, que cette disposition s'exprime dans tous les traités par une clause particulière.

Cette règle de conduite ne serait nullement étrange de la part des pays neutres, qui autrefois ont dû former une neutralité armée, pour garantir leurs droits de neutres contre toute infraction qu'y pourraient faire les parties belligérantes. — D'autre part, la paix armée devient chaque jour plus importante, et l'arbitrage n'est pas encore une règle de conduite irrécusable pour tout conflit entre nations ; aussi la proposition de M. de Molinari détruirait à leur racine les horreurs des guerres, dont se trouvent menacés les pays neutralisés aussi souvent qu'il survient une discorde entre deux États de l'Europe. — Mais, pour qu'elle soit adoptée, il faut qu'une puissance de premier ordre joigne son désir à celui des États secondaires.

Puisque, malheureusement, on ne peut obtenir du droit international la sûreté de l'équilibre entre les peuples indépendamment de leur faiblesse, la proposition dont nous parlons réaliserait ce programme, et se rendrait surtout utile quand on aurait à compenser l'autorité de la Triple Alliance Impériale, quoique celle-ci soit bien souvent apte à la conservation de la paix générale en Europe.

Après cette proposition, aussi hardie que délicate et profonde, l'on ne paiera plus d'étonnement celle que nous faisons plus haut, pour que les États qui affecteraient à l'occasion d'une guerre la situation neutrale, soient tenus d'envoyer chacun un contingent de troupes à la défense des territoires neutralisés.

Nous retrouvons un semblant de cette combinaison dans l'antiquité. Les tribus grecques contractaient entre elles les alliances *amphithéoniques*, ou de circonspection, par lesquelles elles s'obligeaient à se secourir toujours mutuellement contre l'agression des peuples étrangers.

S'il en était ainsi maintenant, on aurait à peu près réalisé le problème de la fin des guerres, et l'amour-propre des hommes d'État, que la résistance en faveur d'opinions émises conduit à ensanglanter le continent, s'habituerait enfin à tomber devant le glaive équitable des sentences d'arbitrage.

II

Neutral, et neutralisé, sont les termes des deux états entre lesquels la différence attributive est notable. Toute puissance peut devenir neutrale à l'occasion d'une guerre, et affecter ainsi une situation qui s'évanouit en même temps que la lutte. La neutralisation perpétuelle d'un pays n'est pas aussi prompte ; elle nécessite le consentement ou le bon plaisir des Puissances, car celles-ci sont, par le fait, appelées à garantir les droits souverains de la nation neutralisée, pourvu qu'elle se borne au droit d'entreprendre des guerres défensives. Mais cette garantie n'empêche pas les nations neutres, la Belgique, la Suisse, le Luxembourg, d'exercer, quant à tout le reste, les attributions extérieures de la souveraineté ; elles peuvent participer à toutes conventions internationales, pourvu toutefois qu'elles n'assument pas, en temps de paix, des compromis qui, la guerre survenant, puissent mettre en danger leur neutralisation permanente ; car elles ne pourraient être dégagées de leur neutralité que par le consentement préalable de toutes les parties contractantes, suivant l'invariable doctrine de droit qui a été établie dans la Conférence internationale tenue à Londres en 1871.

Le terme de *protectorat* s'assimile beaucoup à l'expression technique de neutralisation ; il en diffère par l'unité de la puissance garante, et ses attributions beaucoup plus grandes. — La nation protectrice exerce tous les attributs extérieurs de la souveraineté au nom de l'État qu'elle protège ; elle assied les doctrines d'un contrat, le signe elle-même, a la direction de toutes les relations internationales, et la responsabilité, vis-à-vis des autres gouvernements, de la conduite de cet État, qui peut être considéré comme une personnalité mineure : aussi la garantie de son indépendance s'impose-t-elle, comme conséquence morale, à la nation qui protège.

La différence, comme on voit, est bien grande entre ces principes, et ceux de la neutralisation, où la transmutation des droits est beaucoup plus restreinte. Le protectorat nous paraît assez semblable à la suzeraineté, dont quelques grands États nous offrent encore l'exemple, et qui a toute chance de disparaître avec la pacification générale et définitive, pour aller s'ensevelir, sous les poussières de l'histoire, près des anciens droits seigneuriaux. La Bulgarie est aujourd'hui sous la suzeraineté — nous dirions facilement : le protectorat — de la Sublime Porte. — Pourtant les privilèges de la nation suzeraine sont quelquefois plus circonscrits ; ils peuvent consister simplement dans un tribut annuel de la nation vassale.

Telles sont les doctrines multiples qui toujours se rattachent, plus ou moins, aux principes de la neutralisation. Celle-ci, à notre point de vue, n'est autre chose qu'une fiction de droit, une barrière fictive mais réellement inviolable qui s'élève entre les nations neutres et les belligérants, ceux-ci devant se camper et ne pouvant combattre qu'à la distance d'au moins trois lieues maritimes des limites continentales ou fluviales de celles-là, et même à une distance plus grande si les puissances qui ont présidé à la neutralisation l'avaient stipulé.

Un système plus pratique est celui qui règne depuis la Convention de Genève (1864), qui a étendu la neutralisation, pour les cas de guerre, aux ambulances, asiles sacrés de nos frères blessés, et à leur personnel, ainsi qu'aux maisons mêmes qui abritaient des blessés : les propriétaires de celles-ci seraient, en retour de leur humanité, exonérés d'une partie de la contribution de guerre. Toutes ces règles s'imposent désormais à quelque nation belligérante que ce soit.

III

Après avoir établi ces fondements de la neutralisation, il nous convient d'observer que, dans les cas de guerre, les nations belligérantes, par un acte conventionnel ou tacite, neutralisent temporairement les territoires et colonies qui leur appartiennent, localisant en Europe toutes les opérations militaires. D'autre part, il existe des territoires neutralisés sous la domination d'États indépendants ; c'est ainsi que la Grèce jouit d'une complète indépendance que lui a garantie le concert des puissances, tandis que les îles Ioniennes, dont elle est métropole, sont, par l'effet d'une étrange anomalie, neutralisées depuis les traités de novembre 1863 et de mars 1864. — On a de même parlé de neutraliser la Savoie et la province de Terre-Neuve ; c'est une heureuse idée, un projet philanthropique dont nos vœux poursuivent la prompte réalisation.

Un grand pas serait fait dans la voie hautement humanitaire qui conduit à la paix assurée et à la prospérité des peuples, si l'on accréditait et adoptait la proposition qu'a formulée la commission chargée d'élaborer le programme du Congrès de la paix universelle ; elle a proposé la neutralisation des fleuves, des rivières, des canaux de navigation fluviale et maritime, des détroits et des territoires. Ce serait un moyen d'éviter les guerres, par l'impossibilité absolue de livrer des combats ; et dans le cas d'une violation, les résultats de cette exception seraient, de fait, limités et très-rares. — Jusqu'à

4

présent, nous voyons avec regret que le nombre des territoires neutres à perpétuité est très restreint.

Il arrive même parfois que la neutralisation paraît subir des retards dans son influence. Ainsi, par le traité de Paris de 1856, la mer Noire est devenue neutralisée, et la Russie et la Turquie s'étaient engagées à n'établir aucun arsenal sur ses côtes et à ne tenir dans ses eaux qu'un nombre limité de vaisseaux de guerre. Et pourtant, quelle autorité peut désormais avoir ce traité, depuis que la Russie, comme nous l'avons déjà dit, a obtenu, de la Conférence de Londres (1871), d'être déliée de sa promesse au sujet du nombre de vaisseaux de guerre?

Ceci nous amène à faire remarquer que, comme le passage du détroit des Dardanelles et du Bosphore a été interdit aux vaisseaux de guerre des nations étrangères, ce compromis, consigné dans les traités internationaux, pourrait avantageusement donner occasion à la neutralisation de ces détroits.

Dans le traité de limites entre les Républiques Argentine et du Chili, du 23 juillet 1881, nous trouvons la déclaration qui suit (art. V) : « Que le détroit de *Magallanes* demeure neutralisé à perpétuité, et que sa libre navigation est assurée aux pavillons de toutes les nations. Que, dans l'intérêt même de cette garantie, on ne pourra construire ni fortifications ni défenses militaires sur les côtes qui le forment, de telles constructions pouvant compromettre la sûreté de la disposition énoncée. » Ici, les parties contractantes ne font exception ni pour le passage de leurs propres navires de guerre, dans le cas où un conflit surviendrait entre elles, ni pour le passage des navires de guerre dont le pavillon serait d'une nation actuellement en lutte avec l'Argentine ou le Chili. Liberté de navigation pour tous, tel est le système de neutralisation de ce détroit, qui demeure surveillé simplement contre la fortification de ses côtes.

Le continent africain obéit déjà au principe plus étendu d'après lequel la neutralisation embrasse les juridictions territoriale et fluviale d'un pays, et qui a été proclamé dans le Congrès international tenu à Berlin en 1885. Ce principe a été confirmé par le traité du 26 février de la même année ; nous le retrouvons dans la formule explicite de l'article 10, suivant lequel les hautes parties contractantes s'engagent à garantir efficacement la sûre liberté du commerce et de l'industrie en Afrique, et à favoriser par ce moyen les effets salutaires de la paix, dont le plus précieux est l'avancement de la civilisation.

Dans le but de donner à cette neutralité des fondements plus sûrs encore, les hautes parties contractantes, par l'article 11 du même traité, déclarent que, dans le cas où une ou plusieurs d'entre elles, exerçant la juridiction souveraine ou le protectorat dans quelque terre d'Afrique, et sous le régime de la liberté commerciale, seraient impliquées dans une guerre, les autres, d'un commun accord, proposeraient leurs bons offices, afin que les nations belligérantes neutralisassent temporairement la partie de leurs territoires comprise dans la zone des libertés de commerce, et la considérassent chacune comme étrangère à l'autorité des nations en lutte. De la sorte, on évite que lesdits territoires servent de théâtre aux opérations de la guerre.

Le traité de Berlin a encore, en considération des doctrines du droit public international, et des conditions du progrès des peuples, proclamé la liberté commerciale et aussi la neutralisation des fleuves Congo et Niger, de leurs affluents et de leurs débouchés. Il a établi que, dans les régions africaines, les propriétés privées seront sauvegardées en temps de guerre, sans nulle crainte de violation; précédent dont l'exemple est très avantageux pour les dissensions futures en Europe, et dont la stipulation n'est autre chose que l'expression d'un *desideratum* universel. En conséquence de l'art. 25 du traité, tous les privilèges mentionnés pour la paix subsisteront pendant les guerres; le trafic demeurera libre dans les voies charriables et ferrées, les lacs, les canaux, les rivières; on fera exception pour les objets généralement considérés comme contrebande de guerre, et destinés aux armées belligérantes. On étend la neutralité à toutes les œuvres, tous les établissements, particulièrement les bureaux de perception, avec leurs coffres et leurs personnels, qui resteront protégés par les belligérants, aux termes de l'art. 33 touchant la navigation du Niger.

Cependant, au milieu de toutes ces importantes améliorations, et de beaucoup d'autres en relation à l'art. 30, que les Hautes Parties contractantes se proposent, d'un commun accord, de faire bientôt prévaloir, on a complètement oublié l'arbitrage, le seul système qui, d'après l'expérience qui résulte des relations internationales, soit réellement capable d'aplanir les différends survenus entre deux ou plusieurs nations. On s'est contenté, par l'art. 12, de déférer tout conflit à un tribunal de médiation; or, un tel tribunal ne peut créer de compromis juridique qui garantisse qu'on évitera ou préviendra la guerre; c'est une sorte de personnalité morale, qui se borne simplement à donner un conseil, et à recommander une règle de conduite, laquelle peut être soit totalement ou partiellement acceptée, soit refusée, par les parties litigeantes. Tandis que les gouvernements sont libres d'agréer ou non l'arbitrage, mais qu'une fois agréé, ils sont obligés de s'incliner devant sa sentence.

Une autre question non moins grave, que celle dont nous venons d'examiner les cas généraux, consiste dans les conditions de neutralisation du canal de Suez, consignées dans le traité de 1887 entre la France et l'Angleterre. Le canal, aux termes de ce traité, doit rester ouvert aux navires de tous les pavillons, en temps de paix comme en temps de guerre ; mais aucun navire ne pourra stationner dans le canal ; et deux seulement de chaque pavillon pourront stationner dans les ports de Suez et de Port-Saïd. — Les rives du canal ne pourront en aucun point être munies de fortifications, ni occupées militairement ; toute démonstration belliqueuse est interdite, tant dans les eaux du canal que dans une certaine zone, dont la limitation est confiée à une commission internationale ; dans cette zone, il ne pourra être embarqué, dans le cas d'une guerre, ni troupes, ni matériel. — Les représentants en Égypte des puissances signataires, veilleront à l'exécution du traité ; le doyen aura mission de les convoquer ; et, si la liberté du canal courait quelques risques ils devront s'adresser collectivement au gouvernement du khédive. S'il devenait impossible au gouvernement Égyptien de faire respecter par lui-même toutes les stipulations, il devra recourir à la Sublime Porte, laquelle prendra les résolutions opportunes, d'un commun accord avec les Puissances cosignataires de la déclaration de Londres (mars 1885).

Le Sultan et le Khédive devront aviser ces Puissances de toute convention qu'ils feraient entre eux, non comprise dans les résolutions actuelles. En aucun cas, la libre circulation du canal ne pourra être interrompue; toutes les Puissances y auront les mêmes droits, et aucune ne pourra réclamer des avantages particuliers de territoire ou de commerce, non plus que des privilèges dans les accords internationaux ultérieurs. — La Turquie, exception faite de ses obligations établies dans le traité, conserve tous ses droits de puissance territoriale; et l'inviolabilité est garantie aux droits souverains du sultan, ainsi qu'aux immunités du khédive.

Le canal de Panama est dans des circonstances tout aussi spéciales, et sera l'occasion de graves complications diplomatiques le jour où il sera livré à la navigation; nous en dirons autant du canal Interocéanique de Nicaragua. A première vue, on est tenté de croire qu'il est possible, sans ombre de difficulté, de neutraliser ces passages, ces voies fluviales et maritimes préparées dans l'intérêt du commerce universel; on semble oublier les cas de guerre, où les canaux pourraient bien être forcés, et se prêter aux opérations des belligérants. C'est pourquoi les puissances extérieures aux conflits auraient grand intérêt à employer des mesures de prévision, et à se concerter de telle sorte que chacune d'elles possède toujours dans les eaux entrantes du canal un certain nombre de navires de guerre, lesquels, tous réunis, formeraient une escadre imposante, apte à protéger et garantir tous les privilèges de sa neutralisation. Cette escadre s'opposerait même aux démonstrations armées de l'Egypte, si celle-ci s'associait à quelque entreprise de la Sublime-Porte. Toutefois, ici, on ne pourrait transiger facilement avec la situation donnée, car l'Egypte, envers les puissances, se trouverait légalement forte de la justification définie que lui donne sa situation de vassale.

Priver l'Egypte de la jouissance du canal de Suez serait un acte sans justice ni raison, en considération de la juridiction souveraine qu'elle y exerce.

D'autre part, sa neutralisation risquerait d'engendrer, un conflit de devoirs, puisqu'elle se trouverait sollicitée par l'obligation de s'abstenir comme neutre, et par celle de combattre comme vassale de la Turquie belligérante. — Après cette double observation, nous ne savons quel système précis serait plus convenable à assurer promptement la neutralisation compromise du canal.

Lors de la guerre de 1877 entre la Turquie et l. Russie, où l'Egypte eut à jouer un rôle important, la neutralité du canal fut maintenue, grâce à l'intervention de l'Angleterre ; cette puissance avait fait savoir au gouvernement du czar que, toute prétention ou menace de sa part à l'adresse des Etats du khédive, toute tentative de blocus ou d'intervention dans le canal ou sa zone immédiate, détermineraient le cabinet de Saint-James à sortir de sa neutralité et prendre part dans la guerre. — Mais, cinq années après, en 1882, l'on constata une fois de plus l'insuffisance de l'autorité morale à préserver de la violation le canal de Suez, et l'on dut reconnaître que, dans ces questions, comme dans tous autres attributs de nos facultés, la morale personnelle est malheureusement plus libre que celle où l'on veut astreindre les autres. Ce même gouvernement anglais, qui tout à l'heure s'était érigé en protecteur zélé des droits neutraux du canal et avait réussi à garantir son indépendance contre les opérations des belligérants, en contrariant les intérêts de la Russie, oubliant maintenant les principes qu'il avait lui-même tenu à défendre, et, pour motiver ses transports, affectait de reconnaître au canal la situation ordinaire de toutes les voies de transit maritime.

C'est une œuvre laborieuse et difficile, celle qui incombe à la commission internationale dont nous avons parlé. Celle-ci qui, chargée de veiller à l'accomplissement des dispositions prises, sera munie d'amples pouvoirs par les puissances garantes, devra établir les bases et les stipulations d'une réglementation bien nette, relative aux prises, à la zone maritime de juridiction, et à tout ce qui concerne la conduite intérieure.

D'après une règle accréditée du droit international, il est permis à un navire de guerre appartenant à une escadre belligérante d'entrer dans un port neutre, dans le cas où son état réclamerait des réparations urgentes, et d'y demeurer aussi longtemps qu'il serait nécessaire. Dans tout autre cas, nous savons qu'on accorde au navire un délai de vingt-quatre heures pour se pourvoir de charbon et de vivres, en conséquence d'un principe de pure humanité, sans toutefois que, dans aucune circonstance, il ne puisse abuser de l'hospitalité qu'on lui accorde, en se procurant des munitions de guerre de quelque espèce que ce soit. Il peut se faire que des navires appartenant aux deux nations en lutte se trouvent abrités dans le même port : pour éviter des rixes inégales et la perturbation de l'ordre dans sa juridiction maritime, le gouvernement neutre doit laisser un intervalle de vingt-quatre heures entre le départ des bâtiments d'un pavillon et le départ des bâtiments de l'autre ; il doit prendre une mesure de prudence analogue vis-à-vis d'un navire qui se réfugierait dans un de ses ports pour échapper à l'étroite poursuite d'un navire ennemi. Effectivement, dans les juridictions tant maritimes que territoriales des neutres, la franchise de toute violence et la liberté de l'abri sont assurées aux blessés et aux soldats qui courent danger de tomber entre les mains de leurs adversaires.

Le canal de Panama et le canal de Nicaragua, dont nous avons déjà parlé, ont donné lieu à des questions diplomatiques de très haute importance, entre les États-Unis et l'Angleterre, au sujet du traité dit de « Clayton-Bulver », signé entre leurs gouvernements le 19 avril 1850. Ce traité se rapportait à l'établissement d'un transit fluvial par lequel les navires se rendraient de Saint-Jean, sur la côte de l'Atlantique, à l'Océan Pacifique, par le fleuve de Saint-Jean et le lac de Nicaragua. Les hautes parties contractantes s'engageaient à garantir ce passage contre toute éventualité et à entrer bientôt en négociations avec d'autres gouvernements pour en obtenir les mêmes compromis. Elles déclaraient (art. 8) qu'elles signaient ce traité, non seulement pour déterminer une règle de conduite particulière, mais encore pour proclamer un principe général, dont la conséquence était d'étendre leur protectorat, par les stipulations actuelles, à d'autres voies de communication, par canal ou par chemins de fer, au travers de l'isthme qui relie les Amériques du Nord et du Sud et surtout à la voie, de quelque nature qu'elle soit, qu'on se proposait de créer entre les deux océans à Tehuantepec ou à Panama.

De ce traité naquirent de très graves complications diplomatiques qui durèrent jusqu'en 1860; et il en résulta que

son importance en ce qui concerne la protection conserva-
trice de l'Angleterre sur le canal de Panama est aujourd'hui
évanouie, le traité ayant été dénoncé par le Gouvernement
des Etats-Unis.

Toutefois, les Etats-Unis, en vertu d'un traité célébré en
1846 avec la République de Colombie (art. 35), se croient en
devoir de garantir autoritairement la neutralisation du
Canal de Panama, dont le percement était alors poursuivi ;
cette prétention est confirmée par les paroles que nous avons
recueillies dans le discours inaugural prononcé au mois de
mars dernier par le nouveau président, M. Harrisson : « Il
est si manifestement incompatible avec notre tranquillité et
notre sécurité, qu'un canal reliant nos côtes de l'est à l'ouest
soit soumis à l'autorité d'aucun des gouvernements étrangers,
que nous pouvons, en toute confiance, admettre qu'aucune
puissance amie ne nourrit un dessein de cette nature. »

En vérité, nous ne comprenons pas que les Etats-Unis
puissent se porter garants de la neutralisation du canal.
Leur traité avec la Colombie n'impose de compromis qu'aux
deux Gouvernements signataires, mais n'atteint pas les puissances européennes, non plus que les autres Etats d'Amérique. — Les Etats-Unis, pour plus puissants qu'ils soient,
ne sauraient protéger la voie interocéanique du Panama
contre les puissances telles que l'Angleterre, la France,
l'Allemagne, l'Autriche, l'Italie et la Russie, attendu qu'aucune d'elles ne s'est engagée à en respecter la neutralité.

Toutes les puissances maritimes étant intéressées à la
conservation des libertés de ce canal, l'équité commande
qu'elles y reçoivent leur légitime participation, conjointe-

ment avec les Etats-Unis et les Républiques Sud-Américaines ; car le Panama est une œuvre dont la nature même a fait la propriété de l'univers maritime, ainsi qu'il en est du canal de Suez, et qu'il en sera du canal de Nicaragua, aussitôt qu'il aura été terminé par l'entreprise Nord-Américaine.

Si les Etats-Unis avaient pensé que l'initiative prise par le Grand Français, le comte de Lesseps, avec les capitaux de ses concitoyens, était préjudiciable à leurs droits ou à leur sécurité future, ils devaient s'empresser de prévenir les projets de la compagnie française, en organisant, à leurs propres risques et périls, une compagnie américaine pour la réalisation du même travail. D'autre part, si le projet lui-même leur avait porté ombrage, que ne s'y opposèrent-ils ? Il est clair que c'est parce qu'ils sentaient l'inadmissibilité de cette opposition, inadmissibilité aussi grande que celle de leur résistance contre la participation des Etats d'Europe à la neutralisation du canal. Car en conséquence d'un principe fondamental de droit international, les attributions des nations ne peuvent être altérées sans leur consentement exprès ou tacite ; d'où il suit que, comme la neutralisation du canal modifie profondément les prérogatives des diverses nations, on ne pourrait l'effectuer sans leur adhésion à toutes ; et que la situation légitime des dites nations se ressentirait défavorablement de l'intervention exclusive des Etats-Unis dans la protection du canal de Panama. Cette considération suffit en même temps pour décharger les Etats Unis de la pressante nécessité qui leur incomberait, si on voulait les croire, d'être les seuls préposés à sa sauvegarde.

La puissance de l'Amérique du Nord est considérable, je

n'en saurais douter ; mais jamais elle ne pourra l'être assez pour dicter ses lois au monde entier. Et il ne suffit pas des termes par lesquels, dans le traité de 1846, les États-Unis s'engageaient à maintenir la parfaite neutralité de l'isthme, pour qu'ils prétendent au droit de régir la grande personnalité des nations, et de s'attribuer des obligations qui se rattachent aux prérogatives indiscutables de chacune de celles-ci.

Il est hors de propos et de justice d'invoquer ici la doctrine de Monroe, qui soutient les droits exclusifs de la République américaine du Nord à la neutralisation du Panama ; cette doctrine ne satisfait pas la jurisprudence internationale, à cause des intérêts et rôles juridiques qui peuvent revenir aux autres puissances ; elle doit donc être abandonnée sans plus ample examen, attendu que la jurisprudence souveraine dont nous parlons est irréfragablement, par son essence même, au-dessus de la constitution et de la loi organique interne des États. — D'ailleurs, cette doctrine est incomplète dans beaucoup de cas, particulièrement dans celui de la neutralisation du canal, où, comme nous avons dit, tous les gouvernements sont neutralisés, car on n'en peut faire aucune application relativement aux nations américaines du Sud.

La doctrine de Monroe a aussi été une source d'avantageux résultats dans diverses circonstances, c'est simple justice de le reconnaître. Elle a été d'une grande opportunité en 1823, lorsque la Sainte-Alliance, non contente de rétablir le pouvoir absolu de Ferdinand VII dans son royaume d'Espagne, voulut l'aider à reconquérir la domination des colonies américaines, qui avaient mis à profit les troubles du continent européen pour se séparer de la mère-patrie, proclamer leur nouvelle indépendance, et s'ériger en nations souveraines. C'est ici le lieu de rappeler que les principes élevés de Monroe furent puissamment secondés par le *Libertador*, l'immortel Simon Bolivar, qui, au fameux Congrès de Panama en 1824, provoqua avec succès des alliances défensives entre les divers États de l'Amérique.

Sans nous laisser entraîner plus loin par les séductions de ces intéressantes remarques, il nous convient de redire que la neutralisation du canal de Panama et du territoire qui l'approche doit être commise à la garantie simultanée des États-Unis, de la Centre et de la Sud Amérique, et de toutes les puissances d'Europe ; que, dans le cas malheureux d'une guerre entre la République de Colombie et quelque autre nation, toutes les autres puissances doivent prendre les précautions nécessaires au maintien des libertés neutrales, en formant une escadre avec au moins deux navires de chaque pavillon.

IV

La question de la neutralisation, qui fait partie du programme du Congrès universel de la paix, est très complexe et en tous points importante ; et nous regrettons que les vastes limites de ce programme aient empêché de faire une part plus grande à ce sujet, qui nécessite de grands développements.

Comme nous avons déjà dit, les nations neutralisées, aussi bien que celles qui, à l'occasion d'une guerre, adoptent la situation de neutrales, doivent les unes et les autres se maintenir dans l'inaction vis-à-vis des belligérants. — Nonobstant ce principe et sans en altérer l'autorité, elles ont, outre le droit de prohiber, celui d'autoriser la vente des prises maritimes faites par les belligérants, qui sont propriétés neutrales. — Elles ont ce droit, mais il convient qu'elles en usent le moins possible, car il peut altérer les bonnes relations avec l'une des parties belligérantes, et porter préjudice aux intérêts des sujets mêmes de l'État neutre, en provoquant de leur part une rédhibition de ces prises vendues sur leur propre territoire.

Toutefois, les nations neutralisées à perpétuité ne peuvent sous aucun prétexte consentir à ce que les prises soient vendues dans leur juridiction ; d'ailleurs, c'est là un principe ordinairement consigné dans les traités entre deux nations, dans la prévision des cas où l'une serait belligérante et l'autre neutrale. — Nous le trouvons dans le traité du 9 juillet 1868 (art. 14), entre les Républiques Argentine et du Paraguay : « Aucune des deux parties contractantes ne permettra que les prises maritimes faites sur l'autre d'entre elles par une nation avec qui celle-ci serait en guerre, ne séjournent ni ne soient vendues dans ses ports. »

Il est avéré qu'une nation neutrale sort de la sphère de sa neutralité lorsque, compromise par des traités antérieurs, elle aide dans la lutte une nation belligérante, de quelque nature, d'ailleurs, et quelque insignifiante que soit cette aide. Au contraire, le caractère de sa neutralité ne serait nullement atteint par ce fait, que son peuple se livrât au commerce illicité de la contrebande de guerre, attendu que le gouvernement neutral décline toute responsabilité directe à ce sujet, à partir du moment où il fait une déclaration solennelle, prévenant ses sujets, dès le début des hostilités, qu'ils aient à s'abstenir de tout commerce illicite. — De telle sorte que, si les citoyens d'un État neutre sont surpris dans ce trafic, ni les belligérants n'ont le droit d'adresser des réclamations au gouvernement dont relèvent les traficants, ni celui-ci ne peut s'élever contre les peines de confiscation et d'embargo que les belligérants leur feraient subir. — Et il suffit des dangers que courent les citoyens dans leurs intérêts personnels, pour sauvegarder leurs États contre le moindre compromis de ce genre.

Pour ces éventualités, il importe seulement à l'état neutre de veiller à ce qu'un tribunal de prises interne soit organisé suivant la loi de chacune des parties belligérantes, et à ce que, dans le cours de la procédure, les règles du droit international soient toujours appliquées suivant l'expression des traités. Si les prises dont nous avons parlé avaient été faites dans la juridiction maritime d'un état neutre, laquelle embrasse une zone variant de trois lieues marines, ou si un ou plusieurs navires belligérants s'étaient armés dans des ports neutres afin de poursuivre, pendant la guerre, un commerce illicite, le gouvernement du pays neutre aurait le droit parfait, pour l'intérêt de son peuple, d'appeler, par la voie diplomatique, contre une sentence qui ne serait ni juste ni équitable, et qui, privée de ces deux qualités, ne pourrait établir la légitimité de la capture. En 1853, la Prusse a fait prévaloir cette jurisprudence contre le Royaume-Uni, et c'est contre ce dernier gouvernement que les États-Unis l'ont invoqué en 1794 avec succès. On l'a aussi fait intervenir récemment entre le gouvernement américain et celui de Danemark; on convint de procéder à un nouvel examen, au moyen d'un tribunal impartial, sous la sanction des deux gouvernements, non pour faire revivre la controverse en faveur de ceux qui avaient exécuté la capture et ceux qui en avaient contesté la légitimité, mais dans l'excellente idée de déterminer par une action mutuelle, si quelque injustice avait été commise par le tribunal de l'une des nations aux citoyens de l'autre, et pour fixer, dans le cas affirmatif, l'indemnité qui serait due pour ce fait.

Les lois en vertu desquelles sont prononcés les jugements des tribunaux internes doivent avoir des conséquences qui s'harmonisent à la fois avec les principes locaux et les principes internationaux. Les juges de ces tribunaux dérogeraient à leur mission si, se conformant à la loi interne, ils violaient l'internationale, surtout dans les cas où les états s'érigent en juges et parties pour l'établissement de leurs sentences, à l'occasion des divergences qui relèvent du droit international. Il n'est pas douteux que les exigences de l'époque actuelle et les circonstances mêmes des jugements de cette nature appellent et provoquent toujours davantage la création d'un tribunal mixte conforme aux principes d'équité et de justice, moyennant lequel on éviterait les complications diplomatiques où les nations sont exposées par la forme même des tribunaux non-mixtes dont nous parlions tout à l'heure. La marche des événements amènera forcément cette réforme, car elle est de celles qui s'imposent par la valeur de leurs éléments. Ainsi, l'on sait qu'autrefois, en Égypte, les attributions judiciaires départies aux consuls des nations étrangères donnaient naissance à d'incessantes complications, d'autant plus inextricables que, généralement, une controverse étant survenue entre deux parties ou plusieurs, dont chacune était membre d'une colonie différente, il en résultait un aussi grand nombre de sentences qu'il y avait de consuls intéressés.

La déclaration de droit maritime faite au Congrès de Paris de 1856, et agréée par quarante-six États du monde civilisé, n'a certainement pas suppléé à la réforme que nous souhaitons ; du moins, elle a préconisé le triomphe d'une élaboration plus parfaite à l'endroit de toutes les divergences internationales, et rendu moins fréquente la possibilité des réclamations diplomatiques de la part des États neutres, au sujet des captures.

Cette déclaration est déjà la marque d'un avancement notable dans la voie de la stricte justice et de l'humanité ; elle se réduit à quelques règles de jurisprudence, dont la formule est courte et le nombre restreint, mais dont les développements et les conséquences ont un horizon assez élargi. En voici les stipulations :

1° La piraterie est et reste abrogée ;

2° Le pavillon d'un État neutre couvre la marchandise des belligérants ; exception faite, cela s'entend, de la contrebande dite de guerre ;

3° Les marchandises des pays neutres, toujours exception faite de la contrebande de guerre, ne sont pas sujettes à la capture sous le pavillon ennemi ;

4° Les blocus, pour être effectifs et obligatoires, doivent être maintenus par une force suffisante, qui ne permette l'entrée ni l'accès aux côtes de l'ennemi.

Ces bienfaisantes stipulations ont précisé la règle de conduite des nations neutrales pour le temps de guerre, en établissant des lois uniformes pour toutes les nations, et en systématisant les circonstances des blocus. On sait qu'avant 1856 on bloquait fictivement, par un manifeste ou un décret organique, une immense extension maritime; c'étaient ce qu'on a appelé les blocus *sur le papier* : tel fut le célèbre blocus continental imposé à l'Europe par l'empereur Napoléon Ier.

Les gouvernements, pour ajouter à la force légale de la déclaration maritime l'appui de leur confirmation explicite, en ont souvent inséré le principe dans leurs traités. Ce principe a même une place désignée dans les traités d'amitié, de commerce et de navigation, parce que, en conséquence d'une prévision élémentaire, on s'y réfère maintes fois à la fâcheuse éventualité d'une guerre future entre les hautes parties contractantes. — Nous le retrouvons dans le traité, déjà mentionné, entre les républiques Argentine et de Bolivie, où il est stipulé : « Que le pavillon neutre couvre la marchandise. Qu'il couvre les personnes, à l'exception d'officiers ou soldats qui se trouveraient être au service effectif de l'ennemi. Qu'il couvre la charge, à l'exception des articles de contrebande de guerre; que ce principe n'est pourtant pas applicable aux puissances qui ne le reconnaîtraient ou ne l'observeraient pas; en conséquence, la propriété d'ennemis appartenant à ces puissances ne sera point sauvegardée par le pavillon de celle des deux parties contractantes qui sera demeurée neutre : que toutefois seront libres les marchandises ou autres charges de la nation neutre (excepté les contrebandes de guerre) embarquées sur des navires au pavillon de l'ennemi. »

Comme on voit, l'article que nous venons de citer se rapporte au cas où une des parties contractantes serait en guerre avec une puissance étrangère, et l'autre adopterait la situation d'État neutre.

Telle est la véritable et excellente doctrine qui s'impose aux nations concordantes avec les déclarations du congrès de Paris, à savoir, que la propriété ennemie n'est pas sauvegardée sur un navire de pavillon neutre, tandis que les marchandises et autres charges du pays neutre, à l'exception de la contrebande de guerre, sont inviolables sur les navires ennemis où elles sont embarquées. C'est la règle qui a été établie dans le *Consolato del mare*; elle fait partie de la loi commune des nations, sans compter d'autres doctrines comme celle-ci : *Navire libre, marchandises libres; navire ennemi, marchandises ennemies*, lesquelles sont en vigueur tant que les traités n'y apportent pas de modifications. Nous croyons inutile d'en formuler d'autres, puisque le congrès de Paris en a établi une plus uniforme et humanitaire qui aplanit quelque inconvénient ou quelque doute qu'il puisse y avoir dans ces questions.

Ce grand pas étant fait, en faveur du commerce maritime et des intérêts généraux de la philanthropie humaine, il conviendrait au caractère conciliateur de la politique internationale, de veiller à assurer le respect, sur mer, de la propriété privée, exception étant faite de la contrebande de guerre destinée aux belligérants. C'est là le grand *desideratum* des peuples, qui s'accorde avec tous les principes de justice ; ils ne désirent pas, en effet, que les captures aient lieu dans des termes moyens, puisque les navires de guerre des États ont la faculté d'opérer la confiscation de la propriété privée. Les Etats-Unis ont refusé d'adhérer aux déclarations de 1856, alléguant qu'ils ne pouvaient s'y conformer aussi longtemps que l'on n'adopterait pas un principe général, suivant lequel la propriété privée des citoyens appartenant à une nation belligérante, sur la haute mer, serait sauvegardée contre l'embargo ou la confiscation que pourraient lui faire subir les navires armés de l'autre partie belligérante, — à l'exception toujours, de la contrebande de guerre.

Il est de toute justice d'observer sur mer la même règle de conduite que sur terre, où les intérêts et propriétés privées des citoyens appartenant aux nations belligérantes, et de ceux qui appartiennent aux autres puissances, sont tout autant respectés que les intérêts et propriétés des sujets du pays neutre. Un autre procédé, provoqué par les spéculations funestes de l'art militaire, ne saurait être qu'injuste et odieux. D'ailleurs, vouer le commerce maritime à une destruction systématique, n'est pas le plus court moyen d'obtenir entre les belligérants un accord amiable et une transaction pacifique.

Puisque nous avons fait allusion au respect de la propriété privée sur le continent, nous aimons à rappeler un incident dont le dénouement a corroboré la haute idée que nous avons de ce respect; c'est l'affaire du brick « Macedonian ». — En 1821, l'amiral commandant l'escadre chilienne confisqua sur le territoire péruvien une somme d'argent importante, provenant de l'importation de marchandises qui appartenaient au capitaine de marine marchande des Etats-Unis. Celui-ci provoqua une réclamation diplomatique de la part de son gouvernement au gouvernement du Chili, et les deux parties litigantes décidèrent de soumettre la résolution de leur différend à l'arbitrage du roi des Belges. Ce souverain, par sentence arbitrale du 15 mai 1863, condamna la République du Chili, en se fondant, entre autres considérations, sur ce que, en vertu des principes du droit des gens, la propriété privée ne peut, sur terre, subir l'embargo, qu'elle appartienne d'ailleurs à un neutre, un ennemi ou un autre belligérant.

Par le moyen d'un Congrès international, on pourrait finalement s'accorder pour l'abolition de la capture de toute propriété privée; du moins, on pourrait définir un grand nombre de points encore douteux.

Depuis le seizième siècle, les États neutres ont soutenu et réclamé que leurs navires marchands, escortés par un vaisseau de guerre de leur pavillon, fussent dispensés en temps de guerre de l'inspection de la part des belligérants; et qu'il suffit pour cela que le capitaine du vaisseau neutre déclarât qu'il n'y avait pas de contrebande de guerre. — Lors de la seconde neutralité armée, en 1801, cette exception fut agréée comme règle de droit international; elle a été ensuite adoptée par les diverses nations du continent et la plupart des juristes. Pourtant, l'Angleterre s'y est toujours opposée, et a été soutenue dans ses principes par les jurisconsultes des États-Unis américains.

Il est également de haute convenance qu'un Congrès universel détermine quels sont réellement les articles et effets qu'on peut appeler de contrebande. Certainement, ce sont d'abord la poudre, les munitions et armes de toute espèce, les articles et éléments de force navale, les chevaux et diverses montures, les matières accessoires servant à la fabrication de la poudre, et tous autres principes explosifs. Mais reste à savoir quels objets pourront être rangés dans la même catégorie par les tribunaux de prises, lesquels prennent en considération une foule de circonstances, telles que la destination des articles, le caractère de leur origine, le cas spécial où était l'ennemi, et l'état de ces articles, suivant qu'ils étaient en matières premières ou manufacturés.

Pour éviter les doutes et les inconvénients dans ces questions, les nations ont coutume d'insérer dans leurs traités de commerce et de navigation une clause où sont spécifiés nommément tous les articles qualifiés de contrebande de guerre. — Mais ces conventions n'engagent que les parties contractantes ; c'est pourquoi l'on doit reconnaître la nécessité d'un accord général entre toutes les nations, qui serve de fondement pour les sentences futures des tribunaux de prises établis dans chacune.

Dans le traité d'amitié, commerce et navigation signé le 27 août 1883 entre les républiques de Vénézuéla et de San Salvador, ces puissances désignent les articles dits de contrebande dont le transport et le trafic seraient prohibés dans le cas où une guerre surviendrait entre elles. Ce sont :

1° Les pièces d'artillerie de toute classe et de tout calibre, leurs montages, leurs accessoires, leurs projectiles, la poudre, les bombes, les obus, les torpilles, le feu grégeois, etc.; en général, tous les instruments et éléments à l'usage de l'artillerie et à l'avantage du fusil ;

2° Les boucliers, les casques, les cuirasses, les cottes de mailles, les fournitures et uniformes militaires ;

3° Les bandoulières, les chevaux avec leurs harnais ;

4° Les machines à vapeur, avec les combustibles et toutes matières qui leur seraient destinées pour l'usage des navires de guerre ; en général, toute espèce d'armes de fer, d'acier, de cuivre, de bronze, et d'autres quelconques matières, expressément et manifestement préparées pour la guerre maritime ou la guerre coloniale ;

5° Les vivres destinés aux troupes ou aux escadres ennemies.

Après la considération de ces articles, nous ne saurions que revenir à notre proposition d'une entente uniforme, par laquelle on comprendrait aussi dans la contrebande de guerre les dépêches dont un navire serait muni pour un des belligérants, et qui pourraient révéler le plan d'une campagne quasi-victorieuse ; on y comprendrait encore les personnes des militaires et les provisions de bouche : ces derniers articles ne sont pas la moins importante source de supériorité pour une nation belligérante.

V

Nous nous proposons maintenant d'examiner deux points spéciaux touchant la conduite des nations neutrales en temps de guerre.

D'abord, faut-il que, au risque de compromettre leur neutralité, elles empêchent l'exportation d'armes et d'autres articles considérés comme contrebande de guerre, et qui, ce nonobstant, apparaissent comme objets de simples transactions commerciales, et qu'elles soient responsables de la conduite de leurs citoyens à cet égard ? Il est évident que cette manière d'agir ne peut nullement les compromettre, et que, d'ailleurs, elles ne sauraient efficacement veiller à la prohibition d'un commerce admis en paix comme en guerre.

D'autant que les nations qui adoptent la neutralité, au moment même où elles revêtent ce caractère, préviennent leurs sujets, par un manifeste, de la responsabilité encourue par tout celui d'entre eux qui prendrait parti pour l'une des puissances belligérantes, soit en se livrant à un commerce illicite, soit en participant d'une manière directe aux événements ; d'autant qu'elles déclarent, en outre, à leurs sujets qu'ils perdraient leurs droits à la protection de l'État, s'il leur arrivait de s'être compromis dans ces téméraires entreprises. C'est ainsi que le rôle de la puissance neutre reste déterminé par des mesures de provision, qui font que la conduite irrégulière de ses citoyens se limiterait à mettre en péril les intérêts privés de la liberté.

Nous ne croyons pas qu'un état neutre soit obligé par le fait de la guerre, à suspendre cette sorte de commerce dont nous venons de parler. Il ne s'agit nullement ici d'une loi interne qui pourrait, par rapport aux principes de la neutralité, se trouver en contradiction avec le droit international : de cette contradiction pourraient naître, sans nul doute, des réclamations diplomatiques, attendu que le droit international est universellement reconnu comme supérieur aux principes de législation interne des États. Tout le rôle de l'État neutre se réduit à une vigilance permanente dans la sphère officielle, afin d'éviter que la neutralité soit violée, et que les chargements d'armes, ainsi que toute autre contrebande de guerre, soient destinés spécialement aux ports d'une puissance belligérante. Ce que nous disions pour la voie maritime, nous le dirions identiquement pour la voie continentale. — A part cela, les citoyens doivent pouvoir en toute liberté s'adonner à leur commerce.

En Angleterre, la loi municipale n'autorise point le Gouvernement à intervenir prohibitivement dans l'exportation des armes et des autres munitions de guerre ; il n'est autorisé à intervenir de la sorte que dans des circonstances très rares et extraordinaires.

Pour corroborer notre assertion, nous aimons à rappeler que le Président des Etats-Unis d'Amérique, dans un message du 31 décembre 1855, déclarait que la loi de l'Etat ne défend point aux citoyens de vendre de la contrebande de guerre à une puissance belligérante, ni de transporter des munitions ou des soldats à bord de leurs navires privés. Il ajoutait que, en tenant une telle conduite, chaque citoyen individuellement s'expose aux hasards de la guerre, sans compromettre pour cela la neutralité de sa nation ni les intérêts de son gouvernement. — Les Etats-Unis vont plus avant dans la même doctrine, car ils n'hésitent pas à affirmer que la conduite qu'ils admettent n'est nullement contraire à la loi des Nations et ne peut donner lieu à aucune réclamation diplomatique des belligérants, particulièrement en ce qui concerne l'exportation et la vente des armes et autres munitions de guerre, cette opération appartenant d'une manière exclusive à la sphère commerciale privée de tous les citoyens.

La seconde des questions que nous avons annoncée au début de ce paragraphe, est de savoir si, en temps de guerre, les Etats neutres peuvent consentir à la construction dans leur territoire, et à l'armement de navires destinés à une puissance belligérante.

Avant les déclarations arbitrales de Genève, l'opinion en Angleterre paraît avoir été qu'un gouvernement neutre n'était pas obligé d'empêcher ces constructions, à l'exception des navires qui seraient prêts à recommencer les hostilités aussitôt même qu'ils auraient franchi les limites maritimes de la zone neutrale. Mais les conséquences de la sortie de l'« Alabama » et de beaucoup d'autres navires des ports anglais, pendant la grande guerre civile des Etats-Unis, ont démontré les défauts que présentait, dans de certains cas, une semblable doctrine.

Le traité de Washington de 1871, nous offre trois règles qui peuvent être avantageusement soumises à l'adoption future des Etats, et qui, par décision des parties contractantes, furent officiellement communiquées, lors des signatures, à tous les gouvernements du monde.

Dans la première de ces règles, il demeure établi que tout gouvernement neutre doit employer la diligence nécessaire pour empêcher l'armement et l'équipement de navires qui, d'après des investigations bien fondées, tenteraient d'exercer la piraterie ou de guerroyer contre une nation avec qui l'on est en relations pacifiques. Et, de même, il doit soigneusement veiller à ne laisser sortir des limites de sa juridiction aucun navire destiné à troubler la paix et les intérêts d'une puissance alliée.

La seconde règle établit qu'un Etat neutre ne devra permettre ni tolérer qu'une nation belligérante mette à profit ses ports et ses eaux comme base de ses opérations contre l'autre, ni ne vienne chez lui pour augmenter ses provisions d'armes et recruter de nouveaux hommes.

La troisième règle établit que la plus complète surveillance doit être exercée sur les eaux de la juridiction neutrale, afin que personne ne réussisse à violer ces obligations et ces règles.

Cette doctrine toute entière s'impose à la stricte observation des gouvernements neutres, afin d'éviter les complications diplomatiques ; elle émane du droit international par ses irrécusables précédents ; toutes les nations l'ont implicitement adoptée dans leurs règles de conduite. — On y distingue bien deux principes : d'abord, celui de la détention des navires construits dans les ports neutres pour l'usage et les opérations de la guerre ; ensuite, celui de la liberté de navigation pour les navires construits et équipés dans un but purement commercial.

Le gouvernement anglais, lors de la désignation des trois règles de neutralité, déclara qu'il ne pouvait consentir à ce que de telles règles fussent prises en considération comme principes de droit international. Néanmoins, pour témoigner de ses intentions conciliatrices et amicales envers les États-Unis, et pour établir un précédent favorable, il s'accorda sur ce que les arbitres conclussent les différends en s'inspirant de ces règles, et en notant, dans le jugement arbitral, que le gouvernement britannique avait tenu à s'y conformer pour ce qui concernait sa règle de conduite en sa qualité de puissance neutre.

Il est clair et indubitable que tous les gouvernements doivent mettre leurs lois internes en conformité avec les principes du droit international, en ce qui se rapporte à la neutralité, et à d'autres situations juridiques dont quelques circonstances pourraient livrer la diplomatie à de fâcheuses complications.

C'est là un principe que nous retrouvons dans une note du Ministre des affaires étrangères de France, en date du 10 décembre 1868, au Ministre de la Grèce; il y était dit qu'un État ne saurait se dispenser d'une obligation émanant du droit international, sous le prétexte que sa législation interne avait laissé le cas imprévu; que, dans de telles circonstances, le remède est bien simple : il consiste à prendre sans délai les mesures nécessaires pour l'addition d'une loi fondamentale répondant aux exigences actuelles. Il s'agissait, dans cette note, de l'appui que la Grèce avait prêté au mouvement révolutionnaire en Crète, sous prétexte que ses lois internes ne contenaient aucune prescription relative à la neutralité : d'après cela, il devenait impossible d'empêcher par la force que les Grecs secourussent les Crétois en révolte.

Dans le même ordre d'idées, tous les auteurs versés dans le droit international conviennent que les lois criminelles doivent toujours être en conformité avec les principes du droit des gens, lequel, comme nous l'avons dit, est une source d'obligations bien supérieure aux lois internes, et commande que celles-ci s'inclinent devant ses conséquences. Ainsi, en 1708, l'empereur de Russie ayant réclamé que, en réparation de l'insulte faite à ambassadeur, arrêté dans Londres à cause d'une dette, le shérif de Middlesex fût condamné à mort, ainsi que tous ceux qui étaient intervenus dans l'outrage, la reine d'Angleterre lui répondit catégoriquement qu'elle ne pouvait imposer aucune peine à ses sujets, attendu que le cas en litige n'avait pas été prévu par la loi interne du pays; mais, par la même occasion, elle offrit de porter remède à cet inconvénient. et, le 20 avril 1709, fit sanction-

ner par le Parlement une loi connue sous le nom de « Statut
de la Reine Anne », qui garantissait les immunités des agents
diplomatiques en Angleterre.

Un autre cas de réforme de loi interne fut provoqué par
les suites de la réforme ecclésiastique en Allemagne. On sait
l'agitation que cette réforme produisit en Belgique, et qui
se traduisit par des publications, des manifestations contre
le ministère du prince de Bismarck. Ce ministre s'adressa
alors diplomatiquement au gouvernement Belge, déclarant
que, selon lui, ce gouvernement avait le devoir de sévir contre des abus qui entretenaient la résistance et l'esprit de révolte parmi les populations de l'Allemagne. A la même époque (1875), un individu belge ayant tenté, paraît-il, d'assas-
siner M. de Bismarck, la correspondance devint plus vive
entre les deux gouvernements. La Belgique, au premier chef
de réclamations, répondit que l'agitation belge n'avait pas la
gravité qu'on lui imputait à Berlin, et, au second chef, que
l'individu accusé n'était pas sorti des bornes de l'intention
où n'atteint pas la législation en vigueur. Néanmoins, elle
promit de s'occuper activement de la question, et le 7 juillet 1875, après de vifs débats au Parlement, elle introduisit
une réforme dans sa loi pénale, en stipulant qu'un grave attentat contre une personne, par le simple fait d'une menace,
serait puni d'une peine correctionnelle très sévère.

Tous ces faits que nous avons consignés démontrent que
les États doivent soigneusement veiller à ce que leurs lois
internes ne contrarient en aucun point les principes du droit
universel voué au respect des nations civilisées. Ils doivent
empêcher que leurs territoires soient le foyer de conspira-
tions contre une Puissance amie ; ils le peuvent, d'ailleurs,

avec efficacité, a ve lu des facultés accordées par les Constitutions aux souverains ou aux pouvoirs exécutifs ; d'après
lesquelles ils peuvent expulser ou interner eux-mêmes les
étrangers séditieux, dont la conduite, outre qu'elle est manifestement perturbatrice et immorale, deviendrait un juste
prétexte de réclamations diplomatiques.

C'est dans cette vue que les gouvernements de pays limitrophes signent des conventions ou protocoles, pour se protéger mutuellement contre les révolutions internes, et
empêcher qu'elles trouvent des appuis influents dans un État
voisin du centre agité. — Ainsi, le 11 janvier 1876, fut signé,
entre les républiques Argentine et Orientale de l'Uruguay,
un protocole dont voici les résolutions :

1° Chaque gouvernement empêchera, dans sa juridiction,
l'enrôlement de marins, de soldats ou de volontaires, destinés à interrompre l'ordre et fomenter l'insubordination dans
la société de l'un ou de l'autre ;

2° Les deux gouvernements prohiberont la construction
ou l'armement de navires destinés à être employés contre
l'un d'eux, soit vaisseaux de guerre, soit croisières ou em-
barcations de transport, tant à voiles qu'à vapeur ;

3° Ils interdiront la fabrication et l'expédition d'articles
de contrebande de guerre destinés à être employés contre
l'un d'eux ;

4° Les expéditions qui se prêteraient à envahir l'un des
deux États seront dissoutes ; les navires, armes et munitions
qui leur seraient destinés subiront l'embargo, et seront remis au pouvoir judiciaire correspondant ;

5° Les individus qui auraient préparé, dirigé ou favorisé
les expéditions mentionnées dans l'article précédent, seront

mis à la disposition des tribunaux, pour être jugés suivant les lois du pays ;

6° Les émigrés politiques qui, de l'État où ils auront reçu asile, conspireraient contre l'ordre du gouvernement de l'autre État, seront également remis à la discrétion des tribunaux comme violateurs de la neutralité et perturbateurs des bonnes relations internationales ;

7° Dans les cas urgents, les émigrés qui conspirent seront internés à trente lieues des côtes ; il suffira, pour adopter cette mesure, de la comprobation de projets aggressifs, sans qu'il y ait aucun inconvénient à abandonner le procédé réglé par l'article 6 ;

8° Il ne sera pas permis aux émigrés d'établir des comités ou des clubs dans le but de provoquer ou de préparer des révolutions. De telles réunions seront dissoutes ;

9° En temps opportun, les hautes parties contractantes signeront une convention au sujet de la surveillance fluviale du cours de l'Uruguay ;

10° Si la législation de quelqu'une des deux républiques ne suffisait pas pour garantir la stricte exécution des règles antérieures, et pour réprimer toute violation qui serait commise contre elles, celle-là s'oblige à obtenir sans retard la sanction des dispositions pénales qui seraient nécessaires pour assurer l'accomplissement des présentes stipulations.

Il existe aussi, entre le Vénézuéla et l'Espagne, un pacte de neutralité par lequel les parties contractantes s'engagent à veiller à ce que, dans leurs territoires respectifs, jamais on ne conspire contre la sécurité de l'un d'eux ou de ses dépendances.

De la même manière, par le traité de Lima, de 1865, entre les républiques de Vénézuéla, de Colombie, de Bolivie, du Chili, de l'Equateur et du Salvador, chacune des parties contractantes s'est engagée à empêcher, par tous les moyens à sa disposition, que, dans leurs territoires respectifs, on réunisse des éléments de guerre, qu'on opère des levées d'hommes, qu'on apprête des navires pour exercer des hostilités contre une autre d'entre elles. Elles se sont engagées encore à empêcher que les émigrés politiques abusent de l'asile, en conspirant contre le gouvernement de leur pays natal ; et, dans le cas où ces émigrés seraient l'objet d'une plainte de la part de ce gouvernement ou de celui d'un pays limitrophe du pays natal, à le reléguer loin de la frontière, à une assez grande distance pour dissiper les craintes, sur une simple demande du gouvernement auquel appartient l'exilé, accompagnée de documents justificatifs.

Tels sont les sérieux compromis par lesquels les Etats neutres sont liés préalablement en vue des circonstances anormales, compromis qui créent des obligations encore plus grandes pour les nations neutralisées à perpétuité. Nous en avons eu l'autre jour une preuve, lorsque l'Exécutif belge a notifié officieusement à un ancien ministre d'Etat et politique très actif de France, qu'il eût à sortir sans délai de son territoire, pour ne pas attirer au cabinet belge une plainte du cabinet du quai d'Orsay.

La neutralisation, convenablement considérée, n'apporte avec elle que des avantages ; car ces délibérations mêmes où peuvent être conduits les gouvernements des Etats neutres vis-à-vis des autres puissances, sont toujours une source de calme et de sécurité. — Ces avantages sont nombreux ;

nous y avons insisté au début de cet entretien, et nous nous bornerons à rappeler que, outre qu'elle est appelée à diminuer bientôt les charges militaires dans les pays qui en jouissent, elle contribue à affermir peu à peu la paix de l'Europe, en diminuant efficacement le théâtre de la guerre. — Aussi, c'est avec enthousiasme que nous avons applaudi aux résolutions votées par le Congrès de Gothenbourg (17 à 19 août 1885) en vue de la neutralisation des Etats scandinaves. — Dans ce Congrès, après avoir examiné les nombreux et importants motifs qui justifient ce grand vœu, l'Assemblée a déclaré :

Que le Danemark, la Suède et la Norwège doivent être neutralisés ; et que cette neutralisation doit consister :

1° En ce qui touche le territoire continental et insulaire de la Norwège, de la Suède et du Danemark, en ce que toutes les parties de ce territoire soient en tout temps absolument neutres ;

2° En ce qui touche le Sund et le Petit-Belt, en ce que, en temps de guerre, il soit interdit à tout bâtiment de guerre appartenant aux puissances belligérantes de paraître dans leurs eaux, qui seront au contraire ouvertes en tout temps aux navires de commerce, même appartenant aux belligérants, ainsi qu'aux navires de guerre appartenant aux neutres ;

3° En ce qui concerne le Grand-Belt, en ce que ce détroit restant ouvert en tout temps aux navires de commerce ou de guerre de tout pavillon, même belligérant, il sera absolument interdit à ces navires de commettre sur les côtes ou les eaux du détroit, jusqu'à une plus grande distance que celle de la portée maximum de l'artillerie, aucun acte d'hostilité, d'attaque, de surprise, de capture, de blocus, d'embargo, non plus qu'aucun embarquement ni débarquement de troupes ou de munitions, ni généralement aucun fait de guerre.

Après ces déterminations, l'Assemblée de Gothenbourg a émis le vœu de voir un congrès international concluro un traité destiné à être signé par tous les peuples d'Europe, établissant sur d'excellentes bases et sous la garantie de toutes les puissances signataires, la neutralité perpétuelle des États scandinaves et l'institution d'un tribunal arbitral, chargé de résoudre les difficultés qui pourraient naître de l'application du traité.

VI

La neutralisation revêt une forme hautement humanitaire, appliquée aux ambulances, aux hôpitaux et même aux habitations particulières de ceux qui reçoivent chez eux des blessés, privilège qui a été garanti en propres termes dans la convention internationale de Genève, de 1864. Les hôpitaux et les ambulances ont donc les mêmes sécurités que les nations neutralisées, avec cette différence, toutefois, qu'ils n'ont pas la protection d'une force militaire.

Pourtant, pour être justes, nous devons reconnaître les sentiments humanitaires des nations belligérantes, et admettre que leurs troupes ne procèdent, sur le champ de bataille, à l'occupation militaire des hôpitaux et des ambulances, qu'autant qu'ils ne contiennent ni malades à soigner ni blessés à secourir, se conformant ainsi à l'article premier de la Convention de Genève.

Le même principe de neutralisation s'étend au personnel des ambulances, à l'intendance, aux services de santé, d'administration, de transport des blessés et aux aumôniers ; il les protège tant qu'il y a des blessés à recueillir ou à secourir. Après l'occupation ennemie, ils ont la faculté d'opter entre continuer l'exercice de leurs fonctions ou retourner s'incorporer dans les troupes auxquelles ils appartiennent. D'autre part, les habitants des pays qui secourront les blessés seront respectés et demeureront libres ; tout soldat blessé sera une sauvegarde pour la maison où on l'aura recueilli, et l'habitant qui aura recueilli un blessé sera dispensé du logement des militaires et exonéré d'une partie des contributions. C'est ainsi que tous les membres de la grande œuvre philanthropique des secours aux blessés sont protégés par la neutralisation, pourvu que, aux termes d'un accord international et, suivant les résolutions de la Convention de Genève, ils demeurent extérieurs aux hostilités, s'abstenant de participer aux combats et d'intervenir dans quelque chose que ce soit qui ait rapport à la guerre.

Lorsqu'une ville ou une place forte est bombardée, les assaillants doivent éviter, autant que possible, de diriger leurs feux sur des monuments tels que les églises, les musées, les bibliothèques, les hôpitaux et les asiles, et, en général, sur les institutions d'art et d'industrie, telles que les écoles et bon nombre d'édifices publics ; à cette cause, tous les bâtiments dont nous parlons doivent arborer en temps de guerre le drapeau de la Croix-Rouge.

Dernièrement, il a été question, au palais Bourbon, de la

neutralisation du Tonkin : mais ce projet, formulé par un seul député, n'a pas eu de crédit.

Un projet de neutralisation sera présenté cette année au Congrès de Centre-Amérique, pour neutraliser les diverses voies ferrées en construction, qui doivent traverser les cinq républiques du Centre : il a pour but de garantir les droits souverains de chacun de ces États contre toute éventualité. — Le même projet comprend aussi la neutralisation du futur canal de Nicaragua, sous la garantie des cinq Républiques. — Celles-ci, par l'article 5, s'engagent à employer toute leur influence pour obtenir qu'une ou plusieurs grandes Puissances maritimes garantissent également les voies ferrées interocéaniques, et spécialement le canal de Nicaragua. — Par l'article 14, les Républiques de Costa-Rica et de Nicaragua se compromettent à interdire le passage du canal aux navires de guerre d'un pavillon dont la nation serait en lutte avec une des cinq Républiques, et à proclamer la suspension de l'exécution de l'article 13, qui donne aux puissances garantes du canal le droit de passage pour ses navires de guerre. — Toutefois la république de Nicaragua se réserve la faculté de permettre ou non aux navires de guerre d'autres nations de naviguer dans les eaux du grand lac, attendu que cette navigation n'est pas reconnue indispensable pour franchir la distance qui s'étend entre les extrémités du canal. — La voie ferrée et le canal de Nicaragua seront ouverts, dès qu'ils auront été terminés, au trafic universel, sans distinction de nationalité; et les tarifs divers seront les mêmes pour tous les pavillons. — La République de Nicaragua va prochainement adresser une déclaration à tous les gouvernements, pour les informer du percement du canal et des conditions do sa neutralisation, et pour les convier à participer tous également à cette œuvre à laquelle elle entend maintenir un caractère purement international.

La question de Sagallo, survenue dernièrement entre la France et la Russie, a donné lieu à une explication diplomatique de minime importance. — Un certain Atchinoff, accompagné de cent cinquante aventuriers, avait débarqué, comme chef d'une mission religieuse, à Sagallo, avec une mitrailleuse, un canon et des armes ; il prétendait faire route vers l'Abyssinie ; mais commença, dans ce territoire neutre appartenant à la France, par s'emparer d'un fort abandonné, et y arborer le drapeau commercial de la Russie. Les autorités françaises ne voulaient certainement pas s'opposer à ce que cette bande poursuivît son voyage, armée comme il convient pour sa défense personnelle ; mais elles ne pouvaient consentir à laisser passer le canon ni la mitrailleuse. D'autre part, ledit Atchinoff cherchait à séjourner dans ce territoire, malgré les admonestations et les avis réitérés des agents de la France. Or on sait qu'aucune troupe ne peut traverser, même en temps de paix, un territoire étranger, sans le consentement préalable du souverain respectif ; et nous doutons, d'ailleurs, qu'en temps normal on accordât ce consentement qui pourrait être le point de départ d'une expédition future. — Il était naturel qu'on n'interdît pas le passage à une petite expédition sans aucun caractère officiel, qui se dirigeait vers un territoire limitrophe pour s'y acquitter d'une mission purement religieuse ; mais cette petite expédition prit une allure hostile, la bande de missionistes n'était qu'une bande de flibustiers, prête à violer tous les droits ; aussi, si elle savait raisonner, trouverait-elle encore, dans la conscience de ses actes, de la reconnaissance pour les autorités françaises qui l'ont épargnée. — Elles pouvaient effectivement, puisque nous avons dit que c'était là de vulgaires flibustiers, les châtier comme tels ; et elle ne s'est abstenue probablement de cette satisfaction qu'en vertu des sentiments sympathiques qui rattachent la France à la noble patrie du peu digne Atchinoff.

Nous terminons ce travail par quelques considérations, qui suivent :

1° Qu'un des caractères les plus distinctifs des nations les plus neutralisées, dans les circonstances d'une guerre, est l'abstention absolue de faire aucune concession, aux belligérants, quand même elle la ferait aux deux parties, dans des conditions identiques de réciprocité ;

2° Que chacune des puissances qui se sont portées garantes de la neutralisation d'un État, doit, dans l'intérêt même du principe diplomatique dont l'application a reçu son adhésion, fournir à cet État un contingent de troupes qui le mettent à l'abri des éventualités de la guerre ;

3° Que la neutralité perpétuelle des différents canaux doit être constamment sauvegardée contre les événements anormaux par une escadre formée de la réunion de deux ou trois navires de chaque pavillon ;

4° Que pour juger des prises maritimes effectuées dans des circonstances particulières, les nations devraient créer un tribunal mixte, qui jugeât les cas où les nations belligérantes sont actuellement juges et parties, et où elles devraient incliner les inspirations de leur loi interne devant les principes du droit international ;

5° Qu'il est de toute justice que la propriété privée, sur

la haute mer, soit respectée et libre en toute circonstance, que ce principe est reconnu sur terre pour les propriétés de même genre ;

6° Que, par suite de ce que nous avons établi, l'exportation des armes, des munitions de guerre et autres articles de contrebande peut s'exercer en temps de guerre comme transaction commerciale, sans compromettre en rien la neutralité des nations, attendu que c'est là une question de l'initiative privée des citoyens, et qu'eux seuls courent des risques par cette conduite. — Les nations neutrales n'ont que le devoir de veiller à ce qu'il ne sorte de leur juridiction aucunes munitions expressément destinées aux belligérants ;

7° Que, en vertu des trois règles de neutralité du traité de Washington, de 1871, qui constituent un précédent de droit international, les gouvernements neutres doivent employer leur plus grande vigilance à empêcher l'armement ou l'équipement de navires que, pour des motifs bien fondés, on saurait destinés à exercer le corsariat ou les hostilités contre un gouvernement ami ;

8° Que toute nation doit harmoniser sa constitution et ses lois internes avec les principes internationaux ; car, comme toutes reconnaissent la supériorité de ceux-ci, il n'y aurait pas de raison pour qu'elles veillassent à l'accomplissement d'une disposition contre les principes de la neutralité, aussi bien que contre les lois pénales ;

9° Que toute expédition qui commettrait dans un territoire étranger des actes en désaccord avec la justice, et qui blesserait les droits souverains de l'État respectif, serait, elle et son chef, rigoureusement punie suivant les lois attribuables à une pareille circonstance ;

10° Que, en vertu de ce même principe, suivant lequel un navire belligérant en détresse, trouve refuge et secours dans un port de l'Etat neutre, principe qui a dicté les résolutions humanitaires de la convention de Genève en 1864, de la même manière les nations neutres doivent toujours permettre que des blessés soient transportés dans leur territoire; et non seulement elles, mais aussi les nations belligérantes, les principes de la philanthropie étant invariables pour tous les peuples;

11° Que les belligérants doivent toujours respecter, autant que possible, les édifices publics qui, dans les villes assiégées, seront munis du drapeau de la Croix-Rouge.

APPENDICE

La lettre suivante a été adressée aux membres des Parlements anglais et français :

« Le 31 octobre dernier, un certain nombre de membres du Parlement britannique et du Parlement français, agissant au nom de plusieurs centaines de leurs collègues, se réunissaient à Paris, à l'effet de travailler à la consolidation des relations pacifiques entre les États-Unis, la Grande-Bretagne et la France, par la préparation de traités d'arbitrages pour la solution amiable des difficultés qui pourraient survenir entre ces nations.

» Entre autres résolutions adoptées à l'unanimité, et pour l'exécution desquelles nous avons eu l'honneur d'être constitués en Comité, ils décidaient qu'une réunion ultérieure à laquelle seraient invités à prendre part non seulement les membres des Parlements ci-dessus visés, mais aussi les membres des autres Parlements connus pour s'intéresser aux mêmes idées, aurait lieu à Paris pendant l'Exposition de 1889, pour compléter l'œuvre commencée dans cette première conférence.

» En conséquence de cette résolution, nous venons vous

prier, Monsieur, de vouloir bien prendre part, avec les autres membres des divers Parlements qui, comme vous, nous l'espérons, nous feront l'honneur de répondre à notre appel, à la réunion qui aura lieu à Paris, les 29 et 30 juin prochain. Un second avis vous fera connaître le lieu et l'heure de cette réunion, etc.

» Au nom du Comité :

> » Les membres du Parlement français :
> » Jules Simon, sénateur ; Frédéric Passy, Jules Gaillard, Jules Siegfried, Yves Guyot, députés.
> » Les membres du Parlement britannique :
> » W. R. Cremer, sir Georges Campbell, Burk, Provand, Schwann, de la Chambre des Communes. »

SOCIÉTÉ FRANÇAISE POUR L'ARBITRAGE ENTRE NATIONS

STATUTS

Article premier. — Il est fondé à Paris une Société qui prend le nom de : *Société Française pour l'Arbitrage entre nations.*

Article 2. — Cette Société a pour but de défendre et de propager le principe de l'indépendance des nations et de la justice internationale, principe dont la consécration pratique se trouve dans la substitution de l'Arbitrage et de toutes les autres voies conventionnelles et juridiques aux violences de la guerre.

Article 3. — Elle s'efforcera d'établir avec les Sociétés

similaires de la France et de l'étranger les relations qui
pourraient conduire au but commun : la paix par le respect
du droit. Elle recherchera notamment et répandra les informations exactes propres à dissiper les malentendus irritants
entre les peuples.

Article 4. — La Société se compose de membres fondateurs, sociétaires et adhérents.

Sont fondateurs ceux qui donnent à la Société une somme
de cent francs au moins. Le titre de membre fondateur sera
continué à ceux qui jouissaient de ce titre dans les sociétés
suivantes : Société Française des Amis de la Paix et Comité
de Paris de la Fédération internationale de l'Arbitrage et de
la Paix, lesquelles se fusionnent entre elles et se confondent
avec la Société Française de l'Arbitrage entre nations.

Sont sociétaires ceux qui acquittent une cotisation
annuelle de dix francs.

Sont adhérents tous ceux qui apportent à la Société leur
nom et leur appui moral, en lui faisant un don, si minime
qu'il soit.

Article 5. — La Société est administrée par un Conseil de
trente membres nommés par l'Assemblée générale. Ce
Conseil est renouvelé par tiers tous les ans. Les membres
sortants sont rééligibles. Il se réunira au moins une fois par
mois. Il sera, dans l'intervalle, représenté par le bureau,
lequel, en cas d'urgence, convoquera immédiatement le
Conseil. Le Conseil nomme son bureau, qui est composé
d'un président, de deux vice-présidents, un secrétaire général, deux secrétaires et un trésorier.

Article 6. — L'Assemblée générale se réunit une fois
par an dans le premier trimestre. Elle est composée de tous

les membres fondateurs et sociétaires. Elle entend les rapports du secrétaire général et du trésorier, tels qu'ils ont été approuvés par le Conseil d'Administration.

Article 7. — Le titre de membre honoraire peut être conféré, sur la proposition du Conseil d'Administration, à toute personne française ou étrangère. Le titre de membre honoraire est conservé aux membres honoraires de la Société Française des Amis de la Paix et Comité de Paris de la Fédération de l'Arbitrage et de la Paix.

Article 8. — Toute modification aux présents statuts devra être préalablement soumise au Conseil d'Administration, puis votée par l'Assemblée générale, à la majorité des deux tiers des membres présents.

Article 9. — Pour la première année, le Conseil d'Administration est composé des membres ci-après pris, d'un commun accord, dans les Conseils des deux Sociétés fusionnées et dans le groupe nouveau d'adhérents :

MM. Beauquier, député ; Berthelot, membre de l'Institut, sénateur ; Ferrari, Boyer, Destrem, Duménil, V. Duruy, membre de l'Institut, Eschenauer ; Jules Gaillard, député ; de Gasté, ancien député ; D' Gautier, professeur à la Faculté de médecine de Paris ; Mme Griess-Traf ; Guillaume, Yves Guyot, député, ministre des Travaux publics ; Armand Hayem, conseiller général de Seine-et-Oise ; Marillier, agrégé de philosophie ; Marion, professeur à la Faculté des Lettres ; comte de Mazewski, chef du dépôt des titres au Crédit Foncier ; Paul Melon, ancien banquier ; Montaut, député de Seine-et-Marne ; Gaston Morin, directeur de la *Revue libérale* ; Mme de Morsier ; Frédéric Passy, membre de l'Institut, député de la Seine ; D' Charles Richet, professeur à la Faculté de Médecine, Directeur de la *Revue scienti-fique*; D' Rochard, inspecteur général du service de santé de la Marine en retraite, de l'Académie de Médecine ; baron de Saint-Georges Armstrong ; J. Siegfried, député, ancien maire du Havre ; J. Simon, membre de l'Institut, sénateur ; Ed. Thiaudière, publiciste ; Trarieux, sénateur ; de Ferrari.

Ont été nommés conseillers honoraires les anciens membres du Conseil d'Administration dont les noms suivent :

MM. L. Bonnemère ; le capitaine Cauvin, ancien trésorier ; Napoléon Chaix, imprimeur ; Armand Colin, libraire-éditeur ; A. Desmoulins ; Joseph Fabre, agrégé de philosophie, ancien député ; Gagneur, député ; J. Levallois, avec le titre de secrétaire général honoraire ; Lichtenberger, doyen de la Faculté protestante de Paris ; le général Türr ; Nottello.

COMPOSITION DU BUREAU

Conformément à l'article 5 des statuts, le Conseil constitué ainsi qu'il vient d'être dit, a procédé à la nomination de son bureau. A l'unanimité, il a nommé président : M. Frédéric Passy ; vice-présidents : MM. Destrem et J. Siegfried ; secrétaire général : M. le D' Charles Richet ; secrétaires : MM. Thiaudière et Marillier ; trésorier : M. Paul Melon.

Siège de la Société : 111, boulevard Saint-Germain.

CONGRÈS INTERNATIONAL DE PAIX

Les hommes et les femmes de bonne volonté de toutes les opinions politiques, appartenant à des cultes divers et ceux qui pensent librement enverront des délégués au Congrès international de la paix, qui commence dimanche 23 juin, à deux heures et demie au Trocadéro.

Les quakers serront cordialement la main à leurs frères les mondains, les protestants à leurs frères les catholiques et à ceux qui pensent librement.

Ces délégués venus de tous les points du globe seront tous d'accord pour voter des résolutions pratiques et sages.

Ils se comprendront tous facilement, car tous, ils aiment l'humanité.

Le Comité d'organisation a nommé membres du Comité d'honneur ceux qui, dans divers pays, ont défendu par leurs écrits ou par une propagande incessante (à la tribune, dans les assemblées, dans les conférences, etc.), les idées d'arbitrage et de paix.

Ce Comité se compose de MM. Asser (Hollande); Bajer (Danemark); Raoul Bompard (France); Borel (Suisse); Mme Belva Lockwood (Etats-Unis); Bonghi (Italie); Büchner (Allemagne); Castelar (Espagne); Cremer (Angleterre); Auguste Desmoulins (France); Numa Droz (Suisse); Van Eck

(Hollande); Mᵐᵉ Fischer-Lette (Allemagne); Mᵐᵉ Marie Gœgg (Suisse); Hedlund (Suède); Lalance (Alsace-Lorraine); Liebknecht (Allemagne); Love (Etats-Unis d'Amérique); Marcoartu (Espagne); A. Mazzoleni (Italie); colonel Missori (Italie); de Montluc (France); Moneta (Italie); Pease (Angleterre); Mᵐᵉ Peckower (Angleterre); Pellegrini (Amérique du Sud); Hod. Pratt (Angleterre); Mᵐᵉ H. Richard (Angleterre); Ruchonnet (Suisse); Aur. Saffi (Italie); Saldias (Amérique du Sud); Jules Simon (France); Saint-George Armstrong (Amérique du Sud), général Türr (Hongrie); Umilta (Suisse); Vigano (Italie); Yves Guyot, (France); Couvreur (Belgique); Ceneri (Italie); A. Humbert (Suisse).

Ces membres ont été tous nommés à l'unanimité.

Le comité d'organisation, nommé par arrêté ministériel en date du 27 février 1889, après avoir élaboré le programme général, a adressé l'appel suivant aux comités de la Paix :

COMITÉ D'ORGANISATION
Présidents d'honneur : MM. A. Franck & Charles Lemonnier

Aux Amis de la Paix,

Nous avons l'honneur de vous communiquer le Programme général du *Congrès international de la Paix*, qui doit s'ouvrir à Paris, le dimanche 23 juin, au Palais du Trocadéro et se tenir les 24, 25, 26, 27, à la mairie du VIᵉ arrondissement, place Saint-Sulpice, dans la grande salle des Fêtes, afin que votre Société, dont nous réclamons le concours fraternel,

puisse d'avance choisir et préparer en toute liberté les questions sur lesquelles elle croira devoir appeler les débats de
l'Assemblée.

Tous les peuples détestent la guerre, tous sont las de cette
paix armée dont le poids les écrase. Cet armement ne se
maintient que par une seule raison : on le croit provisoirement nécessaire pour assurer la sécurité, l'indépendance et,
sur beaucoup de points, la liberté des peuples. Indiquer un
moyen immédiatement praticable de garantir la sécurité sans
compromettre la liberté, c'est un idéal qui nous est commun
à tous. Trois mots nous rallient : *Arbitrage, Liberté, Paix*.
Voilà pourquoi l'organisation pratique de l'arbitrage nous
paraît l'œuvre la plus générale du Congrès ; voilà pourquoi
la Commission a placé dans les premières lignes du Programme cette idée d'arbitrage permanent proposée, par le
sénateur Allison, au Congrès des États-Unis d'Amérique,
émise par la réunion parlementaire anglo-française qui s'est
tenue à Paris, le 31 octobre dernier, affirmée dans la pétition
qui circule en France pour la conclusion d'un traité d'arbitrage permanent entre la France et les États-Unis.

L'étude de cette idée répond aux préoccupations actuelles
des peuples et des parlements. Elle nous paraît urgente,
mais l'œuvre de la pacification exige bien d'autres travaux
pour lesquels nous réclamons vos lumières, votre expérience,
vos vues particulières.

L'hospitalité de la République française assure à notre
Assemblée trois conditions nécessaires : accueil fraternel,
sécurité entière, pleine liberté de réunion, de parole et de
pensée.

Disséminés sur tous les points du globe, hommes et

femmes de bonne volonté, unis d'avance par le concours de nos efforts, ne perdons point cette occurrence et venons tous, chacun au nom de sa patrie, jeter les premières bases de la paix du monde.

Les membres du comité d'organisation :

MM. Barodet, député ; Berthelot, membre de l'Institut, sénateur ; Couturier, sénateur ; Destrem (Hippolyte), publiciste ; Eschenauer, pasteur ; Fallot, pasteur ; Fezandier, économiste ; Franck (A.), membre de l'Institut ; Gaillard (Jules), député ; Mme Griess Traut ; MM. Grumel, rentier ; Guébin (Louis), architecte ; Lemonnier (Ch.), docteur en droit ; Lyonnais, député ; Macé (Jean), sénateur ; Marillier, agrégé de philosophie ; Mathé (Henri), député ; Melon (Paul), rentier ; Morin (Gaston), publiciste ; Muzet, conseiller municipal de Paris ; Passy (Frédéric), député ; Siegfried (Jules), député ; Dormoy, ingénieur ; Mlle Taxil (Marie), directrice d'école professionnelle pour les femmes ; Toussaint (Julie), secrétaire générale de la Société pour l'enseignement professionnel des femmes.

PROGRAMME GÉNÉRAL

1. Étude de l'Arbitrage international sous toutes les formes et dans toutes les applications que peut recevoir son principe ;

Traités d'arbitrage permanent entre deux ou plusieurs peuples ;

2. Application du principe de neutralisation aux fleuves, aux rivières, aux canaux de navigation fluviale et maritime, aux détroits, aux territoires, aux nations, etc., etc. ;

3. Application internationale du principe de Fédération ;

4. Création, par l'initiative des Sociétés de la Paix, de collèges d'arbitres ;

4 *bis*. Introduction dans les universités, gymnases, lycées, collèges, écoles, de cours d'arbitrage théoriques et pratiques ;

5. Réformes à faire dans le droit international ;

Principes fondamentaux d'un code international ;

6. Généralement étude, examen, discussion des moyens et des mesures qui peuvent progressivement substituer entre les nations, l'Etat juridique à l'Etat de guerre ou de trève, et finalement rendre possible le désarmement.

Le Comité a élaboré ensuite le programme détaillé qui a été adressé à tous les adhérents avec le règlement intérieur :

DÉVELOPPEMENTS DES ARTICLES

Article premier

Etude de l'arbitrage international sous toutes les formes et dans les applications que peut recevoir son principe ; traité permanent entre deux ou plusieurs peuples :

La juridiction arbitrale diffère de la juridiction ordinaire en trois points essentiels. Les juges sont choisis par les justiciables ; leurs pouvoirs sont temporaires, leur compétence déterminée par un compromis qui définit le litige.

Les principes, les règles, les coutumes, usités en droit civil ou commercial ont été transportés dans l'arbitrage international.

Il est évident que les questions dans lesquelles seraient

mises en compromis, l'autonomie ou l'existence d'un peuple ne peuvent être soumises à l'arbitrage.

Quand des arbitres internationaux rencontrent des cas entièrement nouveaux pour lesquels il n'existe ni loi, ni règle tracées, quel parti doivent-ils prendre?

Indiquer le parti qu'ont suivi les trois arbitres qui ont jugé le procès de l'*Alabama*, qui ont introduit dans le compromis, et fait ainsi reconnaître d'avance par les parties, les règles dont ils prévoyaient avoir besoin.

II

Formes et applications diverses du principe de l'arbitrage

Un traité d'arbitrage permanent entre peuples serait une convention par laquelle deux ou plusieurs nations s'engageraient, sous la garantie réciproque de la pleine autonomie et souveraineté de chacune, à soumettre à des arbitres nommés et procédant en la forme indiquée tous les différends et conflits survenus entre elles pendant la durée du trait'

Expliquer pourquoi ce traité devrait d'abord garantir réciproquement aux signataires leur pleine autonomie et leur souveraineté.

Indiquer quels seraient les effets généraux d'un tel traité.

Comment il ferait passer, *ipso facto,* les peuples signataires de l'état de paix à l'état juridique.

Comment il amènerait ces peuples à un désarmement relatif.

En attendant que la situation de l'Europe rende possible la formation d'une ou de plusieurs Fédérations de peuples, ou la constitution d'une Haute Cour internationale, l'emploi progressif du traité d'arbitrage permanent ne serait-il pas immédiatement un terme de passage entre l'état de trêve armée et l'état de paix?

Voir, dans le Rapport officiel fait en 1884 par le Département politique fédéral Suisse, le projet de traité d'arbitrage permanent, dont la négociation avait été commencée entre les *États-Unis* et la *Suisse*, négociation qui n'a pas été rompue mais interrompue par la mort du ministre américain Frelinghuysen.

Article 2

Application du principe de neutralisation aux fleuves, aux rivières, aux canaux de navigation fluviale et maritime, aux détroits, aux territoires, aux nations, etc., etc.

Indiquer : 1° Comment aucune nation, en temps de paix, ne peut participer à un engagement international qui, la guerre échéant, pourrait compromettre sa neutralité.

2° Cependant, les nations neutralisées à perpétuité n'ont-elles pas le droit de conclure avec les autres nations également neutralisées des alliances défensives, destinées à sauvegarder leur neutralisation même?

3° Rappeler qu'aucun acte hostile ne peut se commettre sur les territoires des États neutralisés; qu'aucune armée ne peut passer dans leurs limites continentales, ni aucune flotte dans les limites de leur juridiction fluviale.

4° Dans les cas où leurs limites seraient franchies par une armée ou une flotte, ou un détachement de l'une ou de l'autre, de quelle façon ces États sont-ils obligés de faire valoir leurs droits, de protester contre la violation de leur juridiction souveraine, et même de résister par la force.

5° En tout autre point, les nations neutralisées peuvent conserver tous leurs droits de souveraineté et d'indépendance, ainsi que leurs diverses relations avec d'autres États de la même catégorie.

6° Démontrer que les nations neutralisées sont soumises, elles aussi, à la règle de conduite indiquée dans le paragraphe IV, concernant les fleuves et rivières, les canaux de navigation fluviale et maritime, les détroits et autres étendues neutralisées.

7° Le principe de neutralisation indiqué dans la troisième proposition déterminerait-il l'heureuse fin des guerres en créant l'impossibilité de livrer bataille sur quelque territoire que ce soit?

8° Par exception à ce qui a été dit, si des détachements, ou des soldats pressés par l'ennemi, se réfugient sur le territoire d'un État neutre, celui-ci a-t-il le devoir de les désarmer, de les interner et de pourvoir à tous leurs besoins? Doit-il aussi soigner les blessés et les malades, les bien accueillir, peut-il même les laisser transporter par son territoire?

L'État neutralisé peut-il aussi, sans se compromettre, accueillir dans ses ports les navires de guerre en détresse; doit-il, dans ce cas, suivre la règle de conduite que nous venons d'indiquer pour les détachements réfugiés?

Peut-il encore permettre aux navires de guerre d'entrer dans ses ports, ses fleuves, ses rivières, ses canaux, dans un but pacifique : comme faire de l'eau, prendre charbon, s'approvisionner, ou se réparer d'urgence : n'est-ce pas un simple acte d'humanité?

Article 3

Application internationale du principe de Fédération

Eléments divers du principe de nationalité. — Influence de ces éléments et notamment de la race, du territoire, du climat, du langage, de la vie économique, des mœurs, de la tradition historique, etc. Caractères du vrai patriotisme. Montrer en quoi une fédération, pour être juste et durable, doit faire leur place légitime aux idées de patrie et de nationalité.

Formuler, ou au moins esquisser un type de pacte fédératif entre les États de l'Europe contemporaine, type pouvant s'étendre ensuite aux autres parties du globe.

Indiquer par quel ensemble de moyens on pourrait agir, soit diplomatiquement, soit par voie de propagande générale, auprès des gouvernements actuels, pour leur faire adopter et appliquer le principe de fédération.

Exposer comment, sans porter atteinte à ces idées, peut être constitué un pouvoir fédéral.

Article 4

Création par l'initiative des sociétés de la paix de collèges d'arbitres

Rechercher comment les sociétés de la paix peuvent grouper en collèges d'arbitres des hommes politiques, des jurisconsultes et des économistes compétents en matière de droit international.

Comment ces collèges pourraient étudier les principes généraux et les applications de l'arbitrage et préparer ainsi les éléments des décisions arbitrales.

Comment ces collèges pourraient être chargés d'étudier les questions en litige entre deux puissances, au moment même où elles se posent et avant qu'elles n'aient abouti à un conflit.

Comment les sociétés de la paix pourraient s'entendre pour choisir collectivement parmi les membres des collèges d'arbitres une commission arbitrale, dont elles offriraient les services aux gouvernements intéressés.

Article 4 bis

Introduction dans les universités, gymnases, lycées, collèges, écoles, de cours d'arbitrage théoriques et pratiques

Examiner sous quelle forme on peut introduire ou développer, dans les établissements d'enseignement supérieur, l'enseignement du droit international public. Cet enseignement doit-il être restreint aux facultés de droit? Examiner la forme qu'il conviendrait de donner à un enseignement pratique de la jurisprudence arbitrale. Examiner sous quelle forme on peut introduire dans les programmes de l'enseignement secondaire (lycées, gymnases, etc.) des notions sur l'emploi de l'arbitrage et l'histoire des décisions arbitrales qui sont intervenues entre les divers États.

Comment on peut faire pénétrer dans les écoles primaires l'idée des services que peut rendre l'arbitrage.

Article 5

Réformes à faire dans le droit international. — Principes fondamentaux d'un code international

On peut diviser en deux grandes séries les réformes et les

innovations à faire dans le droit international, les unes dans l'ordre pacifique, les autres dans l'ordre de la guerre. Dans les premières, on peut ranger toutes les mesures, toutes les innovations qui facilitent le commerce, les échanges, la culture des arts et l'avancement des sciences entre nations, telles que l'établissement de bureaux pour régler l'usage international des postes, des télégraphes, des téléphones, des chemins de fer, des câbles sous-marins, l'unité de monnaies, l'unité de méridien, l'étude des langues et la recherche d'un langage international ; l'abolition des lignes douanières et des passeports, l'étude de lois internationales du travail proposées plusieurs fois par la Suisse, etc.

Parmi les réformes à faire dans l'ordre des relations de guerre, il est manifeste que le droit international doit rechercher et favoriser toutes celles qui sont de nature à rendre la guerre plus rare, plus difficile, moins meurtrière, la guerre purement défensive seule pouvant être légitime.

Il n'y a point de droit contre le droit, il n'y a donc pas de droit de guerre à proprement parler, il n'y a qu'un droit de défense. Le moment n'est-il donc point venu d'abolir l'expression : *les droits de la guerre ?* N'y a-t-il point contradiction entre ces deux mots ?

Toute guerre devient coupable dès qu'elle passe de la défensive à l'offensive pour entrer dans la voie illicite de l'invasion et de la conquête.

Il est une partie du droit que Kant nomme le droit *cosmopolite*, qui, embrassant le droit civil et le droit des gens, doit s'élever jusqu'au droit public humain et qui au point où en sont venues les relations des peuples ne peut plus, disait-il, il y a déjà cent ans, passer pour une « exagération fantaisiste ».

La conscience des peuples et les principes fondamentaux du droit international n'imposent-ils pas aux nations civilisées envers celles qui ne le sont pas des devoirs qui sont violés tous les jours, et dont il conviendrait que le principe, le caractère, la définition fussent mieux marqués ?

L'introduction du mot *Protectorat*, du mot et de la chose, dans la diplomatie contemporaine, ne fait-elle pas voir que la question est mûre ?

Article 6

Généralement étude, examen, discussion des moyens et des mesures qui peuvent progressivement substituer entre les nations l'état juridique à l'état de guerre ou de trêve, et finalement rendre possible le désarmement.

On a vu dans les diverses parties de ce programme sous quels aspects le Congrès aura à envisager les questions qui lui sont soumises. Il paraît inutile de reprendre ces indications sous forme de conclusion.

Le résumé qui précède suffit. Il conviendra cependant d'insister sur la nécessité de répandre sous toutes les formes les faits et les notions de nature à faire comprendre la nécessité de modifier dans le sens pacifique les relations des peuples et la possibilité de le faire.

Si le bilan de la paix et celui de la guerre pouvaient être sous une forme claire mis à la portée de toutes les intelligences, le problème serait en grande partie résolu. C'est dire que la question est avant tout une question d'enseignement et d'éducation.

Le Président : Frédéric Passy, député, membre de l'Institut. — *Les Vice-Présidents :* COUTURIER, sénateur ; BARODET, député. — *Les Secrétaires :* GASTON MORIN, publiciste ; MARIE TAXIL, directrice d'école professionnelle.

RÈGLEMENT

Article premier. — Conformément à l'arrêté ministériel, en date du 27 février dernier, il est institué à Paris, au cours de l'Exposition Universelle de 1889, un Congrès international de la paix.

Art. 2. — Le Congrès s'ouvrira le dimanche 23 juin, à 2 heures 1/2, dans la salle du Trocadéro. Les séances suivantes se tiendront à la mairie du VI⁰ arrondissement les 24, 25, 26, 27 juin.

Art. 3. — Seront membres du Congrès les personnes qui auront adressé leur adhésion au Secrétaire du Comité d'organisation avant l'ouverture de la session, ou qui se feront inscrire pendant la durée de celle-ci.

Art. 4. — Les membres du Congrès recevront une carte qui leur sera délivrée par les soins du Comité d'organisation.

Ces cartes, qui ne donnent aucun droit à l'entrée gratuite à l'Exposition, sont strictement personnelles. Toute carte prêtée sera immédiatement retirée.

Art. 5. — Le bureau du Comité d'organisation fera procéder lors de la première séance à la nomination du bureau du Congrès, qui aura la direction des travaux de la session.

Art. 6. — Le bureau du Congrès fixe l'ordre du jour de chaque séance.

Art. 7. — Le Congrès comprend des séances générales, des séances de sections.

Art. 8. — Les membres du Congrès ont seuls le droit d'assister aux séances qui ne sont pas publiques, de présenter des travaux et de prendre part aux discussions.

Cependant les délégués des administrations publiques françaises et étrangères jouiront des avantages réservés aux membres du Congrès.

Art. 9. — Les travaux présentés au Congrès sur des questions mises à l'ordre du jour dans le programme de la session seront discutés en séance générale. Les travaux qui ne figureront pas dans ce programme, publié à l'avance, seront renvoyés aux sections.

Art. 10. — Aucun travail ne peut être présenté en séance, ni servir de point de départ à une discussion si, avant le 21 juin, l'auteur n'en a communiqué le résumé ou les conclusions au Comité d'organisation.

Art. 11. — Les orateurs ne pourront occuper la tribune pendant plus de quinze minutes, ni parler plus de deux fois dans la même séance sur le même sujet, à moins que l'assemblée consultée n'en décide autrement.

Art. 12. — Les membres du Congrès qui auront pris la parole dans une séance devront remettre au secrétaire, dans les vingt-quatre heures, un résumé de leurs communications pour la rédaction des procès-verbaux. Dans le cas où ce résumé n'aurait pas été remis, le texte rédigé par le secrétaire on tiendra lieu, ou le titre seul sera mentionné.

Art. 13. — Le Comité d'organisation, après accord avec la Commission supérieure des Congrès et conférences pourra demander des réductions aux auteurs des résumés ; il pourra effectuer ces réductions ou décider que le titre seul sera inséré, si l'auteur n'a pas remis de résumé modifié en temps utile.

Art. 14. — Les procès-verbaux seront imprimés et distribués aux membres du Congrès le plus tôt possible après la session.

Art. 15. — Un compte rendu détaillé des travaux du Congrès pourra être publié par les soins du Comité d'organisation. Celui-ci se réservera de fixer l'étendue des mémoires ou communications livrés à l'impression.

Art. 16. — Le bureau du Congrès statue en dernier ressort sur tout incident non prévu au règlement.

Parmi les sociétés qui ont adhéré au Congrès on compte :

L'International Arbitration and Peace Association qui a huit comités ; la Peace Society de Londres qui a un très grand nombre de sections ; la Peace Society de Liverpool, la Wisbeck local Peace Association qui a 80 comités dont 68 en Grande-Bretagne et 15.600 adhérents actifs ; l'International Tribunal and Reform of Maritime Law ; la Société des Amis (of Friends) connue sur le continent sous le nom de Quakers ; la Workmens Peace Association and International Arbitration League ; la British and Foreign Arbitration Association ;

la Workmens Peace Association de Birmingham ; l'Association pour la Réforme du droit International ; le comité belge de la Fédération Internationale de l'arbitrage et de la paix ; la Kvindelig-Fremskridts-Forening ; la Forening Til Danmarks Neutralisering qui comprend 28 sections ; le comité de Barcelone, la Société po ir l'arbitrage entre les nations ; l'Alouette ; le Comité de la Ligue Franco-Italienne ; la Ligue Internationale de la Paix et de la Liberté dont le siège est à Genève ; les anciennes sociétés dites du Comité de Paris de la Fédération Internationale de l'arbitrage et de la paix et l'ancienne Société des Amis de la paix ; la Société d'Aide Fraternelle et d'Etudes Sociales ; le comité de Paris de la Ligue Internationale de la Paix et de la Liberté ; la Société d'Education laïque ; la Loge Cosmos ; la société de la Paix perpétuelle par la Justice Internationale ; la Ligue Agraire ; la société de la Paix par l'Education ; la Société de la Paix du Familistère de Guise ; le comité de la Sarthe ; le comité de Grenoble de la Ligne Internationale de la Paix et de la Liberté ; le groupe de Clermont-Ferrand ; la Société Néo-Latine de Carcassonne ; l'Union Méditerranéenne ; la Soc'été des Jeunes Amis de la Paix de Nîmes ; le comité de Rome, avec ses nombreuses sections ; l'Union Lombarde de la Paix ; le comité de Milan ; le comité d'Alexandrie, de Padoue ; de Missaglia ; de Sicile (Palerme, Messine, Cata- no), de Barzano ; des sociétés de Padoue ; d'Asti ; la section Suisse de la Ligue Internationale de la Paix et la Liberté ; la Friedensverein de Francfort-sur-le-Mein ; le comité de Varejé ; l'association des Libres-Penseurs allemands ; la société la Paix par l'Humanité d'Amsterdam et La Haye ; la société Arménienne ; l'Universal Peace Union de Philadolphie qui compte d'innombrables sections ; le comité du Brésil, etc.; des groupes isolés de Suède, de Norwège, d'Allemagne, comités en formation en France, en Autriche, en Algérie, en Russie, etc., etc.

Parmi les noms des délégués nous pouvons citer au hasard ceux de MM. H. Pratt, Marcoartu, Cremer, Bajer, Moneta, F. Alexander, Mazzoleni, Umilta, M⁽ᵉ⁾ Belva Lookwood, Barodet, Ev. Darby, Leale, Vigano, Couturier, Constant de Vos, M. Cremonino, Alfieri de Sostegno, marquis Pandolfi, M⁽ᵐᵉ⁾ Fischer née Lette, Ducommun, Raqueni, Thiaudière, Clunet, Vincent, M. Revon, Jabloskhoff, capitaine Siccardi, Ed. Van Geehuyen, colonel Cortelezzi, M⁽ᵐᵉ⁾ Deyo de Santa-Anna Néry, etc., etc. Tous les membres du comité d'organisation sont, bien entendu, les délégués de leurs sociétés.

Vœux & Résolutions du Congrès de la Paix

(JUIN 1889)

I

Le Congrès pense que :

1° Il y aurait utilité à déclarer qu'une clause d'arbitrage doit être insérée dans tout traité à intervenir entre deux États et que, cette clause ayant été admise, l'acceptation de l'arbitrage est obligatoire et non pas facultative ;

2° Le principe de l'arbitrage international devrait être l'une des bases fondamentales de la constitution de chaque État.

Les nations s'engageraient, moyennant la reconnaissance réciproque de la pleine autonomie, souveraineté et constitution particulière de chacune, à s'en rapporter à la décision d'arbitres au lieu de recourir aux armes;

3° En prévision de l'établissement d'un tribunal international permanent, le Comité considère que le premier pas à faire, en vue de la réalisation de ce vœu, consiste à conseiller à chaque gouvernement ayant un traité à signer avec celui d'un autre État, de désigner d'avance les jurisconsultes qui devront, de leur côté, faire partie du tribunal arbitral, en invitant le gouvernement cotraitant à faire de même ;

4° Le Congrès émet le vœu de voir le plus vite possible les peuples conclure entre eux des traités d'arbitrage permanents, conformes aux principes indiqués et développés dans les articles précédents.

II

LA NEUTRALISATION

A 1° Aucun acte hostile ne doit se commettre sur les territoires neutralisés, ni sur les côtes, ni dans les eaux des détroits neutralisés;

2° Aucune armée ne doit passer, pour se livrer à des faits de guerre, dans les limites continentales, ni aucune flotte dans les limites de juridiction maritime ou fluviale des États neutralisés ;

3° Si, pour quelque cause que ce soit, des soldats ou des vaisseaux de guerre se réfugient sur le territoire ou dans les eaux d'un État neutralisé, le devoir de cet État sera de les bien accueillir, à la condition qu'ils renoncent à toute tentative hostile et se laissent interner tant que durera l'état de guerre;

4° Les belligérants devront toujours respecter les édifices qui, dans les villes assiégées, seraient pavoisés du drapeau de Genève.

B. 1° Le Congrès approuve le principe de la neutralisation des trois États scandinaves, — Danemark, Norwège et Suède, — accepté par les Congrès de Genève (16 septembre 1883), de Berne (6 août 1884) et de Gothembourg (19 août 1885);

2° Le Congrès reconnaissant les bienfaits et la nécessité de la neutralité de la Suisse considère comme inviolables les traités qui consacrent cette neutralité.

Il est entendu que la même réserve s'applique à tous les pays déjà neutralisés.

III *A*

FÉDÉRATION DES ÉTATS

Le Congrès déclare :

Une union doit nécessairement s'établir et croître par l'adoption successive d'une législation commune pour chacun des intérêts économiques.

Elle doit s'établir graduellement et non point d'après un plan préconçu ou complet, ou préalable; car alors des objections seraient faites immédiatement.

L'union des nombreux États de l'Allemagne en un empire peut, jusqu'à un certain point, servir d'exemple. Bien avant de pouvoir même espérer la confédération actuelle, ces États avaient adopté le Zollverein ou Union douanière.

Aujourd'hui, les autres États européens sont invités par la Suisse à marcher dans la même voie et à se fédérer par un accord international unifiant les lois sur le travail, le système postal, les tarifs, les postes et télégraphes, etc.

Une plus grande uniformité dans les lois relatives aux crimes et aux mariages devrait aussi être établie.

Les défenseurs du grand principe du libre échange devraient s'unir partout pour l'abolition des tarifs inégalitaires.

Le Congrès déclare donc accepter l'application internationale du principe de fédération.

Le Congrès adopte ensuite les quatre résolutions suivantes :

III *B*

Première résolution.

Indépendamment de la pratique de l'arbitrage, qui peut, dans des cas nombreux, rendre d'incontestables services, le Congrès appelle l'attention des gouvernements, quelle que soit leur forme, des publicistes, de la presse politique et scientifique, et, en un mot, de tous les amis de l'humanité, sur la question capitale d'un Pacte Fédératif à établir entre toutes les nations de l'Europe.

Deuxième résolution.

L'élaboration préliminaire de ce pacte pourrait être confiée, sauf approbation ultérieure de tous les gouvernements, à une haute Commission Internationale, formée d'hommes éminents, délégués par les divers États européens, en nombres déterminés à l'avance, à l'amiable, entre les chancelleries respectives.

Troisième résolution.

Le pacte fédératif devra résoudre les questions qui, à l'heure actuelle, menacent de devenir des *casus belli* entre les États respectifs, et qui, toutes se rapportent à des remaniements possibles de la carte du monde, en résolvant ces questions conformément aux vœux des populations intéressées, régulièrement et loyalement consultées à cet effet.

Quatrième résolution.

Le même pacte devra instituer un Grand Conseil européen chargé :

1° De statuer sur toutes les causes de conflits qui pourraient surgir d'un peuple à l'autre ;

2° De présider au désarmement général simultané et progressif ;

3° De modifier les institutions douanières de manière à arriver progressivement au libre-échange final ;

4° De propager, par des voies pacifiques, entre autres par des protectorats librement acceptés, la diffusion des sciences, de l'industrie, des voies d'humanité et de justice parmi les nations les moins avancées du globe ;

5° De favoriser la colonisation des continents non peuplés et l'exploitation, au profit de l'humanité toute entière, des éléments de richesse qu'ils contiennent.

IV

A. — Le Congrès émet le vœu qu'un comité, composé d'un grand nombre de membres de Sociétés de la paix se forme, dont le devoir serait de s'informer des faits graves qui pourraient occasionner une guerre, de proposer et de prendre les mesures nécessaires pour empêcher les causes des différends de s'accentuer au point d'avoir pour résultat probable une guerre immédiate. Des membres de ce comité pourraient aussi apaiser les conflits entre patrons et ouvriers, et entre ouvriers eux-mêmes.

Ce conseil international serait nommé au *prorata* de la population des divers pays.

B. — 1° Les professeurs de droit international dans les universités et établissements analogues doivent donner à l'arbitrage une importante place dans leurs cours et leçons.

2° Il faut s'efforcer de faire introduire un chapitre sur l'arbitrage dans tous les traités de droit international;

3° Il faut de même s'efforcer de persuader aux directeurs des écoles et professeurs, d'inculquer à leurs élèves les principes et la pratique de l'arbitrage.

4° Les Sociétés de la paix devront encourager la publication de livres et de brochures pacifiques et leur introduction dans toutes les écoles, afin d'entreprendre de détruire les préjugés, les erreurs et les sophismes de ceux qui présentent la guerre comme nécessaire, utile et moralisatrice.

5° Le Congrès voudrait voir les instituteurs se grouper à l'aide de comités scolaires, et les gagner ainsi aux idées d'arbitrage. Les instituteurs convertis convertiraient leurs élèves.

Le Congrès félicite les Sociétés d'arbitrage des États-Unis, et, en France, le Familistère de Guise (Aisne), d'avoir introduit l'arbitrage dans l'école et dans l'atelier.

V

Le Congrès a adopté les résolutions suivantes :

1° Il est nécessaire, afin de constituer l'état juridique entre les nations, d'établir un système complet de législation internationale, déterminant les droits et les devoirs des nations entre elles, et établissant les principes et les règlements de procédure conformément auxquels les différends internationaux auront à être réglés.

2° La préparation d'un tel code étant si justement désirable, on prie les différentes institutions et associations de continuer l'œuvre qu'elles ont entreprise, et d'achever aussi vite que possible les bases de la rédaction d'un code qui serait applicable aux disputes internationales.

3° Parmi les réformes à introduire dans la loi internationale, les plus importantes sont celles qui aideraient à rendre les guerres moins fréquentes et plus difficiles à éclater.

4° Les obligations de la conscience et les exigences fondamentales de la justice et du droit international, qui règlent les rapports entre les nations civilisées, doivent également régler leurs rapports avec les peuples non civilisés. Et il est tout à fait désirable que le règlement et le caractère de ces obligations et ces exigences soient définis avec plus de précision.

Le Congrès approuve l'Avant-projet suivant comme devant servir de base sérieuse à la création d'un Conseil et d'une Haute-Cour d'Arbitrage international.

1. Considérant le désir sérieusement manifesté dans toutes les contrées du monde civilisé, de mettre fin, le plus

tôt possible, aux souffrances qui ont pour cause la préparation de la guerre, la permanence des armées, et, par suite
inévitable, l'arrêt de tout progrès, la démoralisation et la
ruine publique;

2. Considérant que les conflits internationaux naissant
souvent de prétentions ou d'effervescences momentanées,
de fausses nouvelles ou d'ambitions personnelles, il est de
la plus grande importance de laisser du temps à la réflexion
et à la vérité pour produire leur influence conciliatrice;

3. Considérant que, dans de nombreuses occasions, les
nations ont soumis leurs différends au jugement d'un arbitre
ou d'un conseil arbitral, — soit qu'elles aient accepté la décision d'un souverain, d'une Cour de Justice ou d'une assemblée de Jurisconsultes, comme dans le cas célèbre de
l'Alabama; que les sentences rendues ont presque toujours
été exécutées à la satisfaction de tous. (Voir Glûber, *Droit des
Gens*, page 318, note *A*, avec les précédents y mentionnés);

4. Ayant égard à ce fait, acquis à l'histoire des traités de
commerce, que la clause d'arbitrage se trouve insérée dans
un certain nombre des plus récents. (Voir *Traité de commerce et de navigation entre le Royaume-Uni et celui d'Italie*,
15 juin 1885; avec la Grèce, 16 novembre 1883); que cette
clause a pour avantage à la fois, d'offrir une organisation
permanente du tribunal auquel, en cas de contestations, les
parties auraient à recourir, et d'éviter les pertes de temps,
les difficultés, les dangers d'une Constitution à faire pour
chaque cas particulier. (Voir les documents communiqués
par M. Henry Richard, *M. P. à l'Association pour la réforme
et la consolidation de la Loi internationale en 1886 et 1887
en faveur de l'arbitrage entre nations*.)

5. Par ces motifs :

Les Comités réunis de la Société de la Paix et de l'Association internationale de l'Arbitrage et de la Paix invitent instamment les gouvernements de tous les États du monde civilisé à se concerter en vue de la constitution d'un Conseil permanent ayant mandat d'arbitrage international, dont les pouvoirs et l'action seraient établis comme suit :

6. Chaque État choisit, parmi ses publicistes, ses jurisconsultes, ses citoyens les plus considérés, les membres en nombre égal (à déterminer) du Conseil international d'arbitrage qui a pour mission de faire cesser les contestations, au moyen de la médiation, de l'arbitrage et des mesures propres à écarter ou à résoudre pacifiquement les difficultés internationales.

7. Le Conseil peut être tenu comme constitué aussitôt que deux États seront d'accord sur son organisation et auront élu les membres devant le composer.

8. Conformément à l'esprit du présent avant-projet, on peut donc admettre que la création du Conseil résulterait de la Convention arrêtée entre deux États de recourir à l'arbitrage pour tout différend surgissant entre eux ; et que si, par exemple, le Royaume-Uni convenait avec les États-Unis d'Amérique de former un conseil commun pour l'arbitrage, ce Conseil aurait, dès sa formation, la compétence la plus étendue conformément aux attributions édictées par les articles 5 et suivants.

9. Le Conseil étant constitué par deux ou plusieurs États, il invitera les autres États à élire leurs délégués afin de se les adjoindre.

10. Le Conseil devra, dès sa première réunion, procéder à la désignation de ses secrétaires.

11. Dès qu'il surgira une difficulté entre des États représentés ou non dans le Conseil, les secrétaires, à la requête des deux membres, convoqueront une réunion chargée d'examiner les mesures à prendre immédiatement en vue d'arrêter les préparatifs de guerre et d'offrir les bons offices du Conseil sous forme de médiation ou d'arbitrage.

12. Lorsque les États en désaccord consentiront à soumettre leur différend à l'Arbitrage, le Conseil déléguera un certain nombre de ses membres pour former, avec les personnes désignées à cet effet par les États en litige, une Haute-Cour d'Arbitrage international dont la décision sera obligatoire.

13. Pour le choix des membres de la Haute Cour, à constituer, il y aura lieu de tenir compte de la nature du conflit et de la contrée où il s'est produit. Leur mandat prendra fin aussitôt la sentence rendue ou l'arbitrage abandonné.

14. Aucune force armée ne peut être employée pour contraindre les États en litige à s'en rapporter à la décision de la Haute Cour, ni pour amener l'exécution de la sentence rendue. L'autorité du Conseil est toute morale. Néanmoins, si après acceptation de la juridiction les parties refusaient de se soumettre au jugement, il serait du devoir du conseil de donner, à tous les États représentés dans ce Conseil, communication du jugement en point de fait et décision, ainsi que de la constatation du refus d'exécution.

15. De même aussi, dans le cas où l'un ou l'autre des États en litige n'aurait pas invoqué l'intervention du Conseil,

celui-ci n'en aurait pas moins le devoir de soumettre les faits litigieux à son examen et de faire son rapport aux Etats représentés par lui.

16. Le Conseil établira lui-même les règlements de son action et de la procédure de la Haute Cour d'arbitrage international.

(Les règles adoptées dans l'arbitrage de l'Alabama et celles qui ont été proposées par l'Institut de Droit international fourniront, à cet effet, de précieuses indications.)

17. On devra de préférence, choisir pour siège du Conseil une ville située dans un pays neutre : Berne ou Bruxelles, par exemple.

18. Les membres du Conseil nommés pour un nombre d'années à déterminer, seraient remplacés en cas de démission ou de décès.

19. Quoique la nomination des membres du Conseil soit dévolue aux gouvernements des Etats, ceux-ci ne sauraient en aucun cas être responsables des paroles ni des actes de leurs délégués.

20. Les dépenses d'entretien du Conseil seront supportées également par les Etats qui ont concouru à son organisation.

Les frais auxquels chaque décision arbitrale donnera lieu seront répartis également entre les adversaires quel que soit le résultat de l'arbitrage à l'égard de chacun d'eux.

21. La préparation d'un code de Droit international sera d'une grande utilité pour guider le Conseil et la Haute Cour. Des efforts ont été tentés par Bluntschli, par Fild et par moi-même. Ce sera le devoir du Conseil de pousser aussi loin que possible le travail commencé. Pour que ce code

puisse avoir une sanction légale, il faut qu'il soit appuyé officiellement sur l'autorité du Conseil et adopté par lui, au nom des États y représentés, ainsi qu'il a été fait en 1856 pour la déclaration relative au droit maritime.

Signé : LEONE LEVI.

Octobre 1887.

Pour copie conforme.

VI

Le Congrès reconnaît avec la sixième commission que l'adoption d'un langage conventionnel ou d'un moyen de correspondance entre les hommes qui ne parlent pas la même langue, pourrait être très utile à la diffusion des idées de la paix. Il ne se croit pas en droit de nommer officiellement une commission permanente, mais il agrée les personnes dont les noms lui sont présentés par la sixième commission pour former la commission internationale d'organisation du Congrès du langage ; il les invite à se mettre à l'œuvre, et il espère qu'ils viendront présenter au Congrès de la paix, qui se réunira en 1890, un rapport concernant l'état de l'avancement de leurs travaux.

Le Congrès émet le vœu :

1° Que le grand dessein de Richard Cobden reçoive au plus vite son exécution et qu'en conséquence,

2° Des collèges internationaux soient fondés dans toutes les nations européennes dont la langue est d'usage international ;

3° Qu'un comité, s'inspirant des travaux du Congrès, prépare la réalisation de ce vœu ;

4° Que des sous-comités soient formés en France, en Italie, en Allemagne ou en Autriche, afin que trois collèges organisés à l'instar de celui existant déjà à Londres, puissent offrir bientôt le moyen d'instruire un certain nombre de jeunes gens en trois langues au moins.

Le Congrès émet le vœu que les résolutions prises par la réunion des délégués des sociétés de la paix, soient portées à la connaissance des chambres syndicales ouvrières, patronales, agricoles, pour qu'elles puissent encourager la création de ces collèges et organiser des voyages internationaux.

Le Congrès exprime le vœu que nulle annexion ne soit considérée comme légitime, sinon en vertu du consentement libre des peuples.

Le Congrès demande qu'un mémoire soit présenté par le bureau aux gouvernements de tous les pays civilisés, les priant d'adopter telles mesures diplomatiques qui pourront amener l'établissement d'un traité permanent et d'une cour d'arbitrage, ou de toutes autres mesures pratiques pour assurer un désarmement rapide de toutes les nations.

Le Congrès émet le vœu que dans chaque pays les amis de la paix interviennent dans les luttes électorales et fassent de la propagande en faveur des idées d'arbitrage et de paix.

Le Congrès émet le vœu que des traités d'amitié soient signés le plus vite possible entre la France, l'Amérique, l'Angleterre, l'Espagne, l'Italie, la Suisse, le Danemark.

Le Congrès émet le vœu que les Sociétés savantes étudient les moyens d'unifier le méridien.

Le Congrès émet le vœu qu'une liste exacte, indiquant ce que la guerre et la paix armée ont coûté dans tous les États du monde, soit rapidement dressée.

Le Congrès exprime le vœu qu'un autre Congrès se réunisse, et que toutes les Sociétés de la paix, sans distinction de race et de religion, y soient invitées.

Les cent Sociétés représentées au Congrès, se souvenant des éminents services rendus à la cause de l'humanité par John Bright, H. Richard, Jean Dollfus, Jean-Baptiste Godin, Leone Lévi, Émile Beaussire, déclarent saluer respectueusement la mémoire de ces hommes qui n'ont jamais transigé avec leurs opinions.

Le Congrès émet le vœu que les membres de la conférence parlementaire se concertent pour organiser des réunions de représentants de divers pays, afin d'étudier toutes les questions internationales qui pourraient menacer la paix.

Enfin, le Congrès donne mandat au bureau de porter officiellement à la connaissance de la conférence parlementaire l'ensemble des vœux ou résolutions acclamés par les délégués.

GASTON MORIN,
Secrétaire du Congrès.

Conférence interparlementaire

RÉSOLUTIONS VOTÉES A LA CONFÉRENCE INTERPARLEMENTAIRE DU DIMANCHE 30 JUIN 1889, SALON DE L'HOTEL CONTINENTAL

Première résolution

Les membres de la Conférence Interparlementaire recommandent de nouveau, et avec insistance, à tous les gouvernements civilisés la conclusion de traités par lesquels, sans porter atteinte à leur indépendance et sans admettre aucune ingérence dans ce qui touche à leur constitution intérieure, ces gouvernements s'engageraient à soumettre à l'arbitrage le règlement de tous les différends qui peuvent surgir entre eux.

Deuxième résolution

Partout où les circonstances paraîtront favorables, comme en ce qui concerne les États-Unis et la France, les États-Unis et l'Italie, les États-Unis et l'Espagne, les gouvernements et les parlements sont instamment invités à ne négliger aucun effort pour arriver promptement à la conclusion de semblables traités. La Conférence est convaincue qu'une fois l'exemple donné, il ne tardera pas à être imité.

Troisième résolution

En attendant que des traités permanents embrassant tous les cas puissent être conclus, la Conférence émet le vœu que tous les traités particuliers de commerce, de propriété littéraire ou autres contiennent une clause spéciale d'arbitrage pour leur interprétation et leur exécution.

Quatrième résolution

La conduite des gouvernements tendant à n'être de plus en plus que l'expression des idées ou des sentiments manifestés par l'ensemble des citoyens, c'est aux électeurs qu'il appartient de diriger par leurs choix la politique de leur pays dans le sens de la justice, du droit et de la fraternité des peuples.

Cinquième résolution

De nouvelles réunions interparlementaires auront lieu chaque année dans une des villes des divers pays représentés à la conférence. La prochaine réunion aura lieu à Londres.

Sixième résolution

Un comité composé de membres de chaque nationalité est chargé de préparer la Conférence suivante, de faire les convocations, de recueillir les souscriptions nécessaires, et dans l'intervalle, de réunir tous ses efforts pour dissiper les malentendus qui pourraient se produire en faisant au besoin appel à l'opinion publique.

(D'après les notes prises par M. Gaston Morin.)

Conflit diplomatique entre l'Angleterre et le Portugal [1]

La presse, dans ces derniers temps, a été absorbée par cette importante question de droit international. Certains journaux anglais, surtout, avec une partialité manifeste, publiaient tous les jours de faux commentaires et donnaient tous les torts au Portugal. L'Angleterre avait de sérieuses raisons pour agir ainsi. Il faut, en effet, dans ce conflit diplomatique, considérer que la Grande-Bretagne avait concédé à la Compagnie royale, dont le duc de Fife est président, certains territoires de l'Afrique et qu'elle avait envoyé

[1] Publié dans la *Revue libérale* du 20 janvier 1890.

dans ce pays disputé, des missionnaires du rite et de la profession méthodiste. Or, les membres du Parlement, représentants de l'Ecosse, ont déclaré qu'ils ne soutiendraient pas le ministère de lord Salisbury si l'affaire ne s'arrangeait pas au profit de l'Angleterre et surtout au profit de leur secte religieuse ; voilà pourquoi le cabinet anglais attache une telle importance à ce différend que la justice et l'équité auraient dû régler à l'amiable.

Jamais, dans un désaccord entre nations, les intérêts pécuniaires et religieux n'ont eu tant de poids. Mais la vanité humaine est si grande que le cabinet anglais, menacé par les spéculateurs et les méthodistes, a préféré la gloire de gouverner à la paix et à la justice.

Le ministère anglais savait que le Portugal avait sur le Zambèze des droits reconnus légitimes par toutes les puissances à la signature du traité de 1886, et il n'était pas nécessaire de faire autant de tapage autour de ce litige qui pouvait très bien avoir une solution diplomatique.

L'Angleterre ne pouvait, en droit, considérer son honneur offensé en voyant descendre le pavillon britannique et le remplacer par le drapeau portugais. Aujourd'hui l'arboration d'un drapeau n'est pas reconnue comme une prise de possession effective, surtout lorsque le territoire n'est pas considéré comme *res nullius*.

Du reste, ce territoire appartenait au Portugal et si l'Angleterre prétend avoir occupé pendant vingt-cinq ans Blantyre et les hautes terres de Chiré limitées au sud-est du lac Rouma par la rivière du même nom, pourquoi n'a-t-elle envoyé que dans ces derniers temps le consul Johnston à Nyassaland pour en prendre possession ?

L'Angleterre a pu établir quelques maisons dans cette partie de l'Afrique, mais cela ne lui constitue pas un droit. La prescription n'existe pas en droit international ; elle n'a de valeur que pour les sociétés internes et, du reste, l'Angleterre ne possède, dit-elle, le Zambèze que depuis vingt-cinq ans.

Le Royaume-Uni de la Grande-Bretagne, en prétendant s'emparer de ce territoire, a manqué aux formalités de la procédure légale établie par la conférence de Berlin de 1885. L'article 34 de cette déclaration est ainsi formulé : « La nation qui doit prendre possession d'un territoire sur les côtes du continent africain situé en dehors de ses possessions actuelles ou qui n'en ayant pas eu jusque-là viendrait à en acquérir, et de même la puissance qui y assumera un protectorat accompagnera l'acte respectif d'une notification adressée aux autres puissances signataires du présent acte afin de les mettre à même de faire valoir, s'il y a lieu, leurs réclamations. » L'Angleterre a-t-elle rempli cette condition ? A-t-elle agi suivant les principes du droit établi par le traité général signé par les puissances contractantes ? A-t-elle comme le veut l'article 35 du même traité « assuré dans les territoires occupés du continent africain l'existence d'une autorité suffisante pour faire respecter les droits acquis, et le cas échéant la liberté du commerce et du transit dans les conditions où elles seraient stipulées » ?

Dans le cas où le royaume du Portugal n'aurait pas rempli cette dernière obligation, l'Angleterre n'aurait dû que le contraindre à se soumettre à cette législation internationale, mais elle ne devait, ni ne pouvait s'emparer d'un territoire reconnu comme appartenant au Portugal. Le gouvernement portugais n'était donc pas obligé de notifier aux autres puissances la prise de possession d'un territoire qui lui appartenait légitimement.

Nous aurions préféré voir le Portugal porter toutes ses attentions vers ses colonies d'Afrique, au lieu de les délaisser pour ne penser qu'aux intérêts de sa politique intérieure. Cette négligence est la cause de ce conflit diplomatique, et cependant l'abandon du Zambèze ne pouvait justifier la conduite du consul Johnston qui, muni d'un sauf-conduit des autorités portugaises, soulevait contre elles les indigènes de ce pays. Le combat qui a eu lieu entre les forces des deux nations litigantes n'a fait que compliquer l'affaire.

Dans ce litige, les deux nations auraient dû observer l'article 12 du traité général de 1885, élaboré par toutes les puissances. « Dans le cas où un dissentiment sérieux ayant
» pris naissance au sujet ou dans les limites des territoires
» mentionnés à l'article 1er et placés sous le régime de la
» liberté commerciale viendrait à s'élever entre des puis-
» sances signataires du présent acte ou des puissances qui y
» adhéreraient par la suite, ces puissances s'engagent, avant
» d'en appeler aux armes, à recourir à la médiation d'une
» ou de plusieurs puissances amies. »

Dans l'article 1er dudit traité, les limites territoriales du Zambèze sont nettement indiquées, et l'Angleterre ne pouvait légitimement en appeler aux armes ni user de représailles d'aucune nature envers le Portugal sans demander préalablement la médiation d'une ou de plusieurs puissances impartiales et désintéressées. Si l'Angleterre l'avait fait, les autres puissances en suivant la règle de conduite établie par la procédure légale auraient indiqué la marche à suivre et, en cas de refus, protesté contre la violation d'une loi internationale et positive.

L'Allemagne, nommée en 1885 intermédiaire entre les puissances pour les faire adhérer au traité général, aurait dû par voie diplomatique notifier le conflit aux autres Etats signataires ou adhérents.

Il n'existe aucun doute que l'Allemagne ou toute autre puissance ait pu intervenir en faveur du Portugal pour empêcher l'Angleterre d'employer la force et l'obliger à céder à des droits si légitimes. L'article 37 stipule que, pour les hautes parties contractantes, l'adhésion au traité général « implique de plein droit l'acceptation de toutes les obligations et l'admission à tous les avantages stipulés par le présent acte général. »

Au moment où nous écrivions ces lignes, on parlait de l'esprit conciliant de l'Angleterre et d'une entente directe par voie diplomatique entre les deux cabinets, mais les nouvelles exigences du ministère anglais accompagnées de préparatifs de guerre et de formidables démonstrations navales ont tendu davantage la situation des deux puissances. Cependant comme toutes les ressources diplomatiques ne sont pas épuisées, il n'y a pas encore lieu de désespérer d'en arriver à un accord amiable.

Nous avons exprimé notre opinion sur la règle de conduite que devrait adopter le Portugal dans le cas malheureux où la Grande-Bretagne aurait recours à la force, et nous ne pouvons qu'approuver et louer chaleureusement la vigueur patriotique que mettent les Portugais à défendre leurs droits. Le cabinet de Lisbonne a montré que l'intervention de la force armée ne saurait en rien modifier la confiance qu'il a dans la justice de sa cause.

. . . .

Au moment où nous terminons cet article, nous apprenons avec regret que le Portugal a été obligé de céder aux exigences de l'Angleterre. Nous aurions préféré que la Grande-Bretagne eût affaire à une autre nation égale en forces; en envoyant un *ultimatum* elle n'aurait pas créé ainsi un précédent qui pourrait lui être funeste si un jour quelque autre puissance, par un juste retour des choses, venait s'en autoriser contre elle.

Lord Salisbury, en venant apprendre aux Portugais que, dorénavant, dans la politique anglaise, « la force prime le droit », donne raison, une fois de plus au vers de Lafontaine passé en proverbe :

La raison du plus fort est toujours la meilleure.

A coup sûr, l'Angleterre n'aurait pas eu l'audace d'user de ce procédé s'il s'était agi d'une nation forte comme les Etats-Unis ou la Russie. Elle l'a bien prouvé lors des affaires de l'Alabama et de la limitation du territoire de l'Afghanistan; elle a eu recours à l'arbitrage et à la médiation des autres puissances et s'est montrée plus conciliante. La solution de ce conflit était pourtant à notre sens nettement indiquée par l'article 12 de l'acte général de la Conférence de Berlin, qui veut que l'on s'en rapporte à la médiation des autres puissances.

Nous avons déjà dit que la pression des missionnaires envoyés au Zambèze et les intérêts pécuniaires des spéculateurs de la Compagnie royale ont contribué à donner à ce différend cette solution forcée; mais qui sait si le cabinet de Saint-James, qui a fait cette concession aux Écossais pour rester au pouvoir, ne tombera pas prochainement sur cette même question ou sur une autre? En agissant ainsi, il a contenté les divers partis anglais, mais il a tendu les relations amicales qui unissaient les deux nations.

Nous avons de grandes sympathies pour le Portugal et aussi pour l'Angleterre; le sang qui coule dans nos veines et qui nous lie à ces deux nations nous oblige à parler avec la plus complète impartialité.

Dans l'affaire présente, à l'époque actuelle toutes les nations se trouvant armées jusqu'aux dents, il n'existe que deux moyens de trancher de semblables différends; le premier serait que les petits États forment une sorte d'alliance pour défendre leurs droits contre les grandes puissances; le second, celui qui est le plus pacifique et le plus en harmonie avec le droit et l'équité, serait que les Sociétés de la Paix et de l'Arbitrage aient dans chaque Parlement une représentation assez accentuée pour faire trancher de tels conflits par l'arbitrage des nations. De cette manière, le ministère au pouvoir serait toujours obligé de céder aux exigences de la justice et de la raison.

De la façon dont les choses se sont passées il ne reste plus au Portugal qu'à protester avec toute la force de son énergie contre la violation de ses droits légitimes.

Tout a été terminé par l'ultimatum de vingt-quatre heures par lequel l'Angleterre a enjoint au Portugal de rappeler ses autorités, ses troupes et ses expéditions de quelque nature qu'elles soient envoyées sur les rives du Chiré, dans la région sud du Zambèze et du pays des Mashouas.

Quelle procédure diplomatique suivra-t-on maintenant? Nous l'ignorons. L'Angleterre prendra-t-elle possession d'une partie de ces territoires? Remplira-t-elle les conditions stipulées par l'article 34 de la conférence de Berlin qui veut que la prise de possession d'un territoire africain soit notifiée aux autres nations afin de leur permettre de faire valoir, s'il y a lieu, leurs réclamations. Nous ne savons non plus si les puissances, dans le cas où l'Angleterre se conformerait à cette formalité légale, accepteront sans objection les faits accomplis. Notre avis est que le Portugal ferait bien d'adresser aux autres nations un memorandum diplomatique faisant connaître ses droits et les faits tels qu'ils se sont passés. Ses protestations ne resteraient pas sans effet; car si l'on n'écoutait pas ses réclamations, elle pourrait ne pas se faire représenter aux futures conférences internationales ou continuer à protester énergiquement chaque fois que la conférence s'occuperait des affaires concernant le territoire dont l'Angleterre veut s'emparer *de facto*.

Le Cabinet portugais est tombé sur cette question, mais il lui était humainement impossible de lutter avec les forces de l'Angleterre. Disons à son honneur que, pendant son séjour au pouvoir, il a conduit les affaires du Portugal avec patriotisme et dignité.

Si le cabinet de Lisbonne avait donné sa démission avant l'ultimatum, le nouveau ministère aurait suivi une politique, plus avantageuse, de conciliation. Le cabinet de Lisbonne avait, en effet, déclaré qu'il s'abstiendrait de toute expédition militaire dans les régions du Chiré et de Mashoua, à condition de réciprocité de la part du cabinet de Saint-James, jusqu'à ce qu'il y eût une entente entre les deux pays.

D'autre part, il paraît que le représentant anglais à Lisbonne avait exprimé la satisfaction de son gouvernement à la nouvelle de l'acceptation en principe des conditions proposées, c'est-à-dire du retrait des troupes portugaises. La situation a pris tout à coup une autre tournure, avant même la réception de la réponse du gouvernement portugais au memorandum adressé la veille par le gouvernement anglais à son représentant à Lisbonne.

En tout état de cause, il est un fait certain, c'est que, en l'absence d'un tribunal international pour condamner la procédure inusitée dont s'est servi l'Angleterre, l'opinion publique a fait justice de ses procédés. C'est là une sanction qui, pour être purement morale, n'en a pas moins une grande autorité. En créant ce précédent, l'Angleterre a fait naître un danger pour elle-même, et la responsabilité de l'odieux principe qu'elle a proclamé retombera un jour sur elle.

Comme doctrine, nous devions soutenir qu'une nation, dans son indépendance souveraine, a le droit d'agir en pleine et entière liberté. Mais en ayant recours à la force brutale, en violant les droits d'une autre nation, sans avoir au préalable épuisé tous les moyens diplomatiques de donner à la question une solution pacifique ; sans avoir eu recours à la médiation et à l'arbitrage, l'Angleterre a tenu une conduite qui doit être blâmée par les autres nations. C'est mal reconnaître la loyauté dont a usé le Portugal en 1883, en rappelant et en désapprouvant, sur la demande du cabinet anglais, le major Serpa Pinto.

Nous espérons vivement que le nouveau ministère que doit composer l'éminent homme d'État portugais de Serpa Pimentel saura, avec habileté et discernement, rouvrir les négociations sur la question qui nous occupe. Il saura, nous en sommes convaincus, trouver quelque mesure pour ramener l'Angleterre dans la voie du droit strict si nettement tracée par l'article 12 de la conférence de Berlin.

Th. DE ST-GEORGE ARMSTRONG.

Liste des principaux Traités d'Arbitrage

Nous empruntons à la *Revue libérale*, qui défend les questions d'arbitrage et de paix avec beaucoup d'ardeur et avec compétence, l'énumération des arbitrages, que M. Léon Donnat a faite dans son remarquable article intitulé : *Les Traités d'arbitrage entre les nations* :

1. Entre les États-Unis et la Grande-Bretagne en 1816, au sujet de la rivière de Sainte-Croix et des Lacs ;

2. Entre les États-Unis et la Grande-Bretagne en 1818, au sujet de l'obligation de rendre les esclaves. Soumis au jugement de l'empereur de Russie ;

3. Entre les États-Unis et l'Espagne en 1819, au sujet des réclamations de la Floride ;

4. Entre les États-Unis et la Grande-Bretagne en 1827, pour une question de limite. Soumis à la décision du roi des Pays-Bas ;

5. Entre les États-Unis et le Danemark en 1830;

6. Entre la Belgique et la Hollande en 1831 ;

7. Entre la France et l'Angleterre en 1835;

8. Entre les États-Unis et le Mexique en 1839 ;

9. Entre les États-Unis et le Portugal en 1851. Soumis à l'empereur des Français ;

10. Entre les États-Unis et l'Angleterre en 1853 ;

11. Entre les États-Unis et la Nouvelle-Grenade en 1857 ;

12. Entre les États-Unis et le Chili en 1858 ;

13. Entre les États-Unis et le Paraguay en 1859 ;

14. Entre les États-Unis et le Costa-Rica en 1860 ;

15. Entre les États-Unis et l'Équateur en 1862 ;

16. Entre la Grande-Bretagne et le Brésil en 1863 ;

17. Entre les États-Unis et le Pérou en 1863 ;

18. Entre les États-Unis et la Grande-Bretagne en 1863, au sujet de la compagnie de la baie d'Hudson ;

19. Entre les États-Unis et l'Équateur en 1864 ;

20. Entre les États-Unis et le Vénézuéla en 1866 ;

21. Entre la France et la Prusse en 1867 :

22. Entre la Turquie et la Grèce en 1867 ;

23. Entre l'Angleterre et l'Espagne en 1867 ;

24. Entre les États-Unis et le Mexique en 1868 ;

25. Entre les États-Unis et le Pérou en 1868 ;

26. Entre les États-Unis et le Pérou en 1869. Soumis au roi des Belges ;

27. Entre les États-Unis et le Brésil en 1870 ;

28. Entre la Grande-Bretagne et le Portugal en 1870 :

29. Entre les États-Unis et l'Espagne en 1871 ;

30. Entre les États-Unis et la Grande-Bretagne, au sujet de l'Alabama, en 1871 ;

31. Entre les États-Unis et la Grande-Bretagne en 1871, au sujet d'un certain nombre de réclamations ;

32. Entre les États-Unis et la Grande-Bretagne en 1871 (Question de San-Juan) ;

33. Entre les États-Unis et la Grande-Bretagne en 1871 (Pêcheries de la Nouvelle-Écosse) ;

34. Entre la Grande-Bretagne et le Brésil en 1873, soumis aux ministres des États-Unis et d'Italie à Rio ;

35. Entre l'Italie et la Suisse en 1874. Soumis au ministre des États-Unis en Italie ;

36. Entre la Grande-Bretagne et le Portugal au sujet de la baie de Lagoa en 1875. Soumis au président de la République française ;

37. Entre la Chine et le Japon en 1876 ;

38. Entre la Perse et l'Afghanistan en 1877 ;

39. Entre la Grande-Bretagne et Libéria en 1879 ;

40. Entre les États-Unis et l'Espagne au sujet de Cuba, en 1879 ;

41. Entre la Grande-Bretagne et le Nicaragua en 1879 ;

42. Entre les États-Unis et la France en 1880 ;

43. Entre les États-Unis et Costa-Rica en 1881 ;

44. Entre la France et le Nicaragua en 1881 ;

45. Entre le Chili et la Colombie en 1881 ;

46. Entre la Grande-Bretagne et le Nicaragua en 1881 ;

47. Entre le Chili et la République Argentine, au sujet du détroit de Magellan, en 1881. Soumis au président des États-Unis ;

48. Entre la Hollande et Haïti en 1882 ;

49. Entre les États-Unis et Haïti en 1884 ;

50. Entre les États-Unis et l'Espagne en 1885 ;

51. Entre l'Angleterre et l'Allemagne au sujet des Iles Fidji;

52. Entre les Etats-Unis et l'Allemagne en 1887;

53. Entre l'Allemagne et l'Espagne au sujet des Carolines. Soumis au pape;

54. Entre la France, l'Angleterre, l'Italie, d'une part, et le Chili de l'autre, au sujet de réclamations causées par la guerre entre le Chili et le Pérou;

55. Entre le Pérou et le Japon au sujet de la capture d'une barque péruvienne;

56. Entre le Nicaragua et le Costa-Rica sur une question de limite. Soumis au président Cleveland en juillet 1887;

57. Le Congrès de Berlin, en 1878, fut en réalité un tribunal d'arbitrage entre les sept grandes puissances pou régler les réclamations de différents états dans la péninsule des Balkans;

58. La Commission danubienne, établie en 1856, constitue un tribunal d'arbitrage permanent.

PROPOSITION DE M. MARCOARTU AU SÉNAT ESPAGNOL

Voici le texte de la proposition que M. Marcoartu et d'autres sénateurs ont présentée au Sénat :

Le gouvernement est autorisé à procéder à la négociation des traités d'arbitrages généraux ou spéciaux avec les pays civilisés dont l'indépendance et l'amitié sont reconnues.

Ces traités ont pour but de résoudre pacifiquement tous les différends internationaux n'ayant pas de rapport avec l'indépendance et le régime gouvernemental de l'Etat.

Le Congrès universel de la Paix de Londres en 1890

Le Congrès universel de la paix de 1889 a émis le vœu de la réunion, en 1890, d'un autre Congrès auquel toutes les Sociétés de la paix, sans distinction de race et de religion, fussent invitées. La *Peace Society* et l'*International arbitration and peace Association* ont cru devoir consulter les autres Sociétés d'Europe et d'Amérique sur le lieu où se tiendrait le Congrès ; la majorité a désigné Londres. La raison de ce choix a été que la Conférence interparlementaire avait déjà décidé que sa seconde session se tiendrait dans cette ville.

Les deux Sociétés nommées plus haut s'étant mises en relation avec toutes les Sociétés anglaises existant à Londres ou en province, un Comité-Exécutif d'organisation nommé par le Comité général a été chargé de prendre les mesures nécessaires pour assurer le succès du Congrès. Une circulaire va être envoyée à toutes les Sociétés de la paix pour réclamer leur coopération et pour offrir une cordiale bienvenue à tous ceux de leurs membres qui pourront venir à Londres. Il a paru désirable que les visiteurs étrangers puissent trouver une hospitalité temporaire chez un certain nombre de nos amis de Londres, et MM. Evans Darby et J. Frédérik Green espèrent recevoir des offres nombreuses.

La circulaire invitera les différentes Sociétés à prier un ou plusieurs de leurs membres les plus compétents à préparer des communications sur les questions comprises dans un programme dont le projet est déjà entre les mains du Comité-Exécutif. Plus tard on indiquera la dernière date jusqu'à laquelle pourront être envoyées ces communications, un temps voulu étant nécessaire pour les classer. Dès à présent les membres des Sociétés étrangères ou anglaises sont invités à envoyer leur avis ou à demander des renseignements. Les lettres doivent être adressées aux secrétaires nommés plus haut : à M. Darby, London, 47. New Broad street, E. C., ou à M. Green, 40 and 42, outer Temple strand, London W. C.

La Conférence inter-parlementaire vient de fixer aux 21. 22 et 23 juillet la date de sa prochaine session.

Le second Congrès universel de la Paix s'ouvrira la semaine précédente, le lundi 14 juillet.

Le dimanche 20, les ministres de toutes les religions feront entendre des paroles pacifiques aux hommes de tous les pays.

BIBLIOTHÈQUE BOLIVAR

Fondée en 1882 à l'instigation de M. Carrillo y Navas, la Bibliothèque Bolivar a pour but de réunir et conserver les ouvrages traitant ou émanant des deux Amériques, tout en consacrant la mémoire du grand Libérateur Bolivar, ce Washington de l'Amérique du Sud.

La Bibliothèque Bolivar compte actuellement environ quatre mille volumes d'histoire, de géographie, de droit, de science, de philologie, etc., etc. Le public y a gratuitement accès tous les jours non fériés de deux à cinq heures de l'après-midi. Quoique ne réclamant des visiteurs aucun droit d'entrée pour le prêt des livres, la Bibliothèque Bolivar accepte sous forme de cotisations annuelles les secours des personnes qui s'inscrivent à son Association et les dons de tous ouvrages pouvant aider à activer sa marche vers le but qu'elle poursuit.

Une commission directrice a la haute main sur les actes de l'Association et sur l'administration de la Bibliothèque. Elle est composée ainsi qu'il suit :

Président. — S. E. le colonel JUAN J. DIAZ (G. C. ✠, G. O. ✠, C. ✠, ✠, O. ✠, ✿), envoyé extraordinaire et ministre plénipotentiaire de la République de l'Uruguay, délégué général à l'Exposition Universelle de 1889.

1ᵉʳ Vice-Président. — M. MODESTO URBANEJA, ministre des États-Unis de Vénézuéla.

2ᵉ Vice-Président. — M. T. DE SAINT-GEORGES D'ARMSTRONG (C. ✠ ✠ ✠, O. ✠), ancien député-électeur de la

République Argentine, membre de plusieurs Sociétés savantes et humanitaires.

Trésorier. — M. FREDERICO ALCALA (O. ✠).

Sous-Secrétaire, faisant fonctions de Secrétaire, et *Conservateur de la Bibliothèque.* — M. LÉON DROUIN DE BERCY, publiciste.

Membres de la Commission :

MM. CARILLO Y NAVAS (O ✠), ancien consul général ;

D' J. GUTTIÉRREZ PONCE (✠), ancien premier secrétaire de la Légation de Colombie ;

PEDRO S. LAMAS (C. ✠), ancien consul, secrétaire de légation de 1ʳᵉ classe ;

GUTTIÉRREZ COLL (G. O. ✠), ancien consul général, homme de lettres ;

THEODOR RAVELO ;

GUSTAVO GUZMAN, secrétaire de légation, publiciste ;

JORGE ANTICH ;

CLODOMIRO ARTEAGA, ancien député de l'Uruguay, homme de lettres ;

Général MARCHENA, ancien ministre des finances de la République Dominicaine ;

ANGEL MENDEZ, premier secrétaire de la légation de la République Argentine, consul général.

Quiconque est présenté par deux membres de l'Association de la Bibliothèque Bolivar, peut être admis à faire partie de cette Association à condition par lui d'acquitter la cotisation annuelle exigée par le règlement intérieur.

Le siège de l'Association et la salle publique de lecture de la Bibliothèque se trouvent à Paris, 37, rue Boissy-d'Anglas (cité du Retiro), où l'on peut consulter le catalogue imprimé des ouvrages mis à la disposition du public.

L.-D. DE BERCY,
Sous-secrétaire de l'Association,
Conservateur de la Bibliothèque Bolivar.

ERRATA

Page XXIX, ligne 19, au lieu de *Code civil*, lire CODE PÉNAL.

Page LXXXIV, lignes 13 et 14, au lieu de *habibants*, lire
HABITANTS.

Page CXVII, ligne 19, au lieu de *Sociétés de Paris et d'arbitrage*, lire SOCIÉTÉS DE PAIX ET D'ARBITRAGE.

TABLE DES MATIÈRES

Aperçu général de notre ouvrage.................................. 7
Introduction... I
Considérations... II
Arbitrage permanent.. III
Convention arbitrale permanente................................ VIII
Congrès X
Mes opinions... XII
Cour suprême internationale.................................... XXX
Notre projet... XXXIX
Tribunal de Genève... XLV
Tribunaux internes d'arbitrage................................. XLV
Congrès.. LI
Le Code.. LI
Réformes... LXVII
Collèges d'arbitres.. LV
De l'enseignement du droit..................................... CXXIII
International dans les lycées et dans les écoles................ CXXIII
Affaire Wolgemuth.. CXXXV

Conférence de Berne. CXLI
Désaccord entre le Portugal et l'Angleterre sur le conti-
nent africain. CXLIX
Conférence interparlementaire. CLII
Congrès international de la paix. CLXIX
La Primrose League. CCXVII

Seconde Partie.

Théorie de l'arbitrage et principes de droit internatio-
nal. 1
Congrès parlementaire de la Paix. 1
L'arbitrage international étudié au point de vue de
toutes les applications que peut subir un principe. . . 11
La neutralité; principes généraux à ce sujet. 35

Appendice.

La lettre qui a été adressée aux membres des parlements
anglais et français. 89
Société française pour l'arbitrage entre nations. Sta-
tuts. 90
Congrès international de la paix. 91
Comité d'organisation. 93
Programme général. 97
Développement des articles. 98
Formes et applications directes du principe de l'arbi-
trage. 99

Règlement.................................... 106
Sociétés qui ont adhéré au Congrès................. 108
Vœux et résolutions du Congrès de la paix............ 110
Résolutions votées à la Conférence interparlementaire.. 123
Conflit diplomatique entre l'Angleterre et le Portugal... 125
Liste des principaux traités d'arbitrage.............. 131
Proposition de M. Marcoartu au Sénat espagnol........ 137
Congrès de Londres............................. 138
Bibliothèque Bolivar............................ 140

Paris. — Imp. de O. Bailloul et C*, 7, rue Baillif.

www.ingramcontent.com/pod-product-compliance
Ingram Content Group UK Ltd.
Pitfield, Milton Keynes, MK11 3LW, UK
UKHW020118130726
13696UKWH00001B/95